博物馆与文化遗产述论稿

杨志刚 著

复旦大学出版社

2004年8月,探访宁波乡村遗产

2006年5月,复旦大学文博系邀请哈佛大学汪悦进教授、波士顿大学白谦慎教授来校分别讲授中国艺术史,并与同行交流

2006年8月,探访徽州乡村遗产

2007年3月,与到访复旦大学博物馆的同行交流

2010年6月，复旦大学与越南汉喃研究院联合举办研讨会期间，考察越南北宁省士燮祠

2010年9月，参加英国伯明翰大学遗产保护研讨会期间，考察英国铁桥峡谷

2012年5月,访问丹麦哥本哈根大学途中

2012年8月,考察湖南湘潭、湘乡孔庙途中,参观韶山冲

2013年4月,访问台湾东海大学

2013年8月,厦门大学、复旦大学、中国社会科学院台湾研究所联合组团访问台湾,推动两岸学术交流。图为访问成功大学

2013年10月，访问美国韦尔斯利学院

2013年11月，参加新西兰奥克兰大学中国论坛期间留影

2014年3月,赴日本冲绳参加研讨会期间,在图书馆查阅资料

2014年5月,访问美国堪萨斯城纳尔逊博物馆

2014年7月,考察山西阳泉平定孔庙

2014年12月,复旦大学－东京大学－普林斯顿大学三校合作
"宗教、文学与图像"研讨会期间,参观东京国立博物馆

2015年5月,访问法国凯布朗利博物馆

2016年12月,与来访的俄罗斯艾尔米塔什国家博物馆馆长米哈伊尔·皮奥特罗夫斯基会谈

2017年7月,在德国柏林国家博物馆。上海博物馆与该馆联合主办"中国与埃及:两个文明的源流"特展

2018年3月,在法国巴黎池努奇博物馆。上海博物馆与该馆联合主办"中国芳香:古代中国的香文化"特展

2020年1月，法国汉学家汪德迈携全家从世界各地汇聚上海
参观访问上海博物馆时合影

2020年2月，受新冠疫情影响上海博物馆临时闭馆期间，
馆领导与部分干部值守

2022年1月,与来访的欧盟国家驻沪领馆外交官交流

2022年1月,陪同日本新任驻沪总领事参观《虎笑寅年》特展

目 录

序言：追索另一重现代性 / 001

博物馆与中国近代以来公共意识的拓展 / 001
博物馆发展的新方向：功能、类型和管理 / 013
历史与文化视野中的博物馆和收藏 / 033
免费开放与中国博物馆品质提升 / 041
博物馆管理基础与提升策略 / 050
"博物馆文化"的再认识 / 067
构建博物馆本体意识 / 072
博物馆的非营利性及营销战略 / 076
"朋友"意识与博物馆工作的方法 / 080
博物馆的平等观念及工作方法 / 083
上海与南通：中国早期博物馆发展史上的双城记 / 088
中心与边缘：中国博物馆文化一瞥 / 093
历史与逻辑：中国非国有博物馆的发展之路 / 100
文物在眼里，观众在心里
　　——博物馆的新时代、新气象、新作为 / 103
揽江拥海　融古创新
　　——以上海博物馆为重点谈博物馆提升服务能级 / 123

借力与助力,为建设卓越全球城市而努力
　　——筹建上海博物馆东馆的思考与行动 / 136

试谈"遗产"概念及相关观念的变化 / 145
遗产的新类型及保护新思维 / 161
保护世界遗产:思想和行动 / 178
中国世界遗产事业发展历程回眸
　　——关于三个阶段的划分及其特点 / 192
探寻切合于文博工作的"遗产"概念 / 196
文化遗产研究与"文化遗产学" / 200
无形遗产:话语背后的思想脉络 / 204
作为遗产类型的"文化空间"及在中国的境遇 / 209
管理与伦理:公共性遗产事业的一个新视点 / 213
如何看待作为遗产事业功能之一的"经济"
　　——对《中国文化遗产事业发展报告》一个观点的讨论 / 218
环境权与公共遗产保护 / 222
从环境艺术看文化遗产的保护和利用 / 227
民众与文化遗产:以上海为重点的若干考察 / 232
文化遗产:新意识与新课题 / 236
展望新世纪的遗产研究
　　——《文化遗产研究集刊》第 1 辑编后记 / 239
回眸 2001 年
　　——《文化遗产研究集刊》第 3 辑编后记 / 241

开放与理性
　　——对未来中国博物馆学的期待 / 244

博物馆与中国现代化 / 247
地震与人类文化 / 251
文化遗产科学的学科建设及其"对象"问题 / 253
高校博物馆学的学科特点与发展对策 / 257
将文化遗产教育尽快纳入国民教育体系
　　——2001年高考上海语文卷一道作文题引出的思考 / 261
创建文博硕士专业学位教育 / 271
中国文化人类学发展的构想 / 274
走向结合的影视与人文研究 / 280

文物管理的制度史与制度提升研究
　　——王运良《中国"文物保护单位"制度研究》序 / 285
博物馆艺术史体系的超越与跨越
　　——《壁上观——细读山西古代壁画》序 / 291
山光物态弄春晖
　　——《上海博物馆文化交流成果汇编》第1辑序 / 295
博物馆与文明交流互鉴
　　——《上海博物馆文化交流成果汇编》第2辑序 / 298
沉潜弘毅，走向未来
　　——"上海博物馆学人文丛"代序 / 300
守先待后　反本开新
　　——"上海博物馆藏品研究大系"总序 / 302
领受馈赠，回报社会
　　——"上海博物馆典藏丛刊"前言 / 305
大道如砥　行者无疆
　　——《马承源翰墨金石作品》序 / 308

执着于上海古文化的发现与守护
　　——《上海考古第一人：黄宣佩传》序 / 310
九如之愿
　　——《九如园吉金：朱昌言藏古代青铜器》序 / 315
桐花万里丹山路
　　——陈宁《古籍修复与装裱》序 / 318
变革，是春风也是夏雨
　　——《博物馆评论》主编札记 / 320
《移位东西》序 / 325
《心物交融》序 / 327
《图像与仪式：中国古代宗教史与艺术史的融合》序 / 329

附录

福柯：权力的探索和知识的考古 / 335
愿学新心养新德，长随新叶起新知
　　——就任复旦大学文史研究院院长的致辞 / 342
上海博物馆馆长首次详说十万平米的东馆规划：
　　将讲两大故事 / 346
上博这三年
　　——访履新千日的上海博物馆馆长杨志刚 / 361
上海博物馆东馆钢结构封顶之际，听上博馆长杨志刚
　　谈"东馆"与"名山" / 376

跋 / 387

序言：追索另一重现代性

一

中国的博物馆现象与博物馆观念均滥觞于上海。19世纪下半叶，一些西方人士在上海创办了两所博物馆，最先舶来博物馆这种非营利、公共的文化机构的雏形。1886年，其中的一个博物馆所坐落在的马路，改名为博物院路，直到1943年再改为虎丘路。1895年，上海强学会成立，在其发布的章程中，提出变法自强的四项要事：译印图书、刊布报纸、开大书藏、开博物院①。上海强学会宣示了博物馆与现代社会制度之间的关联，呼吁通过创建博物馆等方式"讲求西学之法"，改变中国、发奋图强。后来创办南通博物苑的张謇，名列上海强学会，是前揭政治主张的拥护者。

博物院路路名"消失"半个多世纪后，2018年，上海科技馆、上海博物馆、上海历史博物馆联合推出"世纪典藏——上海博物溯源"特展，展出了当年位于博物院路的亚洲文会上海博物院旧藏，包括自然史和人类学、考古学、艺术类藏品及相关展品共151件。这个展览钩沉史实，接续文脉，扩展视野。与展览配套，上海博物馆又联合上海科技馆同步举行了"都会里的博物精神"学术研讨会，围绕"中国博物馆的早期历史""博物学家与博物馆收藏""博物精神与城市文化"三个角度，唤起中国早期博物馆历史的诸多记

---

① 参阅汤志钧：《上海强学会和〈强学报〉》，《社会科学》1980年第3期。

忆,追溯博物馆在中国萌发诞生、蹒跚起步的那段历程,讨论博物馆的收藏、学术与城市精神之间的关系,审视都市文化中博物馆的地位与作用。

上海百多年的博物馆往事,在我敲击键盘写作这篇序言时,再次兜上心头。我忽然有种"幡然醒悟"之感:作为生于上海、工作于上海的一名学人并且最终又成为了博物馆工作者,是怎样的被置身于这座城市的土壤中,去选择应该面对的问题,从而展开思考和探究。

二

上海设县始于元世祖至元二十八年(1291年),此后上海县城有260多年未筑城墙,明显有异于中国古代城池的一般形态。这固然与"上海以镇升县,故无旧城。后之作令者尝欲建请,然无遗址可因,其势颇难"[1]有关,也和当时"库藏空虚",又"无从筹措经费"不可分。另外可能也有民风方面的原因,即"邑人多以海营生,素习武艺,并不惧海寇来犯,认为无筑城必要"[2]。此间可略察傍海城市的个性特点。

时至明代中叶,倭寇频繁来犯,骚扰日甚,遂于嘉靖三十二年(1553年)兴修城墙。可是,上海城墙兴建颇晚,拆毁却极早。辛亥革命前,一些士绅商贾认为上海城墙妨碍经济交通及与租界的联动发展,倡议拆除。民国元年(1912年)1月,在苏沪地方当局准许下,首先拆掉了东城一段城墙,填没城壕,埋设下水管道。到民国三年冬,整个城墙基本拆尽,填壕筑路,即今人民路、中华路。此

---

[1] 〔明〕郭经修,唐锦纂:《弘治上海志》卷一《城池》,明代弘治十七年刊本,中华书局1940年影印本,第7、8叶。
[2] 上海市南市区志编纂委员会编,孙卫国主编:《南市区志》,上海社会科学院出版社,1997年,第95页。

距梁思成等人保护京城文物史迹的陈情无效,北京大规模拆除城墙,早了整整四十年。此距耿彦波市长主政大同市、太原市(约2008—2019年),力排众议,大刀阔斧重建城墙、修复古城,相隔一个世纪。百年后,中国尚有古城墙保留的城市,已寥若晨星;而沧桑巨变后重建的城墙,又价值几何?回首过往,上海史研究专家、复旦大学李天纲教授曾感喟:上海人带头把城墙拆了,以为这样才能搞现代化①。

是的,在中国近现代史上,上海在诸多方面都发挥了"带头"作用!其变动也速,其经验与教训也深,其建设、发展之成果也广。大约1982年冬,我曾陪同在复旦大学校内陪住的一位美国博士进修生,在人民路大境路口一个嘈杂拥挤、光线灰暗的街道工厂内,找到了想要探访的一段幸存的上海旧城墙——其实它早在1959年已被公布为上海市文物保护单位。1990年,当地区政府成立上海市保护老城厢文物古迹基金管理委员会,集资修复了这段老城墙及大境阁,并于1995年竣工开放。此后,这里慢慢成为了解申城历史的一个重要打卡点。古城墙的拆与留,饶是形象地展现了中国近现代以来文化遗产保护的曲折和不易。国人对文化遗产的认知不断地呈"螺旋式"上升,同时逐渐地积淀,生成出现代社会一种可贵的理性。

近代以来,博物馆建设和文化遗产保护问题所带来的现代意识的觉醒,其如何关乎并助力传统中国逐步走向"创造性转化"和"创新性发展",又如何接轨现代社会治理,正需要进一步追索,并在此基础上开拓前路。

继编选《中国古代礼学论集》,从一个特定角度省察传统文化与现代化关系之后,我又转入这个专业领域,回望本人于这方面研

---

① 据《李天纲:上海文化的未来在于传统》(采访对话),《天天日报》2012年3月21日。

学的来路、走向,辑录参与讨论或致力于"转化""发展""治理"的部分旧文。一些具体的文字内容可能已时过境迁,或事过景迁,留存于此,在于它们具有树木"年轮"的意味,刻录着不断成长的印迹;也无非想表明接近真理、奔向理想,绝非易事,需要久久为功,更须不断提高站位。

三

　　本文集分三个部分:第一,博物馆专辑。第二,文化遗产专辑,含笔谈、编后记等相关文字。第三,近年所写的各类序文。收入的文章风格差异较大,论述对象有点庞杂,但基本都在博物馆与文化遗产这个领域。少数论涉人类学、艺术史及相关学科建设和教育教学等问题,也在同一个大的旨趣、范围之内。题名"述论稿",非敢续貂于前贤大师,只是点明这里的有些文章迹近于讲稿,或者就是讲座、发言的整理稿。

　　另外有附录五则。第一篇写于1984—1985学年的寒假,是译介当时离世不久的法国思想家福柯。书籍、资料由后来出版了《家乡、城市和国家——上海的地缘网络与认同(1853—1937)》(上海古籍出版社2004年版)一书的作者顾德曼(Bryna Goodman)提供。她当时以博士候选人身份在复旦大学做高级进修生,与我前面提到的那位进修生常相往来,都来自美国名校。我曾介绍顾德曼到小东门枫泾路一带——那里现在已变身为名声大震的"BFC外滩枫泾"集市,也是外滩金融中心所在地——一起找寻当事人搜集同乡会馆的研究资料。彼时的我,是在攻读中国思想文化史方向的研究生,同时也热衷于西方哲学,包括现当代这段。对于西学,固然生吞活剥、囫囵吞枣为多,然也打开了眼界,有了比较对照。这篇很可能是国内最先引介福柯的文章,初为一本《青年史学》所约,完稿后被导师朱维铮先生获知,不由分说径直拿去。两年多后我在《中国文化研究集刊》第 5 辑（复旦大学出版社 1987 年版）上方知"下落"，看到拙稿已变成了铅字。也更加明白，中国文化的研究，与西学之间实无太刚性的畛域。撰写这篇练笔的小文，对于福柯的理解，自难免肤浅，存在偏差，却确确实实提醒了我，有一些看问题的"眼光"至为重要，无论研究对象是什么。这是从思想方法着眼的。

第二篇是我接任教育部"985"哲学社会科学创新基地复旦大学文史研究院院长时的致辞。承蒙杨玉良校长和葛兆光教授的力邀，我加盟文史研究院。本想借此避开繁琐的行政事务，得以稍稍安心治学，然而一年多后我即奉调上海博物馆。这次发言中的一些想法，在我转行以后，仍然秉持、奉行，这是可以稍稍宽慰旧雨新知、新老同事的。

第三篇系《东方早报》"艺术评论"顾村言主编的采访稿，我谈论了上海博物馆东馆建设的一些思路与方案。此后，东馆的有些计划进行了调整，这里未予改易，照旧移录，留存一个"阶段性"的思考样本。

最后两篇是接受《解放日报》首席记者郭泉真的访谈。在我到上海博物馆工作快三年的时候，他联系我对谈了一次，有了《上博这三年》；快 6 年时，他再约"跟踪"采访，成文为"上博又三年"，即《上海博物馆东馆钢结构封顶之际，听上博馆长谈"东馆"与"名山"》。将它们收入在此，记录一段历程，也多一个媒体观察的角度，便于自省。

这六七年里，感谢《解放日报》、澎湃新闻（原《东方早报》）等诸多媒体的一路相伴。博物馆是属于人民的事业，媒体的关注和提问，帮助我们进一步感知并努力贴近"人民性"的真义。

最后特别申明，集内个别文章当初发表时署笔名"闻泽""潇扬"。

起笔于 2020 年 4 月"禁足"扫墓的清明小长假
完稿于 2021 年 5 月 29 日初夏的习习凉风中

博物馆与中国近代以来公共意识的拓展

一

中国博物馆事业发轫于 19 世纪下半叶，是由近代化运动带动的。虽然收藏、鉴赏、研究古物在古代中国有着极其悠长的历史，但此类活动一直囿于少数人，属于达官贵人或某些文人雅士的"特权"，具有很强的封闭性。历史文物的价值和作用，既没有得到正确的认识，更未使广大的社会成员受益，近代博物馆的出现，使这种状况逐渐缓慢地发生改变。

作为一种机构、一种实体，博物馆最初由外国人引入中国。1868 年，法国耶稣会士厄德（汉名韩德）在上海创办徐家汇博物院；1874 年，英国皇家亚洲文会北中国支会在上海建立亚洲文会博物院。两年后，即 1876 年，京师同文馆设博物馆，开中国人办博物馆之先河。不久，上海格致书院建"铁嵌玻璃房"博物馆，陈列英国、比利时等国家捐赠的各类器物和模型，供学生观摩，并对外开放①。

在此前后，中国人对博物馆的认识，从无到有，由浅入深，并渐渐形成兴办博物馆的舆论。1895 年维新派建立的上海强学会，明

---

① 此外，1884 年，张之洞曾在广州办博学馆，聘请詹天佑为教员。或以为上述这些机构尚不完全具备博物馆的性质，但它们的确是我国博物馆事业初创时期的尝试，具有一定的意义和影响。

确将建设博物馆作为其四项要务之一。康有为在构画理想社会"太平世"的图景时,也想到了博物馆,把博物馆以及动物园、音乐院等公共设施规划进他的大同世界。梁启超在《论学会》一文中指出,欲振中国,须兴学会,而学会有十六件大事要办,其中第十二项是"开博物院"①。1898 年夏天,光绪帝采纳了维新人士建立博物馆的主张,并由总理衙门颁布了奖励民办博物馆的具体办法。由于"百日维新"失败,有关主张未能如愿实现。随后又因办博物馆与"新政"联系在一起,一度遭到清政府的反对。可是,博物馆建设的必要性和紧迫性毕竟在为越来越多的人所认识。随着各种社会条件的渐次成熟,终于在 1905 年诞生了具有里程碑意义的南通博物苑,正式开启了中国文博事业的新纪元。

中国近代的一些有识之士,缘何在一个内忧外患交迫的时代,亟亟于提倡引进西方类型的博物馆?这是一个值得细究的问题。当事人所标举的一个理由是,启迪民智。对此,以后研究中国博物馆史的人员亦已给予了注意。但是,开启什么"民智",研究者一直没有阐述清楚。在我看来,通过博物馆以开启"民智"所包含的一项很重要的内容,就是:它关系到培育一种公共精神,这种精神及价值观为中国传统文化所稀缺,却又为建构现代社会所必需。

1879 年出洋考察的清廷官员王之春,在参观了日本博物馆之后曾发出深深的慨叹,留下一首题为《博物院》的诗,诗中以激赏的口吻提到"民有异物献公家"②。这说明最初从国外了解并向国人介绍博物馆的人士,即已朦胧地注意到包蕴在这一新事物中的公

---

① 载《时务报》第十册,1896 年 11 月 5 日。
② 其诗如下:"东人立法亦孔嘉,民有异物献公家。羽毛鳞介金与石,求遍山颠与水涯。一室罗列相参伍,怪怪奇奇难悉数。娜嬛来读未见书,妇竖亦得争先睹。中国本为天地枢,菁华独萃之膏腴。地道由来不爱宝,散而不见聚若无。《博物志》《山海经》,独留虚名与人听。吁嗟乎!何不略亦如东人,书其名而存其形。"

共价值、公共精神。以后,维新人士和其他有识之士大力呼吁筹建博物馆,都与这种价值取向有关。只不过好些人对此尚未产生足够的自觉意识,并提升到理论的层面加以阐发。这也是博物馆所蕴含的这层价值和意义在以后长期遭遮蔽的一个重要因素。当然从一个更广的角度看,这是受特定的时代、特定的传统之局限所致。而反过来讲,这种具体反映在博物馆问题上的公共精神的淡化,又影响了时代的发展走向。

然而不管怎样,从19世纪下半叶开始,公共意识首先在部分中国人身上觉醒。而随着社会的变迁,同时也随着一系列近代意义的文化设施如图书馆、博物馆、报纸杂志、新式学校等的涌现,及它们对民众生活产生越来越大的影响,公共意识便在更大的范围内得以养育、滋长。这犹如新鲜的血液缓慢地输入古老中国文化的肌体,使之重新焕发生机。

王之春诗中所言之"公家",就词本身而讲,并不新,可含义已发生微妙的变化。在古代,"公家"常用来泛指政府,像《三国志·魏书·毛玠传》云:"公家无经岁之储,百姓无安固之志。"俗语"吃公家饭",即意谓干"官事"的。而王诗中的"公家",则带有近代意义上的"公共"色彩,其诗称赞的是民众将各自拥有的珍奇之物奉献出来,放在博物馆这一公共设施里,供世人观瞻。对此,不妨将若干年以后,同样曾东渡日本考察、后创办南通博物苑的张謇的一段话,充作王诗的一条注脚,以助于加深我们的理解。在倡议兴建帝室博览馆的请求书中,张謇谈到了国外尤其是日本重视博物馆建设的情况:"夫近今东西各邦,其所以为政治、学术参考之大部以补助于学校者,为图书馆,为博物苑。大而都畿,小而州邑,莫不高阁广场,罗列物品,古今咸备,纵人观览。公立私立,其制各有不同。而日本帝室博览馆之建设,其制则稍异于他国,且为他国所不及。盖其国家尽出其历代内府所藏,以公于国人,并许国人出其储藏,附为陈列,诚盛举也。"①

　　一般地讲,博物馆是征集、保藏、陈列和研究文物,并为公众提供知识、教育和欣赏的文化教育机构。然而更本质地看,博物馆体现的乃是建立在自由、平等、民主基础上的文化共享与文化参与。西方现代博物馆的诞生,以文艺复兴、启蒙运动提供的精神养料为其思想前提。正是为了保障人们与生俱来的权利才向每一个人开放博物馆,并将建设、扶持博物馆规定为国家权力应尽的义务②。换言之,博物馆与市民社会的结构有着内在的关联。这正是博物馆建设在中国近现代史上所具有的深层意蕴,也是本文想要关注的焦点。

　　当然,说博物馆体现了自由、平等、民主基础上的文化共享与参与,仅仅是就博物馆的理想形态而言的。在具体的现实中,博物馆的性质会受社会环境和其他各种各样因素的影响而发生变异。比如,外籍人士在中国最初开办的那些博物馆,因附着殖民主义的因素,其蕴含的公共价值就大打折扣,某些方面可能还表现出与自由、平等、民主之原则的相背离(大概也正由于包括这些因素在内的各种原因,人们在谈论中国博物馆史的时候,常将这些博物馆忽略不计)。而这也是必须考察的另一侧面。如果忽略了这方面的问题,近代以来中国博物馆建设的丰富个性,以及与市民社会的绝不简单的各种关系,就不能得到全面的了解。

---

① 《上南皮相国请京师建设帝室博览馆议》(光绪三十一年),载张怡祖编:《张季子九录·教育录》,台湾文海出版社,1983年。
② 1792年,即法国大革命爆发后的第四年,由孔多塞起草的、以公共教育委员会名义向国民议会提出的《关于普遍兴办公共教育的报告及其法律草案》,就从教育旨在保障人权这一点指出,"更加完善的图书馆,资料更多的博物馆标本室,规模更大的植物园、农艺园等,也都是教育的手段",并决定开放博物馆和植物园,规定"管理委员会的职责为事物分类、防止损坏、充实藏品,以及使藏品为群众利用"等,宣布发展包括博物馆在内的"国民教育乃国家权力的当然义务"。次年,法国政府下令在卢浮宫建立中央艺术博物馆,向上层社会公众开放,从而促进了欧洲各国皇家博物馆和私人博物馆的开放。

当博物馆作为一个新事物被介绍和引进中国，它所体现的现代文化意识与投射在其中的现代市民社会的结构、特点，就不能不对国人施以积极的影响，并产生连锁的效应。其中之一，便是公共空间的拓展。需要指出的是，博物馆自身即是一个"公共的"空间，而同时，它(们)又参与塑造着一个更为广大的公共空间。

二

继南通博物苑成立后，各地陆续办起了一批博物馆、陈列馆。1911年辛亥革命以后，伴随中国社会出现新的气象，博物馆的发展也更趋活跃。尤其在1928年至1937年间，形成了一个高潮。据1936年的统计，当时全国博物馆总数达77所，连同具有博物馆性质的美术馆、古物保存所共231所[①]。20世纪上半叶中国博物馆事业的发展，有几方面的动向值得特别注意。

（一）将封建皇宫和一些重要的皇室珍藏公开向社会开放。1914年，以被接收的奉天（今沈阳）、热河（今承德）两地清廷行宫的文物古玩为主要藏品，于北京故宫的文华殿、武英殿设立古物陈列所。此为中国第一个以帝王宫苑和皇室收藏辟设的博物馆，开皇宫社会化之先例。次年，在南京明代故宫旧址建立南京古物保存所，陈列明故宫遗物。更具影响力的一件大事发生在1925年。斯年9月，《故宫博物院临时组织大纲》经讨论通过，确定将北京紫禁城改造为一座以历史性建筑及宫廷原有珍藏为中心的综合性古代文化艺术博物馆。同年10月10日，故宫博物院正式成立，并对外开放，京城内"万人空巷，咸欲乘此国庆佳节，以一窥此数千年神秘之蕴藏"[②]。

[①] 据《中国大百科全书·文物 博物馆卷》（中国大百科全书出版社，1993年）有关条目和王宏钧主编《中国博物馆学基础》（上海古籍出版社，1990年）有关章节。
[②] 转引自《中国大百科全书·文物 博物馆卷》"中国博物馆史"条。

长期以来，帝王之家将大量文物占为己有，秘不示人，此种文化上的霸权与陋习，与封建专制制度紧密相连。要求打破这一文化垄断的呼声，早在民国以前即已兴起。张謇曾有"建设性"的提议，那便是前已提及的、写给张之洞的《上南皮相国请京师建设帝室博览馆议》(1905年)。该文还指出，如果清廷能够将其征求、积聚的文物"廓然昭示大公"，那么"聚于下者，亦必愿出而公诸天下"①。然而，冥顽的清政府始终未能跨出这一步。实现皇宫及其珍藏的社会化，其深层意义是在继辛亥革命从政治体制上打倒皇权，进一步通过改造文化事业进而冲击、荡涤由"家天下"政治形态所模塑的各种传统观念。"家天下"转化为"公共"的天下，新型的"国家"意识及与之相伴生的市民意识，有可能借此而唤醒，或更深入人心。

然而必须注意的是，此时的国家"新"虽"新"矣，却也不过是向着现代国家转型过程中的一个特定的阶段。所以，一方面它注意改善自己的形象，并且不断向社会让渡出部分的权利，使其得以建构起一定的公共空间；而另一方面，它的专制的习性又难以根除，自然也不愿真正放弃对社会的高度控驭。再则，现代国家应该担负的管理职能，它还往往不能很好地承担，对民众的公共服务也不能到位。至于社会，还远不成气候，其成员中除了少数觉悟者，大多数都不过是跟随潮流而有所触动、有所跟进，甚至不动、不进的。故而，对于相当不少的民众来说，他们可能知道了"博物馆"这一新名词，可是包括在以后相当长的一段时间里，博物馆离他们委实还非常遥远，并未真正进入他们的生活。在许多人眼中，那些从前归属于帝王、现如今展陈在博物馆里的文物，不过是改姓"政府"罢了。就此而言，这些文物并没有真正回到人民的手中，成为社会共

---

① 《上南皮相国请京师建设帝室博览馆议》(光绪三十一年)，载张怡祖编：《张季子九录·教育录》。

同的财富。

（二）制定了有关的文物博物馆法规。如《名胜古迹古物保存条例》(1928年)、《监督寺庙条例》(1929年)、《古物保存法》(1930年)、《古物保存法实施细则》(1931年)、《暂定古物之范围及种类大纲》(1935年)、《古物奖励规则》(1936年)等。当年张謇倾慕于"欧人导公益于文明"，曾留意观察西洋文物保护方面的法律及其作用，并由衷赞曰："美哉义也，可大可久。"同时他又为我国因无此类法律而酿制的恶果，喟然兴叹："视我昔时兰台石室，徒秘于一姓之宫廷，帷盖滕囊，终泯于异时之道路者，相去不可同日语矣。"①上述法令、规章的推出，在法律的层面上肯定了文物乃民族文化的财富，并对如何保护、利用这一共同的宝藏，特别是就相关的一些权利和义务问题，作了初步的规定。这无疑是中国文博事业，也是社会变革的一大进步。

从一般原理上讲，博物馆作为现代民主的成果，作为民主信仰在普及性的终身教育过程中的实际体现，它是基于法律赋予的明确权利而建立并维持、发展的。唯有这样，它的为公众服务的宗旨，才能得到落实和保障。正因此，这一时期为文博工作的立法，虽属草创，意义却不可低估。可是另一方面，由于中国现代法律主要并不是基于社会内部的需求而自然生成的，带有很强的人工培植性，所以它又很脆弱（成长当然也很缓慢），作用亦是有限的。如此，就注定了中国文博事业的发展将充满艰难坎坷。此又可分两点来讲。其一，既然法律在相当程度上是仰仗国家运用强制性力量从社会外部建立起来的，缺乏来自社会内部对于必要秩序的欲求支撑，那么，国家就有可能也有理由让法律听从自己的意志，甚至随意践踏之。这就致使文博工作难以避免受到强权意志的侵

---

① 《通州博物馆敬征通属先辈诗文集书画及所藏金石古器启》(光绪三十四年)，载《张季子九录·教育录》。

扰。有时甚至连自身存在的意义都可能被取消。这也是长期困扰文博工作的一个痼疾——有法不依、执法不严、知法违法的重要病因所在。其二，不少社会成员往往将国家颁布法律简单地理解为"国家单方面颁布法律"（即与己无关），而没有认识到法律乃出于社会共同利益的要求（只有人人遵守活动规则，包括守法，才能保证社会各项活动的进行，从而使每个人的利益都得以实现），是故，他们常常无视或漠视法律的存在。文物保护难，难点之一就在于文物保护的法规很难深入许多人的内心。有一件事颇堪玩味，记述在兹，以助思考。张謇创建南通博物苑时，一面敦勉家乡的"大雅宏达，收藏故家，出其所珍，与众共守"[1]，另一面又在博物苑的石额上殷切题语："愿来观者，各发大心，保存公益若私家物，无损无缺。"[2] 题语是在 20 世纪初，当时自然尚无文物保护法规，有关的市民意识亦极度匮乏，不然张先生的话语中不会透露出那么多的无奈。然而，即使到文物法规颁定以后，乃至今天，类似这位状元实业家所要防范的现象，又在多大程度上杜绝了呢？

（三）初步确立了国家对博物馆的管理体制，筹建了一批国立和省、市博物馆。1912 年，蔡元培任南京临时政府教育总长，确定以民主共和为教育宗旨，施行教育改革。在社会教育司下专设一科负责博物馆、图书馆、动植物园及搜集文物等工作（鲁迅曾任该科科长）。同年，在北京国子监旧址筹设中国第一个国立博物馆——历史博物馆。1927 年以后，河南省博物馆、南京市立历史博物馆、兰州市立博物馆、浙江省西湖博物馆、市立上海博物馆等一些重要的省、市博物馆相继筹建或正式开放。各级政府一定程度的重视，以及相应的财力和人力的投入，使博物馆事业有可能获

---

[1] 《通州博物馆敬征通属先辈诗文集书画及所藏金石古器启》（光绪三十四年），载《张季子九录·教育录》。
[2] 据《南通博物苑文献集》，南通博物苑 1985 年 10 月编。

得长足的推进。

但是国家的扶持和投入依然是有限度的。财力拮据的情况在文博系统相当普遍。不过这还不是最要紧的。重要的是,国家对博物馆的投入和加强管理,必然导致一个倾向:要求博物馆的行为必须顺从国家权力。这样说,绝无试图否定国家权力及其"管理"的意思,而是想要指出,由于缺乏一个成熟的、具有自治性结构的、与国家有着良性互动关系的社会,所以,一旦国家"管理"采用的是不恰当的方式,而国家意志又恰恰是不理智、不理性甚至是反理智、反理性的,那么博物馆就有可能不得不付出违背它本所崇尚和遵循的民主与科学的基本原则之代价。博物馆行为与国家意志之间的关系,可由以下一个事例得到说明。1929年,在无锡经济、文化发展的基础上,无锡市政筹备处(这年无锡由县改市,并设立该行政机构)提出"筹设历史博物馆"的计划。此时正值国民政府推行文化专制主义,提倡尊孔读经,并颁布了《孔庙整理办法》。于是无锡县教育局便拟议在无锡孔庙原址,在既有的祭器、乐器基础上,征集文献古物,创设县立历史博物馆。该方案因与国家意识形态的要求相一致,故很快获得通过①。

在各级政府投资兴办博物馆的同时,民办博物馆则处于前途难卜的境地。以南通博物苑而论,当初张謇是以他创办的大生纱厂的赢利,来作博物苑的经费。但自1926年张謇去世以后,随着中国民族资本的陷入困境,大生企业越来越难以维持,于是这座私立博物馆也就现出了一片衰败的景象②。民办博物馆的运作情况,从一个特定的角度呈现出市民社会的发育程度及有关状况(国

---

① 参阅顾文璧:《记江苏省早期博物馆之一"无锡县立博物馆"》,载江苏省博物馆学会编:《博物馆学论文选》,1984年。
② 对此有文予以描述。见落花生:《从五公园游到博物苑》,《通光日报》1932年9月4日。

外的许多发达国家都有大量的民办性质的博物馆，公共基金是它们经费的重要来源）。顺便提一下，以南通博物苑来反映20世纪前三四十年博物馆与（形成中的）市民社会共生共长、休戚相连的关系，恐怕实在是一个绝佳的范例。这个被许多人称作"中国第一个公共博物馆"（这一说法的前提是，此前的博物馆尚不完全具备博物馆的性质）的南通博物苑，由一个从旧文人（1894年中状元，授翰林院修撰）转变而来、参加过强学会、后担任过民国高级官员的实业家——他除了办实业、办教育、办博物馆，还曾是上海、江苏等地地方舆论的重要代言人，并曾积极推行地方自治——兴办，这事情本身就具有太多的内涵和象征意义。可惜竟一直无人深入挖掘、认真研究。

近年来一些研究公共领域在近代中国兴起的学者，多从新式工商社团入手分析，实际上，博物馆等新型文化机构的诞生、壮大，对于此类考察同样有意义，且有独到的价值。"公共领域"论者特别关注近代以来地方的"自治"问题，但"自治"其实只有在相应的公共空间里才有可能，并得以长久（在一份叫《南通地方自治十九年之成绩》的资料中①，载录了有关南通博物苑的介绍，这说明即使从表面上看，中国早期博物馆与地方自治也绝非没有关系）。因此，公共空间是一个比"自治"更具基础性的问题，有待进一步重视。另外，由于中国社会和历史的特殊性，中国市民社会、公共空间的培育、建构既艰难曲折，又带有诸多的个性特点。中国博物馆的发展历程，也恰好可为这方面的研究提供有助益的资料。

三

中国博物馆的发展在20世纪50年代迎来了第二个高潮。在

---

① 1914年翰墨林印书局印刷，铅印本一册。

结束了极"左"路线的摧残并拨乱反正以后，从 80 年代至今，又出现了第三个高潮。以下的一组数字，可以略见其梗概：1949 年，大陆只剩下 21 个博物馆，到 1961 年已有 200 余所，1987 年底该数目超过了 1 000，至 1996 年，更达 1 800 个左右①。这些数字，既凝聚着新中国博物馆工作的辉煌成就，也从一个侧面反映了中国社会所发生的深刻变化。但这期间博物馆工作暴露出的问题也着实不少。比如：由于受计划经济模式的制约，也由于公共文化机构的过度"行政化""机关化"，更深层次地看则是由于社会公共空间的严重扭曲和萎缩，不少博物馆透出一股官衙气，导致其行为常有违于为公众服务的宗旨。更需要引以为戒的是，在极"左"路线的影响下，在"一切为政治服务"的口号下，博物馆工作曾一度丧失其应有的科学精神。例如曲解、篡改或伪造藏品。一位博物馆专家曾承认，在"文化大革命之前、文化大革命中以及以后一段时间，他曾篡改过几十种复制品；采用'移位法''虫蛀法''挖补法''遮盖法'等方法与技术，将某人、某事的名称与位置，进行掉换、删改、除掉、增添、挪位，移植在复制品上"②。这又表明，当博物馆工作远离了人民，丢失了公共品性，它就会堕落，不成其为人民的事业。

今天，随着社会主义市场经济改革和法制建设的进一步深化，随着政府职能的转变以及小政府大社会管理模式的出现，博物馆终将彻底祛除它曾经沾染的官衙气，牢固树立其作为深刻体现共享与参与原则的公共文化设施的形象。同时，博物馆行业的形态也将发生大的改观，在数量、种类、办馆模式和与公众之间的关系诸方面，发生较大的变化，这既是补上近代以来中国博物馆发展所遗留下的种种不足，又是跟上时代潮流新发展的问题。此一过程，

---

① 据《中国大百科全书·文物 博物馆卷》有关条目和王宏钧主编《中国博物馆学基础》有关章节。
② 肖贵洞：《必须停止使用被篡改过的复制品》，《中国文物报》1992 年 2 月 23 日。

究其实，是与当代中国市民社会的建构相一致的，也即是与寻求在国家和社会之间形成适合于现代化发展的良性结构——此为市民社会理论基本的现实出发点——的过程相一致的。

正是有鉴于此，笔者特别看重目前正在兴起的各类私人博物馆、行业博物馆，以及近年来开始从国外介绍、引进的社区博物馆、生态博物馆。这方面的理论与实践，将有力地拓展中国社会的公共空间。生态博物馆运动的创始人乔治·亨利·里维埃在阐释何为生态博物馆时，曾特别强调它"是由公共权力机构和当地人民共同设想，共同修建，共同经营管理的"，"公共机构的参与是通过有关专家、设施及机构提供的资源来实现的；当地人民的参与则靠的是他们的志向、知识和个人的途径"[①]。里维埃描述的已不单是一幅博物馆的蓝图，分明还是一幅有关于社会文化的图景。在那里，博物馆对公共权力机构和公民道德都提出了新的要求。确实，与博物馆联系在一起的，绝不仅仅是一些"藏品"，或一般意义上的教育功能，更重要的，它体现着一个国家的公民的综合素质，反映了一个民族、一个社会的文明程度。

近二十年来，国际社会已普遍把保护文化遗产提高到能否为社会和人的发展提供良好环境的高度来认识和对待。可以预计，在不久的将来，随着中国社会温饱问题（也就是所谓"生存权"问题）的根本解决，对博物馆和文化遗产的精神需求，将在公民的"发展权"中愈益凸显出来。这种"发展权"的意识，将构成博物馆及它所代表的公共空间的最坚固的精神基石。

（原载《复旦学报》1999 年第 3 期）

---

① ［法］乔治·亨利·里维埃：《生态博物馆——一个进化的定义》，《中国博物馆》1995 年第 2 期。

博物馆发展的新方向：
功能、类型和管理[*]

博物馆是人类为了保护和利用文化、自然遗产而创造出的一种形式。由于政治、经济、文化各方面因素的变化、发展，及"遗产"概念自身内涵的不断扩展，博物馆这一形式正愈益呈现出多样性的特点。把握这种多样性，并在此基础上辨识博物馆发展的新方向，进而更有成效地推进中国博物馆工作健康、蓬勃的发展，无疑是当今公共遗产保护事业的一件大事。本文拟从博物馆的功能、类型和管理三个环节入手，就此问题略抒管见。

一、博物馆的功能及其演化

现代博物馆的功能可析为核心功能、基础功能和外缘功能三个层次（参见"博物馆功能模块组合示意图"之一：现代博物馆）。核心功能是展示。公众去博物馆的基本目的或首要目的，可以概括为一个"看"字，博物馆必须精心策划并准备好有关的内容供公众参观。展示将博物馆与公众联结在一起，并使博物馆的存在价值得以最终体现。没有展示或暂时缺少展示内容的博物馆，其实

---

[*] 本文是作者应邀参加"文化遗产保护与经营研讨会"（2002年3月，北京）而提交的论文，题目是由主办方中国社会科学院环境与发展研究中心给定的。

是处在闭馆或休馆状态①。1936年版的《辞海》就曾将博物馆径直解释为:"陈设一切天然或人造之物,供民众观览之所。"

基础功能包括对文化或自然遗产的收藏、整理、保管、修复、研究,和满足观众的精神需求如教育、玩赏等。按日本鹤田总一郎对博物馆基本职能所做的内部、外部两分法②,可将基础功能划分为两块,即内部的(如收藏等)和外部的(如教育等)。

外缘功能是博物馆的间接功能,是通过博物馆这一保护和利用公共遗产的形式而在其他方面产生的影响和作用。例如,1793年8月法国卢浮宫正式向公众开放,就被称誉为冲击文化专制主义的一大胜利;同样,1925年10月故宫博物院的建立,也被视作是在向当时的中国人民宣示和传输民主革命的信念与意识。所以,国际博物馆协会制定的博物馆定义(1974年)中就有看似空泛实则意味深长的一句话:"(博物馆)为社会和社会发展服务"③。

需要着重探讨的是,自20世纪六七十年代以来,尤其是近二十年间,博物馆的功能及其形态发生了一系列重要的变化。这种

---

① 国际博物馆协会20世纪40年代以来数次制定、修改的"博物馆"定义,都突出了"展示"的重要性,甚至以此为标准来衡量其他的相关设施如图书馆、档案馆、植物园、动物园、水族馆等,认为诸如此类"进行展出的一切常设机构,均应视为博物馆"(1962年),"但图书馆如无常设陈列室者则除外"(1946年)。有关具体条文可参阅王宏钧主编:《中国博物馆学基础》,上海古籍出版社,1995年,第25—26页。又,贾建明先生在论说博物馆意义的时候,曾十分巧妙地引用了美国盲人海伦·凯勒《假如给我三天光明》中的话:"那里(按:指博物馆)实在是一个使用眼睛的地方。"贾文认为,这是"睿智的看法","代表了多数有识之士对博物馆的理解",我赞同。参见贾建明:《缪斯之梦——话说博物馆的起源》,《中国文物报》2001年12月7日。
② 陆建松:《从博物馆职能看如何经营博物馆》,《中国博物馆》1998年第1期。
③ 国际博物馆协会制定的博物馆定义是:"博物馆是一个不求营(赢)利,为社会和社会发展服务的,公开的永久性机构。它为研究、教育和欣赏的目的,对世界各民族及他们生存环境的见证物进行收集、保护、研究、传播和展览。"参阅严坚强、梁晓艳:《博物馆(MUSEUM)的定义及其理解》,《中国博物馆》2001年第1期;宋向光:《国际博协修改"博物馆"定义》,《中国博物馆通讯》1993年第2期。

变化迄今仍在继续,似乎远未结束,它将把博物馆带向何方①,正有待进一步的观察和研究。这里,笔者试从外缘功能、基础功能和核心功能三个层面分别展开讨论(参见"博物馆功能模块组合示意图"之二:变化中的博物馆)。

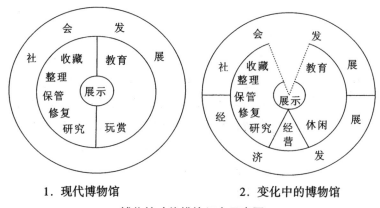

1. 现代博物馆　　　　2. 变化中的博物馆
博物馆功能模块组合示意图

1. 外缘功能的演化

该层次的功能演化,自 20 世纪 70 年代开始逐渐彰显。1971 年国际博物馆协会在法国举行第 9 次大会,与会者将博物馆对社会、文化的作用和影响提到了一个全新的认识高度,并强调博物馆应为变革的社会服务。次年,联合国教科文组织和国际博协在智利召开圆桌会议,议题为"博物馆与当代社会"。会议重申博物馆应随社会的发展而变革,必须为社会、社区及其发展服务。这些新观点,在 1974 年哥本哈根国际博协第 10 次大会的决议和新的《国际博协章程》中,得到概括并被作为原则确立下来。故而正如苏东海先生所称的,1971 年至 1974 年发生了"西方博物馆从自发地服

---

① 国外有学者甚至声称博物馆已面临危机,"过不了多久,传统的博物馆将不能应付未来世界的新的挑战……博物馆将变得过时"。引自[荷]P. V. 门施:《何谓博物馆? 何谓成功?》,白岩译,《中国博物馆》2001 年第 1 期。

务社会到自觉地服务社会的转变……"①

在服务于社会的思想指引下,博物馆的外缘功能得到有力的拓展。具体情形可从以下三个方面加以揭示。

(1) 社区博物馆思潮汹涌澎湃

社区博物馆与其说属于博物馆的一种类型,毋宁说是有关博物馆工作的一种思想或方法论。英国肯尼斯·赫德森曾指出,博物馆的"社区"有当地的社区(博物馆周围约五公里)、地区的社区(离博物馆两小时的旅程)、国家的社区和国际的社区四种含义,如若谈论不当,"会使人产生误解而无益"②。在我看来,社区博物馆提法的要义,在于明确博物馆的社会责任,尤其是对于促进本地社会文化发展,博物馆可以发挥独特的功能。

社区博物馆思潮起源于20世纪六七十年代,后波及全球,目前已在中国激起巨大的反响。回溯历史,不难发现社区博物馆思潮引出了博物馆领域许多新的特点,例如:强调对"人"(观众)的关心,而不再将关注的重心仅仅局限于"物"(藏品);强调应该与社会建构起一种良性的互动关系,既要让公众参与进来,博物馆更需要主动地介入社会;在不发达地区或弱势群体聚居地,博物馆往往能更出色地发挥服务于社区的功能③;除了展示,博物馆还要组织其他丰富多彩的活动项目,如讲座、相关的表演以及培训等。从而,某些博物馆表现出向社区文化中心转变的迹象。

---

① 苏东海:《博物馆的沉思——苏东海论文选》,文物出版社,1998年,第191页。
② [英]肯尼斯·赫德森:《八十年代的博物馆——世界趋势综览》,王殿明等译,紫禁城出版社,1986年,第175页。
③ 美国博物馆学家、曾任史密森学会秘书长的里普瑞,曾在一个人均年收入不足3500美元的美国黑人社区创办博物馆,并大获成功,此举被誉为社区博物馆的一个典范。参见甄朔南:《社区博物馆与博物馆如何为社区服务》,《中国博物馆》2001年第2期。有些论著在谈论社区博物馆的时候还指出:"一些博物馆建在了不同寻常的区域,如红灯区、精神病医院、城市郊区以及其他一些区域,这些博物馆都强调居民的参与以及要在社区中造成变化。"见[英]莫里亚·辛普森:《博物馆新范式》,宋向光译,《博物馆研究》1999年第4期。

(2) 生态博物馆运动波浪迭起

生态博物馆初兴于法国，是现代环境意识与博物馆行为相融合的产物。1971年，法国于格·戴瓦兰和乔治·亨利·里维埃在向环境部介绍博物馆发展新动向时，首次提出"生态博物馆"概念，表达了人、遗产、环境必须紧密结合的新思维。在此后的发展过程中，世界各地的响应者和实践者赋予了"生态博物馆"许多新的内涵，其中非常突出的一点是，走与社区发展相结合的道路。里维埃本人也不断地修正其对"生态博物馆"的理解，在1980年的一篇文章中，他开宗明义地将"生态博物馆"界定为——"是由公共权力机构和当地居民共同设想、共同修建、共同经营管理的一种工具"①。"工具"论前所未有地强化了博物馆的外缘功能。及至1989年，国际博协海牙会议便顺理成章地开始讨论"博物馆能否成为新文化的催化器"之类的问题。

中国在七年前开始了建设生态博物馆的历程，首先选址于贵州省梭嘎乡。在可行性研究报告中，课题组列出了生态博物馆概念中的一组关键词，其中将"社区区域"置于第一位，"社区人民""参与"排在第三、第四，其余"遗产""生态学""文化特性"分别列于第二、第五和第六。在满足保护公共性遗产需要的同时，研究报告还强调应关注生态博物馆"社会功能的发挥"，包括"作为一个社会服务场所，提供餐饮、会议室等社会服务"等②。目前，在贵州地区已出现了由4座生态博物馆组成的生态博物馆群，一些研究者将其称为"社区精神文化的家园"③。

---

① ［法］乔治·亨利·里维埃：《生态博物馆——一个进化的定义》，《中国博物馆》1995年第2期。这是里维埃第三次也是最后一次给"生态博物馆"下定义，现已成为有关"生态博物馆"的一个经典性的定义。
② 《在贵州省梭嘎乡建立中国第一座生态博物馆的可行性研究报告》，《中国博物馆》1995年第2期。
③ 参阅黄春雨：《中国生态博物馆生存与发展思考》；杨俪俪：《生态博物馆——经济与文化的思考》，均载《中国博物馆》2001年第3期。

近三十年来,生态博物馆运动与社区博物馆思潮既相分又相合,它们互相激荡,互为推波助澜。社区意识、环境保护思想、多元文化观、人权运动、民主参与浪潮以及生活方式、审美趣味的变化等,共同构建了促成博物馆领域上述巨变的深刻的社会背景。而结果之一,是博物馆功能的空前扩张。

(3) 博物馆经营意识持续高涨

从前讳言的"市场""经济",现在越来越多地与博物馆工作联系在一起。把博物馆置于区域经济的市场经营范围内加以考察和规划,已成为制定博物馆发展战略的重要一环。最能生动体现这种内在思路的,当属"文化产业"(cultural industry)甚至"遗产产业"(heritage industry)概念的提出。相关的概念还有"休闲产业"(leisure industry)或"休闲消费"(leisure consuming)。举个例子:有研究者指出,博物馆是保持都市旅游业可持续发展的一个增长点。世界上著名的国际旅游城市在发展旅游业时,都十分重视这种独特的文化旅游资源。1997年,上海市政府把建设行业博物馆纳入发展上海都市大旅游业的战略中;2000年进一步制定行业博物馆发展规划,实质性地大力开发这一新兴的文化资源[①]。博物馆对于推动经济发展的意义,于此可见一斑。博物馆被赋予某种经济功能,已成为不争的事实。

博物馆的经济功能相对地独立于一般意义上的(如前文揭举的)社会功能,所以功能示意图中我们将"社会发展"和"经济发展"划分为两个模块。

此外,经营意识还表现在博物馆自身的营销之道中。由于面临财政压力,博物馆必须讲究效益,理顺"投入"与"产出"的关系,尽量扩大观众的来源,并通过一些辅助手段如出售纪念品等增加

---

① 陆建松:《关于建设行业博物馆的若干问题》,《中国博物馆》2001年第3期。

收入,以提高自身的经营能力。

2. 基础功能的演化

基础功能、核心功能的演化与外缘功能的演化同步进行;更确切地说,前两者是在后者的带动下发生的。对某些博物馆而言,外缘功能的演化甚至"破坏"了博物馆原有基础功能和核心功能的完整性,使之发生"裂变"。对此我们在"博物馆功能模块组合示意图"中,将属于外缘功能的"社会发展"切入基础功能圈和核心功能圈加以反映。切入的部分施以虚线,一在于表示切入的程度(相对应的是基础功能和核心功能的"裂变"程度),需视具体情况而定;二在于说明功能模块之间的界域已不再是很清晰明确的,换句话说,有些功能很难再按核心、基础、外缘三个层次简单地予以划归。举例来说,笼统的"教育"功能其实可以析为三类:馆内基本教育活动、辅助学校的教育活动和服务社会的教育活动[①]。然而即使这样的划分,套之于生态博物馆则仍然失效。

示意图中"经济发展"未切入基础功能圈和核心功能圈,并以实线相隔离。这或许与时下的某些事实不甚符合,却体现出笔者对博物馆工作宗旨的一种信念。关于此点,留待本文第三节再加申说。

博物馆基础功能的具体演化方式,至少表现在以下三个方面。

(1) 收藏对象和收藏方式的变化

由于"遗产"概念的拓展,入藏博物馆已不再是某些"古代珍品"的专利,人们代之以是否具有审美、教育、研究和反映文化特性等方面的价值作为入藏的取舍标准。博物馆藏品越来越多地洋溢出一种"平民气质",它们往往来之于生活,更能反映当代问题,也更贴近参观者的情感世界。按社区博物馆的理念,其收藏物"都是

[①] 黄淑芳:《现代博物馆教育理念与实务》,台湾省立博物馆,1997年,第83页注2。

该地区社会发展与自然环境变迁的历史见证物,与当地居民在情感上有千丝万缕的联系"①。生态博物馆的新思维,更是完全颠覆了传统的"收藏"概念,生态博物馆所保存的是"某一特定群体的全部文化内涵(既包括物质的,也包括非物质的文化因素)"②,并且是原地保护,与当地的环境交融在一起,构成一个整体。

(2) 管理模式和阐释方式的变化

例如,"社区博物馆的工作主要由社区的民众参与,聘请的专家和义工也要听取社区领导与居民的意见,因为他们比专家更了解社区尘封的过去与现实生活中的热点问题"③。显然,在这种情况下,博物馆的管理在很大程度上已与社区工作交织起来,博物馆为社区服务,社区参与博物馆的管理和经营。不仅如此,博物馆展陈内容的解释权,也相当程度地掌握在社区成员之手,他们也是专家,是研究者。总体上看,博物馆行为的大众化色彩日趋增浓。

(3) 教育、休闲功能的进一步突出及其手段的多样化

如果说前面两点变化,并非发生于所有的博物馆,尤其是在中国,相关的变化有些才仅露出一丝端倪,那么,这第三点就带有相当的普遍性;并且对中国而言,推动这种变化,将之化作有意识的自觉行为,还显得异常的紧迫。知识更新的加快,终身教育目标的明确,促使公众需要从博物馆获取更多的接受教育的权利。生活质量的提高,精神需求的攀升,又使博物馆成为"休闲消费"的好去处。处在这样一种社会变局中,如何针对公众的需求给博物馆工作重新定位,强化其教育、休闲的职能及手段,不仅关乎每个博物馆的发展大计,甚至还牵涉到它们的生存之道。

---

① 甄朔南:《社区博物馆与博物馆如何为社区服务》,《中国博物馆》2001年第2期。
② 《在贵州省梭嘎乡建立中国第一座生态博物馆的可行性研究报告》,《中国博物馆》1995年第2期。
③ 甄朔南:《社区博物馆与博物馆如何为社区服务》,《中国博物馆》2001年第2期。

3. 核心功能的演化

无论是传统意义上的现代博物馆,还是变化中的博物馆,最吸引人的依然是有东西可看。不过对眼界、口味已大不一样的现代人来讲,在有东西可看的同时,还要"看"得赏心悦目,最好再来一些演示,甚至还能边"看"边"动手",从中品尝一种新感觉,获得一番新体验。接受美学或接受心理学的学说,日渐为博物馆工作者所重视。"交互式"的展示内容(包括可动手操作的),经常出现在国外许多博物馆尤其是科技馆(Science Museum)。博物馆的核心功能也在变化。

至于生态博物馆,则最大限度地导致了博物馆核心功能的"裂变"。生态博物馆没有传统意义上的博物馆建筑(代之以特定的地域),也没有传统意义上的从其他地方收集来的藏品(代之以这个地域的传统,包括记忆),它所构筑的是一个"可以在里边停留或游览的特殊空间",是"一面当地人用来向参观者展示以便能更好地被人了解,使其行业、风俗习惯和特性能够被人尊重的镜子"①。自然,通过这个特殊空间或镜子,参观者可以学到知识、得到感悟。

二、博物馆的类型及发展预想

一种曾经是非常主流的观点,将西方博物馆划分为艺术博物馆、历史博物馆、科学博物馆和特殊博物馆;又将中国博物馆区分为历史类、艺术类、科学与技术类、综合类四种类型②。即使到今天,这种类型划分法应该说仍有其一定的价值。但也必须看到,它

---

① [法]乔治·亨利·里维埃:《生态博物馆——一个进化的定义》,《中国博物馆》1995 年第 2 期。这是里维埃第三次也是最后一次给"生态博物馆"下定义,现已成为有关"生态博物馆"的一个经典性的定义。
② 《中国大百科全书·文物 博物馆卷》"博物馆类型"条,中国大百科全书出版社,1993 年,第 48—49 页。还有其他一些分类方法,可参阅王宏钧主编:《中国博物馆学基础》第二章第三节"博物馆的类型"。

是有缺陷的,特别是它不利于把握当今博物馆的多样性特点,更无法从中辨识博物馆发展的趋势。为此笔者试图作一些尝试性的分析。

1. 从展示的对象划分

（1）藏品类博物馆

以收藏和展示藏品为主的博物馆,在世界各地都很常见。目前中国的博物馆以这种类型居多。

（2）遗址类博物馆

利用历史遗址、旧址或考古遗址就地保护并作现场展出的博物馆。前者如河北冉庄地道战博物馆、四川大邑地主庄园陈列馆,以及大量借助故居、旧址建造的纪念馆、博物馆。后者（考古遗址类）如定陵博物馆、柳州白莲洞洞穴科学博物馆、秦始皇兵马俑博物馆、黄石铜绿山古铜矿遗址博物馆。

（3）移筑类博物馆

世界上第一所移筑类博物馆,是位于瑞典斯德哥尔摩吉尔卡登岛上的斯坎森露天博物馆,筹建于1880年,1891年建成。它汇集了瑞典各地100多处（种）建筑、设施,并严格按原状进行复原陈列①。笔者在日本曾考察过这类博物馆,如大阪的日本民家集落博物馆和犬山的博物馆明治村。日本民家集落博物馆汇集了日本各地有代表性的11处民居建筑（连带日常用具）,都是从当地经拆卸后移筑复原的,时代从古代到现代都有,真实形象地展现出日本民居的特征、特点和演变概貌,以及相关的生活习俗。其中搬迁自长野县的"信浓秋山的民家"被列入国家指定重要文化财。该博物馆占地3.6万平方米,系野外博物馆。博物馆明治村则集中了日本明治时代全国各地各种有典型意义的建筑和设施共67处（种）,

---

① 参见《中国大百科全书·文物 博物馆卷》"斯坎森露天博物馆"条,第485页。另外挪威桑得瑞克露天博物馆建于1881年。

也都是从原地经拆迁后移筑复原的,包括学校、商店、住宅、医院、教堂、旅馆、邮局、工厂、兵营、派出所、法庭、监狱、文库、桥梁、火车、灯台等。内中属于重要文化财的就有10处(种)[①]。这个面积很大的野外博物馆,成功地构造了明治时代的社会风貌、生活场景特别是建筑设施方面的一个缩影。

中国博物馆中不乏部分移筑并获成功的样例,如甘肃博物馆的《嘉峪关魏晋壁画墓》展览,其墓和墓内保存的60多幅砖画就是迁移来的。20世纪末三峡水利工程动工后,又制定了一系列文化遗产整体搬迁的保护方案,像渝东云阳张飞庙整体搬迁计划。但像斯坎森露天博物馆、日本民家集落博物馆和博物馆明治村那样,将相关的文化遗产集中移筑于一处,形成一个博物馆或博物馆群落,在中国尝试者不多,成功者更是鲜见。

(4)生态类博物馆(包括生态博物馆和准生态博物馆)

生态博物馆的建造要求很高,强调在文化的原生地保护该文化及其赖以存在的环境。鉴于当今社会现代化潮流裹挟一切,大有势不可挡之势,想要原汁原味地保存某一地域的文化确乎困难,因此生态博物馆绝非一件容易操作的事情;而有些接近于上述要求的博物馆,不仅已经存在而且大有用武之地,发展前景十分看好,故可名之曰"准生态博物馆"。准生态博物馆依托或依赖某个文化原生地,并有整体保护的规划及措施,强调环境的重要性,但却允许有人为开发的成分,不排斥与环境风貌协调一致的"赝品",这是它与生态博物馆的差异所在。我国少数民族地区近年来兴起的一些村寨博物馆,有些就属于这种准生态博物馆[②]。

生态类博物馆展示的是"地区"或"地域传统"。据说,到20世

---

① 它们是:圣ヨハネ教会堂,西乡从道邸,三重县厅舍,东山梨郡役所,东松家住宅,札幌电话交换局,品川灯台,菅岛灯台附属官舍,宇治山田邮便所,吴服座。
② 参阅张勇:《村寨博物馆的内涵与前景》,《中国文化报》2001年11月14日。

纪90年代的时候,世界各地的生态博物馆已达300多座①。我对这个数字很是怀疑,理由同前。很可能,这300多座中有不少只能称之为"准生态博物馆"。换言之,这300多座应该属于本文所说的"生态类博物馆",或可称"泛生态博物馆"。曾出任法国博物馆管理局负责人的雅克·萨卢瓦,在其所著《法国博物馆》(1995年,巴黎)一书中指出过一个现象:"(20世纪)70年代,在环境部的倡议下,显著出现了建立生态博物馆的活动。我们邻国在这方面要发达得多,起步也早得多。尽管我们遇到困难,但在多次倡议下,也出现了几个十分稳定的博物馆。……正如农业活动的衰退是许多这种生态博物馆的来源,80年代,传统大工业的消失也招致了大量工业生态博物馆的出现。……就在最近,城市也出现了城市生态博物馆……大力保存了反映城市生活方式的实物展品。"②从以上整段叙述看,尤其是内中提到在70年代以前的法国之外,早已出现"生态博物馆"并已很发达,则作者所指就应该是本文提到的生态类博物馆。

有两点是需要加以注意的。

第一,上述4种类型的划分不过是就各自的"理想形态"而言。在现实中,类型之间可能会有交叉。比如,故宫博物院既是藏品类博物馆,也有遗址类博物馆的属性;它展出藏品,也在展示旧皇宫。

第二,博物馆与非博物馆之间有过渡现象,有时界限会不明确。如遗址博物馆的公园化,博物馆的过度社区化、商业化,都会

---

① 《在贵州省梭嘎乡建立中国第一座生态博物馆的可行性研究报告》,《中国博物馆》1995年第2期。另一个统计数字是:共163座,分布于26个国家。但即使是后一个统计数字,它们也没有全部被国际博协所承认,之所以列入生态博物馆清单,一方面是因为它们自认为是,另一方面则出于一种鼓励。据苏东海:《国际生态博物馆运动述略及中国的实践》,《中国博物馆》2001年第2期。
② [法]雅克·萨卢瓦:《法国博物馆》,汤延英等译,商务印书馆,2000年,第105、85页。

导致博物馆属性的降低,直至非博物馆化。《法国博物馆》曾提到"商业博物馆",它"本身就作为一种企业而存在,服从商业效益的规定,并受商业效益的限制"。笔者完全赞同作者的观点:虽然这些企业顶着"博物馆"之名,却绝对称不上是"真正的博物馆"①。

以上的交叉和过渡现象,在下面的分类中还可能会遇到。

2. 根据博物馆的空间形态划分

(1) 馆舍博物馆

即特定建筑内的博物馆,多为藏品类博物馆或遗址类博物馆。

(2) 野外博物馆

又称露天博物馆,多为移筑类博物馆或生态类博物馆。

(3) 网上博物馆

这是因电子信息技术的发达,借助网络系统而在近期出现的一种数字博物馆。

3. 从陈列的主题划分

博物馆的类型包括:历史考古博物馆、乡土民俗博物馆、艺术博物馆、纪念博物馆、科技博物馆、综合博物馆和其他专题博物馆。

4. 从管理体制的角度划分

博物馆的类型包括:国家所有博物馆、集体所有博物馆②、私人所有博物馆,或政府办博物馆,企事业、社会团体办博物馆,个人办博物馆。

而国外的情况是分为国立博物馆、公立博物馆、私立博物馆。

此外还有其他一些分类方法,如新近出现的行业博物馆,兹处不加展开。接下来,想借助上文给出的博物馆分类框架及功能分析,来阐述对中国博物馆发展走向的若干思考。

---

① [法]雅克·萨卢瓦:《法国博物馆》,第105、85页。
② 目前学术界有关中国所有制问题的讨论很热烈,但未形成统一的意见。在此,笔者认同"新型的集体所有制"一说。

第一，在发展藏品类博物馆、馆舍博物馆的同时，调整思路，推进多种类型博物馆的建设。

藏品类博物馆、馆舍博物馆（也可以合为"藏品类馆舍博物馆"）是中国博物馆的大宗，近年来又新建了一批有相当规模和水准的此类博物馆，如上海博物馆新馆（1996年）、河南省博物院新馆（1996年）、南京博物院新陈列馆（1999年）、西藏博物馆（1999年）。在今后博物馆发展的规划中，此类博物馆仍得到高度重视（投资预算达7.8亿的首都博物馆新馆已经开工，将于2005年正式开放）。遗址类博物馆在中国也有不短的历史，及至20世纪五六十年代，还兴建了著名的西安半坡博物馆、定陵博物馆、乾陵博物馆（1977年开放）等。近十年来又出现了杭州南宋官窑博物馆（1992年）、河姆渡遗址博物馆（1993年）、高邮盂城驿博物馆（1995年）、广汉三星堆博物馆（1997年）、陕西汉阳陵考古陈列馆（1999年）等。2001年底，北京古人类文化遗址博物馆，又在被称为"金街"的王府井亮相①，这一切都说明此类博物馆的特色和重要性已为越来越多的人士所认识。但问题并不如此简单，由于"原址保护"会牵涉到某些地方和部门的实际利益，所以其中的困难曲折还是经常会有的，甚至很严重。举例来讲，2000年发现的成都战国船棺墓葬遗址，因地处市中心等原因，就差一点被挪移。后经过一年多的激烈争议，特别是由于媒体报道和社会各界的强烈反应，最后引起中央和国家文物局的重视，通过派专家组考察，才排除了"异地保护"而选定"原址保护"的方案②。显然，发展遗址类博物馆，保护好某些遗址、旧址无可替代的特殊价值，还需要切实的

---

① 这座占地360平方米的博物馆，建在东方广场施工工程中发现的两万五千年前古人类生活的遗址上。它展示了在原址发掘出土的当时人类使用过的石器及动物骨骸，具有很高的考古价值，又向世界展示了古都北京悠久灿烂的文明史。参见《北京古人类博物馆在"金街"亮相》，《光明日报》2002年1月4日。
② 《原址保护战国船棺墓葬》，《文汇报》2001年11月6日。

举措。

移筑类博物馆有待在中国大力提倡。类似斯坎森露天博物馆、日本民家集落博物馆和博物馆明治村那样的博物馆样式，应该尽快地在中国得到长足发展。中国地域广袤，历史悠久，把相关的某类或某系列文化遗产集中于一地，有利于更好地展示某一方面的物质文明及其相联系的文化个性、时代特点、社会风貌。观众能更便捷，也印象更强烈深刻地获得各种教益和休闲乐趣。中国正处于新的社会转型时期，各种城乡建设都在制定规划中，若能不失时机地选择好的主题和适宜的地理位置，建一批有特色的移筑类博物馆，当能极大地丰富中国的博物馆文化，对地方社会经济和文化的发展也会产生积极的影响。

生态类博物馆已在中国破土成长，但仍需精心规划、大力扶持。一是在少数民族聚居地，生态博物馆虽具有独特的发展优势，也有助于保护民族文化和传播多元文化观，但从目前选址实验的地区看，这里需要借助"外力"，包括规划、资金和具体的管理理念与方法，方能有所推进和创获。二是在汉族农村地区，亟待实现"零"的突破。中国是一个农业文明古国，在广大的农村地区蕴藏着几乎无尽的文化宝藏，然而在现代化潮流的冲击下，它们正面临遭受破坏和永远消逝的厄运。兴建生态类博物馆，可以有效地重点保存某些文化样本，使之不再枯竭和流失。三是在城镇和都市，生态类博物馆同样有用武之地，我们需要以新思维将城镇和工业遗产的保护与生态类博物馆的方式结合起来。国外生态博物馆中有一类就是专门旨在保护城镇和工业遗产的，如法国克勒索蒙特索矿区生态博物馆，日本 Yoshida 山上的钢铁制造区遗址生态博物馆。需要特别指出的是，联合国教科文组织早在 1976 年就通过了《关于历史地区的保护及其当代作用的建议》，1987 年国际古迹遗址理事会又颁布了《保护历史城镇与城区宪章》。随着文物保护观念的转变,中国也已开始注重对城镇遗产的保护,正在修订中的中国新《文物保护法》,已明确将"历史文化街区"纳入保护范围①。因此,选择性地在一些富有特色的历史街区规划兴建生态类博物馆,一方面改造这些老建筑(如北京的"四合院"、上海的"石库门")的内部设施,使之符合现代生活要求;另一方面通过生活的延续,将有价值的历史景观鲜活地保留下来。如此,可以走出一条文化遗产保护的新路子。再则,中国的有些地区已逐渐在向后工业社会靠拢,早期大工业时代的许多产业正面临结构性调整,成片的工厂已经或即将搬迁、关闭,城市的许多地块都在重新进行功能性开发。值此之际,在像上海这样的城市,借助城市旧址、工厂遗址建造生态类博物馆,真是机不可失,时不再来。

第二,乡土民俗博物馆应有大的发展,并确立其在中国博物馆大家庭中的重要地位。

在中国学者早先的博物馆分类中,乡土民俗博物馆一般都归并在历史博物馆类型里。本文将其从历史考古博物馆中分离出来,意在张扬其个性,同时也是基于它日后必定会迅速有力地发展的预想。乡土民俗博物馆的重点落在乡土历史或地方史,以展示民族民俗的文化特色为目标。从近期学界的研究兴趣看,明显地呈现出超越"泛文化"的层面,而朝特定区域的历史与传统深入探究的转向趋势。从民众的求知欲望和审美情趣看,有更注重民间文化、地域个性的变化。从社会各界的文化意识看,人们正在学会在多元文化格局中彼此尊重、互相欣赏,保护文化多样性。至于各地、各级政府,也在潮流的推动下,对本土的历史、文化表现出前所未有的浓厚兴趣,以及依托地方特色带动当地社会经济发展的强烈期待。因此,发展乡土历史博物馆,已具备相当的社会基础和条

---

① 《新文保法有哪些突破》,《文汇报》2001年10月31日。

件,前景十分广阔。正因如此,已有一批乡土民俗博物馆快速崛起,引得广泛的青睐,如吉林龙井朝鲜民俗博物馆(1982年)、丽江纳西东巴文化博物馆(1984年)、山西祁县民俗博物馆(1986年)、贵州安顺蔡官村地戏博物馆(1988年)、黑龙江省民族博物馆(1988年)、安徽潜口民宅博物馆(1990年)、天津杨柳青博物馆(1991年)、吉林伊通满族民俗馆(1992年)等。

按社区博物馆的思路,博物馆建设应以社区传统和地方特色为依据,并尽可能地将其生动形象地展现出来,从而博物馆本身也构成社区文化的一道独特风景线。自然,这样的博物馆,其恰当的定位就应该是乡土民俗博物馆。如此说来,伴随社区博物馆理念的推广,乡土民俗博物馆定会如雨后春笋般涌现。

第三,在有条件的地区,大力发展专题博物馆、行业博物馆,以特色取胜,崇尚精品意识,不盲目追求规模。

小而精、专而深,是这半个世纪来国外博物馆发展的一个重要趋向。据统计,目前美国博物馆中属小型的占75%,它们都只有或不足5名工作人员[①]。然而小并不等于专业水平低。国外有许多精品型的专题博物馆,无论馆舍、藏品还是资金,可能都无法与许多大型馆相伴,但其品牌效应和专业水准,却绝不比有些大馆差。国内也已有了一批口碑和效益均不错的专题博物馆,规模有大有小,大的如中国钱币博物馆(1992年)、苏州丝绸博物馆(1991年)、西安碑林博物馆等。从中国博物馆自身行业生态的完善角度看,品类和陈列主题、内容的多样化是一个必然趋势。观众兴趣、口味的日渐多样化,又将加速这一趋势的演化过程。

近年来,作为专题博物馆中一个种类的行业博物馆,以其鲜明的行业文化个性崭露头角。如北京地区分别由中央各部委开办的

---

① [美]史珏俪:《当代美国博物馆面临的挑战和应对措施》,宋向光译,《中国博物馆通讯》1999年第11期。

中国邮电博物馆、中国地质博物馆、中国农业博物馆、中国体育博物馆、中国煤炭博物馆、中国印刷博物馆等；杭州地区的中国丝绸博物馆、中国茶叶博物馆、胡庆余堂中药博物馆、张小泉剪刀博物馆、都锦生织锦博物馆等。上海则诞生了银行博物馆、公安博物馆、烟草博物馆等。其中银行博物馆由中国工商银行上海市分行出资兴办，设于浦东陆家嘴金融大厦内，工作人员4—5人，布展手段和经营理念都比较新，堪称小而精。根据规划，上海将在十年内建造一批行业博物馆，全面展现上海的行业文化和城市发展轨迹，留住那些精彩的历史片段，供世人和子子孙孙永续共享。

第四，拓展办馆渠道，调动和利用各种社会资源发展博物馆文化。

中国人自己出资创办的第一座博物馆是私人博物馆。然而1949年以后，办馆模式趋于单一化，一般都由国家（政府）包办，私人、企业与博物馆行为基本无缘。从20世纪80年代开始，办馆方式重趋活跃，逐步出现了合作建馆、捐助办馆和民办公助等形式，以后又陆续出现了一批私人博物馆和企业办的博物馆。参照国外的经验，许多大企业、大财团都建有代表自己形象的博物馆，则国内企业办博物馆的前景必定十分诱人。

办馆涉及多方面的资源问题，藏品就是十分突出的一项。以上海的银行博物馆为例。这个筹建于1998年6月的中国首家银行博物馆，藏品来源于三个渠道：(1) 行业内部；(2) 职工捐赠；(3) 社会征集。当时搜遍了全市工行各基层营业所及36个仓库；广泛发动员工尤其是离退休老同志，许多人纷纷送来自己长期收藏的珍贵史料和实物①。由此反映出社会化办馆的特殊优势。可以预计，随着中国社会改革的日益深入，社会化办馆的比重将更

---

① 王允庭：《行业博物馆征集藏品的主要渠道》，上海市银行博物馆编：《银行博物》2002年第1辑。

大，机制也更完善。

第五，网上博物馆更便于资源共享，前景灿烂，但应加强统筹规划和合作攻关。网上博物馆的发展与现场博物馆并不对立，两者的关系是互补的，相得益彰。

网上博物馆依托数据库和多媒体展示手段，通过网络向社会提供一个相对完整并且形象生动的信息系统，利用者可按需索取，根据不同的目的提出不同的服务要求。从国内网上博物馆的实践看，已有比较成功者，如故宫博物院。最近，教育部也启动了"现代远程教育网上公共资源建设大学数字博物馆建设工程"项目，拟建北京大学地质数字博物馆、清华大学美术学院数字博物馆、中国地质大学地学数字博物馆、中山大学生物数字博物馆、四川大学人文数字博物馆、复旦大学文化人类学数字博物馆、上海交通大学船舶数字博物馆、南京大学地球科学数字博物馆、北京航空航天大学航空航天数字博物馆、湖南大学岳麓书院数字博物馆、山东大学考古数字博物馆、南开大学古代社会生活数字博物馆、西北大学考古数字博物馆、昆明理工大学矿物数字博物馆、成都理工大学恐龙数字博物馆等。由此看来，网上数字博物馆的重要性和实际意义已被认识，其发展的势头快而猛，并且已显现出群落形态发展的兆头。

三、博物馆管理中的"矛盾论"

博物馆管理工作存在着三对基本矛盾，如何把握和处理这三种关系，将直接影响博物馆文化发展的方向。

其一，作为一个机构，博物馆要生存和发展。但这却是一个特殊的机构，它从事的是文化和自然遗产的保护、利用工作。这就决定了博物馆工作的一种基本属性，即必须有利于文化和自然遗产的保护和利用，从而博物馆也就有了它独特的生存和发展之道。

其二，作为一种文化设施，博物馆理应为社会的进步、发展提供服务与做出贡献,包括做出经济效益。但公共遗产必须永续共享的原则决定了博物馆事业的公益性和对其加以持续发展的要求,进而也就决定了博物馆产生社会效益的限度:(1)博物馆对人类带来的福祉,主要表现在满足精神方面的需求,并且要着眼于子孙万代;(2)经济功能的发挥,以不破坏遗产事业的公益性和遗产本身为其前提。因此本文第一节"博物馆功能模块组合示意图之二",就将"经济发展"的功能限于外缘性质的。在我看来,博物馆的经济功能主要体现在社会的整体规划中,是凭借不同行业和部门的合理分工、互相支撑得以实现的,这其中博物馆主要是发挥了一种"魅力"效应,使所在地人气旺盛。也就是说,实现经济指标的功能往往并不直接由博物馆承担。

其三,遗产和博物馆事业是公益性的,但在社会发展的现阶段,利益——包括政治上的、经济上的和文化上的——分配从来是不均衡的。反映到博物馆发展问题上(和其他许多问题一样),就有一个收益和代价在社会各阶层之间(包括政府和民间、国家和社会之间)如何合理分布的问题。这一问题既牵涉到博物馆的发展动力,包括政策导向、法律保障、资金来源和其他必要的社会资源的整合,也反映到博物馆的服务取向、目标定位、手段运用上,还会影响公众参与的程度和积极性。

中国博物馆发展现状中的许多问题,都可以从这个"矛盾论"出发加以分析、阐释。限于篇幅,这部分内容另外撰文详述。

(原载《文化遗产研究集刊》第3辑,上海古籍出版社,2003年;又收入徐嵩龄等编:《文化遗产的保护与经营》,社会科学文献出版社,2003年)

历史与文化视野中的博物馆和收藏

一、博物馆的"土壤"和中国博物馆的个性

近十年来,中国的一些博物馆学研究者经常会强调,博物馆是"舶来品"。言下之意,当然是博物馆这一现象与特定的历史文化土壤紧密相连,而迄今为止,博物馆虽在中国已走过了一百多年的历程,但还缺少某些适宜于其生存、发展的社会土壤。在明眼人心目中,这样的言论其实也就变成了一种叩问:要探讨博物馆的发展吗?仅仅着眼于博物馆内部或其自身,那可是远远不够的,还必须关注支撑博物馆的种种社会条件。这种声音之所以在海峡两岸同时发出,显然与大家共同具有相似的历史文化背景,目前各自社会发展的境遇又表现出某些相似性有关。

在支撑博物馆建设、发展的诸种社会条件中,民间收藏属于一个很重要的方面。从博物馆的诞生地——欧洲来看,文艺复兴以后,民间收藏急速、火爆地发展,表现为:藏品范围不断扩大;藏品量迅速增加;私人收藏家族崛起。有统计说,14—16世纪,仅德、意、法、荷四国的收藏家族就多达千余家[1]。1556—1560年,比利时收藏家兼雕刻家葛修斯(Hubert Goltius)在欧洲游历期间,曾拜

---

[1] 据《中国大百科全书·文物 博物馆卷》卷首"博物馆"条,中国大百科全书出版社,1993年。

访了九百六十八位各种身份的收藏家,可见人数之众①。其中有些家族将收藏活动的接力赛,接续传递至今,跨越五六个世纪,如著名的佛罗伦萨的美第奇家族(the Medici)。几年前,上海博物馆曾举办过《意大利美第奇家族藏品展》。

当年欧洲的这些私人藏品,后大多为博物馆收买、征集,或捐赠给博物馆,奠定了那里众多博物馆的藏品基础。有几个标志性的事件,如1682年,英国贵族阿什莫林将他的收藏品全部捐赠给牛津大学,建立了向公众开放的博物馆,即阿什莫林艺术和考古博物馆(Ashmolean Museum of Art and Archaeology),一般以为这是世界上第一个具有近代博物馆特征的博物馆,也是从这个馆开始,Museum成为博物馆的通用名称。又如1753年英国医生、博物学家斯隆(Hans Sloane)爵士将其八万余件收藏品捐献给国家。次年英国议会通过了《不列颠博物馆法》,决定设立大英博物馆(British Museum)以陈列斯隆爵士的藏品。该馆于1759年向公众开放②。

反观之下,中国博物馆的发展走过了一条极具个性的道路。首先,大约到接近19世纪中叶时,中国才开始有人了解博物馆这一文化现象,而在中国最早出现的几家博物馆,又都是由外国人兴办的。如上海的震旦博物院,由法国天主教耶稣会神父韩伯禄(Père Heude)于清同治七年(1868年)创建,堪称中国第一。其后,清同治十三年(1874年),英国亚洲文会北中国支会在上海靠近外滩的地方,建立"亚洲文会博物院"(又叫"上海博物院")③。

---

① 徐纯:《文化载具——博物馆演进的脚步》,(台湾)博物馆学会发行,2003年,第31—32页。
② 参见《中国大百科全书·文物 博物馆卷》相关条目。
③ 有关上海这两个最早博物馆的最新研究资料,可参见《历史上的徐家汇》,上海文化出版社,2005年;王毅:《皇家亚洲文会北中国支会研究》,上海书店出版社,2005年。

这批外籍人士创办的中国早期博物馆,既非中国本土文化演化的直接结果,也"离"中国社会相当远,比如缺少来自中国本土收藏家的有力回应与支持。

中国博物馆全由外部植入的历史,在1905年得到改写。这一年,清末状元、南通实业家张謇,自己出资兴建了南通博物苑,成为中国人办博物馆的第一位。创建博物馆的前提条件很多,藏品是最为重要的方面之一。不过直到光绪三十四年,也就是1908年,张謇在《通州博物馆敬征通属先辈诗文集书画及所藏金石古器启》中,还在呼吁家乡的"大雅宏达,收藏故家,出其所珍,与众共守"①。无疑的,南通博物苑的苑品征集是富有成效的,很大一部分来自民间。据1914年编印的《南通博物苑品目》记载,当时博物苑分天然(自然)、历史、教育、美术四部,藏品、标本及植物总共已达2973号②。至1933年,苑品增至3605号。但这个现象的背后也反映了南通博物苑是规划在先、藏品收集在其后,与牛津大学阿什莫林艺术和考古博物馆、大英博物馆的建馆模式——我称之为"藏品基础在先,建馆规划在后",迥然有别。

从19世纪中叶到20世纪上半叶,中国的博物馆倡导者和创办者,有不少是借助博物馆这一具有强烈新文化色彩的事物,以表达对科学、民主和新的社会理想的追求,改变传统的思想观念以与文明社会相适应。所以,博物馆建设就常常表现为理念在先而藏品的筹划等在后。在我的印象里,上述南通博物苑反映在建馆规划与藏品征集方面的建馆模式,其实是后来一直到今天中国博物馆建馆的一个重要(甚至主要)模式。与广大的社会现实相比,中国的博物馆具有超前性。中国博物馆的发展受制于社会"土壤"的问题,也就不可避免地要产生一些问题,并且有时会表现得触目惊

---

① 《张謇全集》第4卷,江苏古籍出版社,1994年,第1278页。
② 章开沅:《张謇传》,中华工商联合出版社,2000年,第328页。

心。这是本文在探讨中国博物馆个性时想关注的第二点。

第三点，1912 年，即民国元年，由教育总长蔡元培主持在北京国子监旧址筹建国立历史博物馆。1914 年，内务部在故宫文华殿和武英殿成立古物陈列所。1925 年，故宫博物院成立并开放。其后，一批省、市博物馆纷纷建立。到 1934 年，又在南京成立中央博物院筹备处①。由此形成了政府（国家）营建博物馆的强劲势头及鲜明特色。尤其是中华人民共和国成立后，政府包揽博物馆的建设与发展，更逐步成为不二的定式。所谓博物馆事业，几乎成为政府单方面的事情。

此种现象一直延续到 20 世纪 90 年代才有所变化。在此漫长的过程中，博物馆与民间收藏自然也有一些有效的互动，涌现了一大批乐意捐赠藏品、将一己之私藏化作共有、丰富了博物馆库房和展厅的收藏家。像最近刚走完一百零二岁人生旅途的潘达于女士，就是因为曾在 50 年代向博物馆捐献了青铜重器大克鼎、大盂鼎及其他数百件文物，而受到尊重和瞩目。因为有这些来自民间的捐赠，中国博物馆的发展才得到推动。然而总体而言，博物馆（国家）与民间收藏的沟通渠道并不太多，更说不上顺畅。究其原因，自然有多方面的，不过如何从国家与社会之间良性的互动关系深化认识，还有待进一步思考。

二、中国收藏的"先天不足"与当下态势

中国的民间收藏起源很早，可真正形成气候是到宋代以后。明清时期，受商品经济等因素的影响，收藏文化得到极大发展与繁荣。但是，与欧洲、日本等地区和国家相比，中国的收藏（包括皇室收藏）暴露出其"先天不足"之处。这突出表现为：

---

① 参见王宏钧主编：《中国博物馆学基础》第一编第五章，上海古籍出版社，2001 年。

其一，历代的"革命"与改朝换代，都对文物造成极大的破坏。从项羽火烧阿房宫（之前的暂且不说），有意识地毁坏前朝的宫殿苑囿始，"收藏"（除了少数古董）在相当程度上便很难跨越朝代。人们可以在日本正仓院看到中国唐朝时的物品，但在中国，要找到唐朝的传世品的可能性则微乎其微，除非它们是从坟墓、窖穴中挖掘出来重见天日的。

其二，宋代以后，社会阶层的升降、更替迅速而频繁，所谓"富不过三代"是一个很形象的表达，像欧洲那样繁盛、绵延几个世纪的贵族世家，几乎绝迹。受此影响，收藏家的收藏也极易易手、流散、改换门庭。以明清若干著名藏书楼为例，能为后嗣保有达三代以上者，实为少见。此种情形，势必对收藏业带来不利的影响。

其三，从清中期开始，中国逐渐变得积贫积弱，1840 年以后，在国际化的背景下更一直处于被动挨打的局面，大量文物被劫掠、盗掘，或经不正当交易而流失、流散，遭受旷世厄运[①]。

记得 20 世纪 90 年代中期，苏东海先生的一篇文章曾引起广泛的注意，题目叫《文物大国的忧患》。该文指出："现在全国有一千五百座博物馆，拥有藏品的总量约为八百万件。文管所约有两百万件。合起来号称拥有一千万件文物。如果加上全国文物商店所有的文物，全国已知文物或称可见文物总共也不过两千万件而已。拥有两千万件文物就能称文物大国吗？"[②]

确实，只要和国外的一些博物馆进行比较，我们就会汗颜，比如：国立美国历史博物馆入藏了一千七百万件文物，这超过当时中国一千五百座博物馆馆藏总量的一倍以上；当时艾尔米塔什博

---

① 其直接结果之一，是大量中国文物流向海外。据有关统计，在 47 个国家的 200 多家博物馆中，收藏着 164 万件中国文物。而世界各地民间收藏家所收藏的中国文物数量，估计是这一馆藏数量的十倍。引自《中国商报·收藏拍卖导报》2007 年 9 月 20 日。
② 收入《博物馆的沉思——苏东海论文选》，第 283—285 页。

物馆拥有两百七十万件艺术珍品，而中国最大的博物馆故宫博物院只有各类文物一百多万件。其余一些省级大馆的藏品大都在几万到十几万件。这就如苏先生喟叹的：我们怎么能对我国文物匮乏的实际国情不产生深深的忧患呢？怎么还能沉迷在"文物大国"的笼统概念之中而无端自豪呢？[1] 本文在这里想指出的是，中国文物的匮乏、博物馆藏品资源的紧缺，与上述收藏的"先天不足"关系密切。而由此引发的进一步思考则是：当下，我们该如何培育、扶持民间收藏？又如何在民间收藏与博物馆之间建立有效且良性互动的管道，借助民间收藏推动博物馆事业的发展？

1978年改革开放以来，我国已逐步造就了一大批民间收藏家。2002年修订的《中华人民共和国文物保护法》规定，文物收藏单位以外的公民、法人和其他组织可以收藏通过下列方式取得的文物：（1）依法继承或者接受赠与；（2）从文物商店购买；（3）从经营文物拍卖的拍卖企业购买；（4）公民个人合法所有的文物相互交换或者依法转让；（5）国家规定的其他合法方式[2]。与1982年颁布的文物法相比，新文物法对民间收藏的态度发生了重大的改变，概言之，由歧视转为肯定。肯定的出发点，乃是承认民间收藏的必要性、合理性，是看到了其作为"盛世"表征和对博物馆建设的意义与作用。

伴随民间收藏规模与质量的提高，一些收藏家们已逐步走向举办展览，甚至以此为基础兴建收藏馆、博物馆。2004年，"雅观杯首届中国收藏界年度排行榜（2002—2003年）"评选出"十大民间收藏馆"，它们是：北京中国紫檀博物馆，西安金泉钱币博物馆，北京观复古典艺术博物馆，北京古陶文明博物馆，四川建川博物馆，深圳青瓷博物馆，广东东莞石龙家具博物馆，上海包畹蓉京剧

---

[1] 见《博物馆的沉思——苏东海论文选》，第287页。
[2] 《中华人民共和国文物保护法》第五章"民间收藏文物"。

艺术博物馆，天津粤唯鲜博物馆，上海四海壶具博物馆①。由此显示出当下中国民间收藏积极、活跃的态势，也反映了其中的一部分已在向私人博物馆转化。半个世纪以来中国博物馆界"国家所有"的一统格局，正在因民间收藏和私人博物馆的崛起而发生改变。

民间收藏的门类花样繁多、包罗万象，从传统的陶瓷器、玉器、青铜器、书画、古籍、砖石瓦当、石刻碑拓、竹木牙雕、印章、钱币，到近现代的邮品、书报刊、烟标、火花、徽章、彩票、扑克牌、茶酒具、参观券、交通票、体育纪念品、电影海报等，只要具有一定的纪念性和文化价值，就可以珍藏，从而成为某一段历史或某一段情感历程的见证，积淀为物质和精神的财富。这种藏品的广博性，不但有效地拓展着遗产的内涵、范围，又恰好顺应了近年来行业博物馆兴起而提出的对各类藏品的巨大需求。

有实力的收藏家，还以其捐赠的义举，让流失海外的文物回归祖国。如澳门何鸿燊先生曾于 2003 年购回圆明园建筑构件十二生肖中的猪首铜像。最近又以六千九百一十万元购回同一系列中的马首，捐献给国家。中国人将在自己国家的博物馆中，欣赏这些由我们祖先创造的宝物。

据中国收藏家协会的估计，目前中国许许多多的家庭都有收藏品，收藏爱好者及收藏家的总数在两亿以上。正式收藏大军有五六千万人，有各级收藏家协会六百多个，分支机构两千多个。由此带动了民间收藏市场的异常活跃和中国文物艺术品拍卖的持续红火②。进一步调整政策、健全和完善法制，让民间收藏在有序、

---

① 此次活动由中国收藏家协会、《收藏界》杂志社主办。
② 如 2004 年，中国嘉德、北京翰海、中贸圣佳、北京华辰、上海敬华、上海朵云六大公司春秋两季大型拍卖会一共成交文物艺术品 23 424 件，成交额达 30.9 亿元，比 2003 年全年春秋两季大型拍卖会成交 9.6 亿元增长了三倍多。据赵榆、王峰：《2004 年中国文物艺术品拍卖市场回顾》，《中国文物报》2005 年 1 月 19 日。

合法的基础上蓬勃开展,进而为揭开中国博物馆事业发展的新一页创造条件,是本文作者所期待的。

(原载《国际博物馆》全球中文版2007年第1辑,总第235辑)

免费开放与中国博物馆品质提升

一、导言

八九年前在国外访学时,曾为那里一些博物馆免费开放的制度或措施深深触动,羡慕、向往之。正如当时没预料到的,以后的几年,中国经济的腾飞会如此神速,中国博物馆的发展竟也同样这般地迅猛,并且开始跨越"免费开放"的门槛。2008年1月23日,中共中央宣传部、财政部、文化部、国家文物局联合发文,要求"全国各级文化文物部门归口管理的公共博物馆、纪念馆、全国爱国主义教育基地全部实行免费开放"[①]。3月5日,温家宝总理在十一届全国人大所作政府工作报告中又提出:具有公益性质的博物馆,今明两年内全部向社会免费开放[②]。与此前后,伴随一些博物馆的免费开放及引出的新现象、新问题,讨论四起。

解析高层强力推动免费开放的动因,当与强调重视"民生"的取向直接相关。用《关于全国博物馆、纪念馆免费开放的通知》的话说,是要"实现和保障人民群众基本文化权益"。而《中国文物报》近来刊发的一篇文章,更径直以"文化民生"为题来论述博物馆

[①] 《关于全国博物馆、纪念馆免费开放的通知》,《中国文物报》2008年2月6日。该通知同时指出:"文物建筑及遗址类博物馆暂不实行全部免费开放,继续对未成年人、老年人、现役军人、残疾人和低收入人群等特殊群体实行减免门票等优惠政策。博物馆、纪念馆按照市场化运作举办的特别(临时)展览,可根据实际情况确定门票价格。"

[②] 载《人民日报》2008年3月18日。

的这一新动向①。至于支撑这个政策导向的现实因素,显然与近年我国财政收入的大幅度提高有关,比如2007年已达5.1万亿元,增幅为32.4%②。众所周知,博物馆的出现、发展,从来都直接建立在物质财富积累的基础之上。

政策解读有助于把握大势。但政策一经形成,如何从博物馆专业的角度,建立理论分析的框架,设计出符合行业规律与规范的操作模式及方式,让政策与业务有机地结合;同时也经由专业的理论和实务来校正、调整、完善政策,创造良性的态势,以实现可持续发展,就成为当务之急。本文即试图从博物馆学的角度,对近年来出现的博物馆免费开放现象作一论述。提升中国博物馆的品质,既是作者观察、分析此类现象的初衷,也构成了切入问题的具体视角。

二、博物馆担当的自省与反思

中国当代博物馆学的一大使命,是构建博物馆的本体意识③。何谓博物馆,博物馆何为,又是其中的核心命题。李文儒主编的《全球化下的中国博物馆》,因及时回应了有关的一些时代叩问,所以2002年出版后在业内颇受重视。此后,曹兵武在其《记忆现场与文化殿堂》一书中,又把历年来研究者的成果再加荟萃,使相关的讨论得到延伸④。诚如曹兵武先生指出的:"博物馆无论作为一项事业,还是作为具体的单位,都存在着一个在迅速变化的社会环

---

① 唐莉:《"文化民生"的实践与思考——福建博物馆免费开放之后》,《中国文物报》2008年4月18日。
② 据"中国网"资料《财政部:2007年国家财政收入超5.1万亿》,见http://www.china.com.cn/economic/txt/2008-03/05/content_1159-0310.htm。
③ 参见拙文《构建博物馆本体意识》,《中国文物报》2006年7月14日。
④ 李文儒主编:《全球化下的中国博物馆》,文物出版社,2002年;曹兵武:《记忆现场与文化殿堂:我们时代的博物馆》,学苑出版社,2005年。

境中寻求合理定位……问题。"①

对于这个"定位"的一项基本认知,不少学人选择了一个相同的路径——从博物馆的定义入手。于是一个时期来,《国际博物馆协会章程》中对博物馆的解释,被反复征引。有关情形可以2004年1月16日《中国文物报》为例,当日刊发了两篇相关文章,一是宋向光的《博物馆定义要促进当代博物馆的发展——博物馆定义刍议之一》,二是张晋平编译的《国际博协集思广益给博物馆下定义》,同时还有"链接"。从某种意义上讲,正是借助了国际博协的定义,我们开始重新找回久已失落的博物馆本体意识,并将"非营利"与博物馆的本质紧紧联系在一起②。由此,博物馆的责任和形象,博物馆在新时代的使命和担当,渐趋明晰。

在博物馆的公共性、公益性受到关注的背景下,触发了对博物馆门票"问题"新一轮的讨论——这是在新的问题意识下的新审视。比如,2003年3月《中国文物报》刊文,指出我国文物古迹和博物馆等参观场所的票价,较之国外相对偏高,从而"把数以万计群众拒之门外",并直陈"对这部分国民的受教育权是一种侵害"③。

也是时势发展之必然,同年底召开的浙江省文物工作会议决定,全省105家国有博物馆将逐步实现免费开放。2004年新年伊始,浙江省博物馆、中国丝绸博物馆率先免费开放。这两家都是省级博物馆,在此之前,省级博物馆免费开放在全国尚无先例。浙江的领先一步,在业内和社会上引起巨大反响,被认为"这能更好地

---

① 曹兵武:《记忆现场与文化殿堂:我们时代的博物馆》,第4页。
② 《国际博物馆协会章程》:"博物馆是一个为社会及其发展服务的、非营利的永久性机构,并向大众开放。它为研究、教育、欣赏之目的征集、保护、研究、传播并展出人类及人类环境的物证。"见曹兵武:《记忆现场与文化殿堂:我们时代的博物馆》,第144页。
③ 王景露、石青:《文物古迹门票涨价透析》,《中国文物报》2003年3月26日。

接轨国际发展潮流、突出博物馆的公益性、服务社会大众,对吸引广大游客特别是青少年走进博物馆,具有积极的意义"①。

不到三年时间,湖北省博物馆再次高调亮相。2007年11月6日,湖北省常务副省长周坚卫在湖北省博物馆宣布:自即日起,省博物馆永久免费开放。此后两月间,参观者逾30万,相当于过去两年的总和! 不少媒体参与了宣传,认为:观众的"踊跃参观,雄辩地表明,公共文化设施免费向公众开放,是让人民群众充分享受改革发展成果的有效途径;是建设小康社会,满足人民群众日益增长的精神文化需求的必然选择;是贯彻科学发展观、以人为本、建设和谐社会的必由之路"②。

上述博物馆免费开放的举措,根植于中国博物馆界在新时代对博物馆本质的重新理解,进而又推动了观念的更新。这一切都源起于业内对自身担当的自省意识。可喜的是,社会和媒体参与了这场反思(包括对于门票的种种讨论),从而形成一种更大范围的合力。这时,"门票"问题也就超越了单纯作为门票的意义,而肩负起中国博物馆界反省过去、创造未来的重任,成为提升中国博物馆品质的一个重要抓手。

事实上,参与反思的还有政府。不仅如此,政府其实还是中国博物馆免费开放的"合谋者"和推动人。例如,湖北省博物馆能够实行免费开放的前提,是由"省政府出资3 000万元,用于补贴博物馆门票收入和日常运行费用"③。更进一步看,近年博物馆界一些影响重大的举动,又往往为中央政府迅捷地转化成制定下一步

---

① 参见2004年5月18日浙江在线新闻网站文章《杭州博物馆全部免费开放引起全国文博界连锁反应》,http://www.zjol.com.cn/gb/node2/node138665/node140704/node192378/node192379/userobject15ai2703455.html。
② 参见《中央领导批示湖北省博物馆经验应该推广》,据《湖北日报》2008年1月9日,引自人民网http://unn.people.com.cn/GB/14777/21747/6754116.html。
③ 同上。

政策的依据，从而引出更大的"风暴"。杭州地区博物馆和湖北省博物馆的免费开放，都带出了此类效应①。

三、公益性与免费开放之相关度

近年围绕门票和免费开放问题上的讨论与实践，形成了中国博物馆本体意识成长过程中的一道独特景观，或许也是一条必经之路。博物馆这种事物从海外植入中国，如何克服"水土不服"始终是一个难题；加之改革开放后，国内、国外又都处在新的转型时期，中国博物馆如何"安身立命"，一直困扰着众多的有识之士。在诸多因素的作用下，最为国人敏感的门票，遂成为一个特殊的改革和探索的领域。

笔者更关心的是，今年年初掀起的免费开放"风暴"，不仅对博物馆事业的发展带来挑战和机遇，还对胚芽状态的中国博物馆学本体论及其进一步构建，带来机遇和资源。因为由此产生的大量新问题、新经验，给博物馆本体意识的深化创造了条件。自然，中国博物馆学从此得益的肯定不局限于本体论，比如向此次"古老的中国，崭新的博物馆"论坛递交论文的付文军先生，研讨的也是免费开放问题，却选择了一些别有新意的视角和方法②。这一切都将有利于中国博物馆学走向成熟，并一起带动中国博物馆品质的提升。

年初以来免费开放的"风暴"，使博物馆的公益性质及文化魅

---

① 2004年1月17日，李长春在中国国家博物馆调研时强调"各级各类文博展馆是公益性文化事业的重要组成部分，是向全社会提供公益性文化服务的重要渠道"，参见《中国文物报》2004年1月28日。时间恰好在浙江省酝酿博物馆免费开放之后。紧接着，中共中央宣传部、文化部、国家文物局印发《关于进一步加强博物馆宣传展示和社会服务工作的通知》，文化部、国家文物局又印发《关于公共文化设施向未成年人等社会群体免费开放的通知》。湖北省博物馆更是此次免费开放"风暴"的直接诱因。
② 参见付文军：《免费开放：供需失衡与博物馆制度变革》。

力,前所未有地获得彰显,并深入人心。这无疑有助于提升中国博物馆的品质,推动博物馆事业的进步。可就在同时,大量的问题随之伴生。在笔者眼里,这种种新问题中,仍以隐藏在其背后的博物馆"地位"问题为核心、为关键。试简单地析而为二言之:

其一,因袭半个多世纪来的传统与惯性,中国的博物馆至今仍受政府及其政策的强势主导,包括财政上的"一味"依赖。然而这实非合乎博物馆的常情、常理、常态——所以我们要一再强调在中国博物馆仍是"舶来品"。如何在法律上让博物馆"长大",能够真正独立自处,是发展中的中国博物馆事业正面临的一大考验。在博物馆获得自主地位之前,任何合理的、初衷正确的政策,如果"一刀切"地推行开来,"双刃剑"效应势所难免。

其二,博物馆的"地位"除了反映在观念层面,更重要的必须全面落实到制度层面。博物馆的公益性质,亦如此。可这又正是我们目前所欠缺的。由于缺少相应的制度与管理办法,免费开放随之带来种种尴尬、难堪,对"公益性"造成另一种冲击,就不是完全出乎意料的。放开眼界看,博物馆公益性的彰显,其实是近年我国现代公民社会构建中出现的现象之一,绝非孤立。但总体状况是,一方面,国人比较快地熟悉了现代社会中有关"公共性"的话语,而另一方面,越过概念层面,大家对"公共性"的事物(包括公益性的博物馆)还严重地缺乏经验。检视自改革开放以来,我国在经济领域的改革(例如企业改制)和与国际接轨方面,相对比较容易突破障碍、进展顺利,而在公共事业领域却往往充满更多的波折。近年医疗体制改革的教训就是明证,由此也足见国人对公益事业和公共事务的陌生(本文且不说现行公共财政预算制度的弊端,及对博物馆事业造成的不利因素)。博物馆地位的积贫积弱,进而所造成的矛盾与两难之境,自然也就不足为怪了。

概括地讲,博物馆的公益性绝不是一个单纯的理念问题,更关键的还是制度设计及如何在操作中实现目标的问题。从这样的立场出发,博物馆的公益性与免费开放确有关联,又无必然的关联。对照国外例如欧美国家的情况看,博物馆一般也是坚持低价原则而以管理的效益为重,以保持博物馆的品质为目的,手段多样,不苛求一律。只有少数博物馆完全免费开放,如大英博物馆。因此,在中国全面推行博物馆免费开放,既不可行,也无必要。

其实,这些年来中国博物馆界因应时代的变化,讨论门票的意义及改进的办法,包括采取免费开放,已形成一些共识①。所谓共识,意味着是符合博物馆行业的规律和规范的。然而由于博物馆自身地位等原因,这些见解常常遭到忽略。

四、博物馆品质及博物馆学的作为

说年初中国博物馆界刮起免费"风暴",言不为过。

首先,这是全国性的,如果从 2007 年末算起,先是有关湖北省博物馆的新闻夺人眼球,而后由 11 月 19 日《光明日报》以整版篇幅报道江西免费开放爱国主义教育示范基地。接着,天津市市级公共博物馆、纪念馆从 12 月 28 日起完全向社会免费开放。进入 2008 年春节前后,更多的省市加入这一行列。上海的 4 家和北京的 29 家博物馆、纪念馆,在 3 月相继免费开放。而在江苏,到 3 月时已免费开放了 39 家,至 5 月 6 日更宣布了 174 家免费开放的公共博物馆、纪念馆和爱国主义教育基地名单,其数量和范围全国领先②。

其二,1 月 23 日的《关于全国博物馆、纪念馆免费开放的通

---

① 如 2004 年 2 月 20 日《中国文物报》曾刊发一组文章加以讨论,包括苏东海先生的《再谈门票的经济意义与社会意义》。
② 据《光明日报》2008 年 1 月 28 日、5 月 7 日,《解放日报》2008 年 3 月 27 日等刊载的资讯。

知》,明确了这是体制内的统一部署,各省市概莫除外,都须有所行动。其中,浙江、福建、湖北、江西、安徽、甘肃和新疆等7省(区)文化文物系统归口管理的省、市、县级博物馆,全部向社会免费开放,鼓励有条件的省(区、市)探索全面实行免费开放,"风暴"自上而下。

其三,反响巨大,激发了公众空前的参观热情,许多免费开放的博物馆人满为患,门前排起长队。

其四,负面效应顿时显现,引发新的思考。例如有这样一则报道:"今年春节期间,福建省博物院试行免费开放,短短几天内接待游客近八万人次。因参观人数过多,导致……一些藏品被损坏,不得不暂时闭馆整修。……这些天来,博物馆因免费开放而'受伤'已成为福州街头巷尾的一个'公共'话题。……由于当时馆内人群拥挤,秩序显得有些混乱。'一些参观者抱着不看白不看的心态,怀着不碰白不碰的心理,对展品和设施极不爱惜,这些人的文明素质真的是太需要提高了。'"①

免费开放本来是为了提升博物馆的品质,可带出的一些结果却适得其反。为此,业内已有很多的讨论与思索,并提出不少对策。湖北省博物馆王红星馆长撰文指出:"博物馆免费开放是一个系统工程,只有全面地统筹规划,才能迎接免费开放的挑战并抓住机遇。"②笔者想重申的是,由此带来的挑战和机遇也是针对中国博物馆学(的建设)的。特别是,中国博物馆学应加强对博物馆品质的研究。

从观众的感受讲,博物馆的品质大略体现在三个方面:建筑与设施;展览、藏品与研究;服务与管理(管理是内在的,服务是外

---

① 见《免费开放后,省博缘何被挤伤》,《光明日报》2008年2月19日。
② 王红星:《免费开放博物馆的新情况及对策——以湖北省博物馆为例》,《中国文物报》2008年4月18日。

化的)。本文论题所涉及的,主要是服务品质,也关涉其他两个方面。就服务品质而言,如同台湾学者的一项研究指出的:"随着时代的变迁及社会形态的改变,博物馆为因应经济、文化、社会环境所产生的经营挑战与竞争压力,使得博物馆由被动地为参观者服务,转变为主动地为参观者提供服务以满足其需求,已成为博物馆服务品质优劣的重要指标。"该课题组提出"认知价值"概念,即"参观者对于博物馆所提供的利益(如得到知识、休闲空间之利用)与所付出(如花费时间、门票)两者间的权衡"。并列出"博物馆使用者认知价值衡量项目"表,位列其中的有:"科博馆(按:这是该课题主要调研对象)是追求知识的场所,也是提供身心放松、休闲娱乐的地方";"当您要找一个安静的参观环境,科博馆是您的首选地方"①。这显示了安静、(让参观者)身心放松、休闲娱乐之于当代博物馆的重要性。显然,"人满为患"在大多数情况下并不代表博物馆的品质。

  博物馆的品质还体现在博物馆与参观者之间的互动。此"互动"非狭义的如互动项目之类的互动,而是指文明的场所与文明的观众之间互相的影响、浸染、提升。近来因免费开放而招来诸多不文明、不雅观现象,可能是最令人讨厌的。博物馆学有必要研讨"博物馆参观礼仪""文明观众与观展文明",拟定相关的行为规范、社交礼仪。面对公众,博物馆学应该有更大的作为。

  总之,免费"风暴"刮起,恰是提升中国博物馆品质和推进博物馆学建设之时机。

(原载《国际博物馆》全球中文版2008年特刊)

---

① 萧志同等:《博物馆服务品质、认知价值、满意度、忠诚度关系之研究》,台湾自然科学博物馆《博物馆学季刊》第二十卷,2006年4月。

博物馆管理基础与提升策略

1905年是中国近现代文化史上具有特别意义的一年。那一年,形成于隋唐的中国古代科举制度终于走到了终点,而在一批有识之士的推动下,新的教育文化事业不断破土而出——产生了中国第一个博物馆,创建了复旦大学,诞生了中国的电影……2006年,刚刚度过百年华诞的南通博物苑和复旦大学都迎来了第二个百年的元年,在这元年元月,南通博物苑即开展"2006年迎新学术活动",气象不凡,精神可嘉。我应邀参加,倍感振奋。我带来了同龄的复旦大学对南通博物苑深深的敬意和热烈祝贺。

选择这一讲座题目,出于两方面的考虑:一是博物苑领导希望我的课能兼顾博物馆学的基础知识和前沿发展动态;二是管理在文博工作中的重要性已得到越来越多的公认,被视为我们事业发展中需要重点突破的瓶颈之一。我国新的文物保护基本方针就特别加入了"加强管理"。

我首先就"博物馆管理"作一简单解释。这个概念包含两个层面的内涵:博物馆作为一个机构的内部管理,和博物馆作为国家或地区的社会性事业的管理。我把前者简称之为机构管理,后者称之为事业管理。前者的行为主体主要是单个博物馆内的工作人员,后者的行为主体则是政府、行业和社会。也有学者将这两者概括为博物馆的微观管理与宏观管理。由于听课对象的原因,我将重点放在对机构管理的论述上,其次说一下事业管理,最后从宏观的层面就如何提升中国博物馆的管理水平谈一点认识。

一、机构管理的五大板块

博物馆管理是一个系统工程,为了分析和说明问题的需要,我将其中的机构管理(即微观管理)分解为五个板块的内容。它们是:藏品管理,人事与资金管理,陈列展览管理,服务管理,场所管理。我逐一论述。

1. 藏品管理

博物馆以"物"为基础。这个"物"主要是指藏品或展品,或寄存(陈)品。一般认为,埃及托勒密王朝(公元前305—前30年)时,在尼罗河口的港口城市亚历山大里亚(希腊式城市)博学园内建立的缪斯(muse)神庙,是人类最早的博物馆(雏形)。该神庙后被一些学者称为亚历山大博物馆。当时,人们习惯将艺术品、战利品和其他一些稀罕精美的物品放置到神庙,在用于祭献神灵的同时,也促进了对这些物品的保存、观赏、研究。台湾博物馆学教授徐纯曾描述最早的希腊神庙,"就是收藏这些他们认为美的自然及文物的地方,由虔诚的信徒奉献、累积于此,并由一位守庙的人负责管理,做奉献品的登录、监管,所登录的项目包括:名称、材质、重量、特征、奉献神名、日期、奉献人等。这种藏品管理即今日博物馆登记部门所做的重要工作项目。……收藏地点主要是放在庙殿上,有时在庙旁建一小纪念馆当作存放多余贡品的库房"[①]。

西方近代博物馆的诞生,基于几方面的重要因素,缺一不可,主要有思想观念(如对物质性历史遗存的认识)、物质基础(如财富的积累)、制度保障(如民主制度)、收藏传统。有统计说,14—16世纪时,仅德、意、法、荷四国的收藏家就多达千余家。这些私人藏

---

① 参见徐纯:《文化载具:博物馆的演进脚步》,台湾博物馆学会发行,2003年,第12页。

品后多为博物馆收买、收藏，奠定了欧洲各大博物馆的藏品基础。

中国博物馆学界对"藏品(或展品)"之于博物馆的重要性有着十分深刻的认识。1979年全国博物馆工作座谈会通过的《省、市、自治区博物馆工作条例》将博物馆的本质概括为三点，即：博物馆是文物和标本的主要收藏机构、宣传教育机构和科学研究机构(这也就是所谓"三性两务"中的"三性"，详后)。后两点其实又是建立在"收藏"基础上的。

所以我们说，博物馆的建立和发展，一般是从搜集藏品开始的。藏品数量的多少和质量的高低，成为衡量一个博物馆品质的重要指标。这也就是我今天讲博物馆机构管理首先从藏品管理入手的缘由。

藏品管理包括：藏品搜集，分类，鉴定，定名，定级，质地分析，年代测定，登记，编目，排架，统计，保护与修复，复制，以及利用计算机开展数字化、信息化管理等。下面我有选择地进行一些介绍。

(1) 藏品搜集

博物馆藏品有如下几个来源，这不但是一些应该记录在藏品档案上的信息，还可用来指导我们如何去获得藏品：发掘(考古发掘的物品)，采集(考古调查采集的物品)，拨交(机构之间的互通有无和支援，及走私物品的拨交)，拣选(在废品收购站、银行、冶炼厂等地拣选出的物品)，挑选(整理存档资料时重新发现挑选出来的)，交换(根据国家文物法规，开展馆际之间藏品的交换)，捐赠(接受文物鉴赏家、收藏者和工程中发现的捐赠)，征集(包括收购、上缴等)。

(2) 藏品分类

一些博物馆往往会针对本馆的藏品特色建立自己的分类法。常见的，一般以质地分类法为主，兼顾藏品的功用、性质和时代。这里我着重介绍南京博物院宋伯胤先生研制的"四部四项十进位分类表",这为国内许多博物馆所采用或借鉴。宋先生的这个分类法虽然并非尽善尽美,但它却是一个重要的成果,代表了今人藏品分类方面的一个认识高度,是以后进一步推进藏品分类研究所"绕不过去"的。

所谓"四部",指博物馆获得材料的四个途径。表示为:A. 考古发掘品(Archeology);E. 民族学材料(Ethnology);S. (通过购买、捐赠、交换等方法在)民间流传的各种材料(Spread);D. 寄陈品(Deposit)。这四大部是分类表中的第一项,即第一层次。分类表中的第二层次,由构成实物的各种原材料及其加工方式排列的,命名为类(class),共分九大类:石1,玉2,金属3,泥陶4,瓷5,竹木匏核6,纸7,棉、麻、丝、毛8,骨、角、牙、皮、贝、蚌9。分类表中的第三层次,主要根据材料的性质和用途区分,分为九项,叫属(Division)。分类结构的第四层次,分为十项,是对第三层次的再划分。务求脉络更清楚,梳理得更有秩序。不过区分的标准也更灵活而切合实际,并不要求划一。第四层结构叫"科"(Section),其下就是需要登记入藏的藏品了。

宋先生共列出四部九类80属1 250个科目。大家有兴趣,可详细拜读宋伯胤先生《论博物馆藏品分类——兼述"四部四项分类法"》一文,原载台湾《博物》(1993—1994年),后收入陕西人民出版社出版的宋著《博物馆人丛语》。

(3) 藏品编目

这是根据藏品的历史、科学、艺术价值及其外观与实质,加以概述,写出卡片,进行综合和专题分类,编制成不同类型的目录。宋伯胤先生根据工作经验曾设计过一种编目卡,含有28个栏目的内容,又分成四大项,即:基本项目,鉴定项目,叙述项目,研究和使用项目[1]。

---

[1] 宋伯胤:《论博物馆藏品编目——为南京博物院建院60周年作》,收入《博物馆人丛语》,陕西人民出版社,2002年。

我国博物馆的藏品管理还有大量工作要做。有一个例子很具有代表性：一直到最近，才完成全国馆藏一级文物的建档备案（纸质）工作，编制了《全国馆藏一级文物目录》。31个省市自治区和部局直属博物馆报送46 751件（套）一级文物藏品目录清单，其中46 254件（套）一级文物纸质档案备案；馆藏一级文物建档备案管理规范和总目录编制工作接近完成。对于这项延宕了多年的工作，《中国文物报》记者崔波这样评论："演变到现在，基础性工作已变成了战略性任务，闻者无奈，当事者惭愧，希望亡羊补牢，为时未晚！"[①]

2. 人事与资金管理

上海近年有一本《理财周刊》，推出了一句很有名的广告语，叫"你不理财，财不理你"。这话所隐含的道理适用面很广，在今日的博物馆界，资金和经费问题也同样是需要"事在人为"。国内一些博物馆如上海博物馆等，现在进入了良性的运作状态，经费相对充足，就是靠前些年出色的工作业绩换来的。在一定的程度上，人的状态直接或间接地影响资金（经费）的状况。所以我把"资金（经费）管理"与"人事管理"归在一个大类里面。但限于时间，今天我只能侧重谈谈人事管理。

博物馆的人事管理，除了应遵循一般的人力资源管理的原则，还必须针对和体现博物馆机构的特殊性。博物馆是一个公益性的文化机构，它不能简单地按市场法则来管理和运作；它也不应是机关部门（甚至蜕化为衙门），不能按机关的作派来管理和运转。博物馆管理的难处就在这里，我们必须总结博物馆管理的特殊经验，找寻推动博物馆发展的"人为"因素及动力。比如要尊重艺术设计、艺术创作的规律，尊重学术研究、科研探索的规律，重视如何有

---

① 参见崔波：《2005年中国博物馆事业回首》，《中国文物报》2006年1月20日。

利于文物保护及有效利用的各种相关的人事要求，重视专业工作的稳定性、连续性的要求。

现代博物馆的发展，对馆长提出了更高的要求。以往，博物馆的资深研究员就可以担任馆长，然而在现今繁杂的格局里，某一领域的专家未必能胜任馆长之职。理想的状况是，博物馆馆长既是研究方面的专家，又具备博物馆管理的业务能力。改革开放以后上海博物馆之所以能取得巨大进步，与领导班子中马承源、汪庆正等先生的个人综合素养——一流的学识、超强的管理能力和开拓能力是分不开的。这已成为业内的共识。因此，组建一个有办馆能力的领导班子，对于博物馆人事管理来讲，意义极其重大。

博物馆内部部门的设置和人员的分工，体现出该博物馆对自身功能的理解，也是自身定位的一种显示。至少，博物馆的员工要满足收藏、研究和教育宣传三大职能的需求。一个初具规模的中国博物馆，一般都会设立保管部、陈列部、群工部。进而会设置图书资料室、技术部、研究室等。行政方面，办公室是不可缺的，馆务繁复到一定程度，还需要设立专门分管诸如人事、财务、总务、文书、档案等事务的机构。博物馆内部机构不可臃肿，不能人浮于事，但也不能过于精简，造成人员短缺，左支右绌，应以务实和高效为原则。

人才短缺是中国博物馆目前面临的一个大问题，制约了事业的发展。因此亟须加强对博物馆专业人才的培养，包括学历教育、职业教育、上岗培训和从业人员的再学习、再提高。根据国家文物局《博物馆事业"十一五"发展规划》，"十一五"期间我国博物馆从业人员要逐步增加，改变队伍结构不均衡的状况，逐步实行持证上岗制度。具备大学本科以上学历者力争提高到总从业人数的25％，专业技术人员高、中、初级比例达到1∶3∶6。因此各个博物馆都应确立各自的人才培养计划。

　　人事管理当然不能仅着眼于"人",而应更多地关注"制度"。各个博物馆都必须制定适合于本馆特点和发展目标的规章制度,通过制度化,建立长效管理机制,把人的积极性、能动性充分释放出来。

　　3. 陈列展览管理

　　前面讲到我们可通过内部机构的设置,来体现和完成博物馆的功能。前些年上海博物馆在国内较早设立了展览部,专门负责上海博物馆临时展览的联系、策划、组织和落实。这是中国博物馆界开始重视"展览"的一个重要动向。此话当然不是说中国博物馆以前没有展览,而是说:博物馆在本质上应该是一个被人"看"的地方,是一个通过吸引观众进来"看"展览以实现其社会价值的公共文化场所。而对这一点,我们以前缺乏足够的认识。正因为如此,国内博物馆界才产生出了诸多奇怪的现象,如挂了牌却没有馆舍的博物馆,缺乏展厅的博物馆,长年不提供展览的博物馆等。若严格地按博物馆的定义,这些空挂牌子的或事实上处于闭馆状态的"博物馆"机构,已经不属于博物馆。我们欣喜地注意到,最近发布的《博物馆管理办法》就对博物馆的展示和开放作出明确的规定,比如博物馆开放时间不得少于8—10个月。

　　说中国博物馆界开始重视"展览",还意味着临时展览的重要性正在越来越被看重。套用教科书的说法,博物馆陈列是在一定空间内,以文物、标本为基础,配合适当辅助展品,按照一定的主题、序列和艺术形式组合成的,提供审美欣赏,同时传播科学文化知识的展品群体。有长期展出、比较稳定的陈列,也有短期展出、经常更换的陈列。习惯上将前者称作"陈列",将后者叫为"展览"。一个展示职能完备的博物馆,既有体现某博物馆性质和任务的基本陈列，如：原中国历史博物馆的中国通史陈列，原中国革命博物馆的中国革命史陈列，北京鲁迅博物馆的鲁迅生平与纪念陈列等；还应经常地举办有特色的各种临时展出。以上海博物馆为例，它除了设有青铜器、陶瓷、书法、绘画、印章、雕塑、家具、钱币、玉器、少数民族工艺、暂得楼陶瓷等10余个陈列馆（室），还有3个可供临时展出的展览厅。就是在这几个展览厅里，给海内外的观众奉献了一系列多姿多彩的精品展出，令人印象至深，如内蒙古草原文化展、新疆丝路考古珍品展、西藏文物精华展、山西晋侯墓出土文物展、大英博物馆埃及文物展、晋唐宋元书画国宝展，以及现在正在展出的"书画经典——故宫博物院、上海博物馆中国古代书画藏品展"。自1996年开馆以来，上海博物馆共举办了六七十个展览，取得了极好的社会效益，也极大地提升了上海博物馆的品质和形象。上海博物馆陈列设计部主任李蓉蓉说得好：川无停流，一个好的博物馆应该不断引进各种展览，犹如江河，永无休止[1]。

上海博物馆设立展览部后，我就在思考其在博物馆机构管理中的意义。我感觉到，鉴于"展览"的重要性，随着发展，围绕展览的工作有可能成为一部分博物馆运转的枢纽，即由展览部提出新的展览策划及工作思路，经论证后由全馆各部门共同配合实施完成。这个想法，后来在与加拿大皇家安大略省博物馆东方部主任沈辰的交流中得到印证。他介绍了北美一些博物馆近来增设了展览部，并且展览部的工作牵引了馆领导和其他一些部门的运转。

概而言之，陈列展览管理关乎博物馆如何完成其根本使命，最终体现博物馆的存在价值。这是国内博物馆界需要认真面对、严肃思考的问题。为了加强对博物馆陈列展览管理的研究，《中国文

---

[1] 参见郑重：《宁静中的辉煌》，《文汇报》2006年2月1日。

物报》近年有意推出了"博物馆展览工程管理""展览工作室"等栏目。

讲到陈列展览,有一些基本的方法、程序和环节应该请大家掌握,可参见王宏钧主编的《中国博物馆学基础》。

4. 服务管理

博物馆承担服务职能,这早已为大家熟知,但对"服务"这个词的认识还有待深化。早在1956年,中国博物馆界就开始形成后来流传极广的博物馆"三性两务"说。"三性"即博物馆具有研究、教育、收藏三重性质;"两务"是说博物馆的两项基本任务,一是为科学研究服务,二是为广大人民服务。有意思的是,在1974年国际博协第十一届大会通过的章程中,有关"博物馆"的定义也提到了"服务"。这个定义后来成为人们对博物馆认识的一个重要基础,所以我将其引述于此:博物馆是一个不追求营利的、为社会和社会发展服务的、向公众开放的永久性机构,为研究、教育和欣赏的目的,对人类和人类环境的见证物进行搜集、保存、研究、传播和展览。显然,国际博协所讲的"服务"与我国的"两务"存在相当的差异,前者的含义更广。

经过多年的讨论,中国博物馆界已在逐步接受国际博协的关于博物馆"为社会和社会发展服务"的观念。这种服务意识,基于三种信念:(1)公众进入博物馆参观学习,分享人类文化与自然遗产的价值,乃是不可剥夺的天赋人权。既然作为博物馆,就理应从维护公民权的角度做好各项服务工作,满足公众共享遗产的需求。(2)博物馆应该改变以往在提供宣传、教育、娱乐时"被动"的、"单向"的行为方式,而采用更"主动"和"双向"的方式,并且尽可能地体现以"人"为本。(3)博物馆的"服务"不仅针对观众,还针对社会和社会发展。比如,博物馆有助于改善地区的文化形象,提升知名度,促进旅游业,甚至如生态博物馆的倡导者所设想的,生态博物馆是公众参与社区规划和发展的一个工具。

正是顺应了上述变化，2001年版的王宏钧先生主编的《中国博物馆学基础》专门辟设了《博物馆教育与服务》一章，从服务的角度阐述博物馆教育的新观念和主要任务，并且归纳了社会教育与服务的一些方式方法，如陈列讲解、流动展览、电化教育，及如何改善服务设施。最近开始实施的《博物馆管理办法》第四章标题就是"展示与服务"，其中强调："博物馆应当根据办馆宗旨，结合本馆特点开展形式多样、生动活泼的社会教育和服务活动，积极参与社区文化建设。"

围绕新的服务意识，当代博物馆工作方法论正在发生重大变化。博物馆所扮演的角色也更具多样性，它从一个单纯的从事收藏、展示、研究的场所，发展为同时还是一个社区文化中心。此种转变，与整个当代社会的转型、人际关系和人类交往方式的深刻变化密不可分。博物馆工作者应当洞悉现象背后的深层社会原因，从而把服务管理落到实处，把工作做到位。

5. 场所管理

我所讲的场所管理，包括"建筑""环境""安全""运营"诸多环节，贯穿于从博物馆选址、建馆到建成后的开放运营和馆舍管理、楼宇管理等整个过程。

首先谈"建筑"。博物馆建筑应能体现博物馆的性格特点；博物馆建筑应能满足博物馆的各种功能要求；博物馆建筑有可能成为重要的公共建筑，成为一个国家或地方的重要景观乃至文化象征。

近几年博物馆建筑问题受到了比较多的关注和议论，原因很简单，其一，这是一些身份特殊的公共文化设施，是属于公共领域的事情，应该让大家来讨论，并经得住讨论。其二，从专业的角度看，前些年的一些博物馆建筑暴露出太多的问题，除了上面提到的是否符合博物馆性格特点的要求，是否符合博物馆各种功能的要求，是否能够体现特定的文化内涵等问题，还涉及是否符合文物保护法，是否体现民众的立场等。博物馆建筑成了一门学问，有待大家进一步钻研。

新建一个博物馆必须注意馆址的选择，及如何与环境相结合。我在学校讲课时，经常会以上海鲁迅纪念馆为例。上海鲁迅纪念馆位于鲁迅公园西侧一角，与公园内的鲁迅墓相毗邻，附近还有大陆新村的鲁迅故居等纪念性建筑，形成一个参观网络。1998年改扩建后的新馆采用粉墙黛瓦、江南民居样式的建筑外观，风格（形式）与内容相协调。纪念馆与公园的景致融为一体，闹中取静。两者互相"取景"，互相烘托，互相提升品质。

博物馆建筑的总体形象十分讲究。像上海博物馆，建筑造型是方体基座与圆形出挑相结合，蕴含"天圆地方"的中国传统哲学理念，也传承了"上浮下坚"的中国传统建筑的风格，将传统文化与时代精神巧妙结合起来。设计者们还指出："方"象征着四面八方；"圆"着意于文化渊源之循环；四座高耸的艺术雕刻拱门，既记录着文字和历史的进程，作为引导的标志，又表示着开放的世界[①]。

优秀的博物馆建筑，往往包含着众多出色的深具文化蕴意的设计。仍以上海博物馆为例，除了"天圆地方"，别具匠心的设计随处可见：南门两侧的8只石狮和辟邪，形象取自上海博物馆的馆藏（下同），分别展现不同时代的艺术风貌；拱门采用仿古青铜器上的羊角纹饰；外墙装饰图案则是经过抽象化和图案化的商周青铜器纹饰；入内，中庭地面上那硕大的圆形图案，采自唐代铜镜；大厅扶手栏板由战国青铜器上回首卷尾的龙纹交织组成；金光灿灿的

---

① 参见《上海博物馆建筑装饰图册》，上海书画出版社，2002年。

扶梯包首则是商代晚期青铜器上的龙头图案；还有江南园林风格的地下贵宾厅……

设计、建造博物馆的时候，必须充分考虑参观路线和相关设施的互相配合。采光、照明、色调、通风、温湿度、层数、音响、防火、防盗等因素也都需要注意和研究。

博物馆的"环境"，除了前面讲的人文或人文与自然结合层面上的环境，还包括针对文物保护的保存环境。在这方面，国内博物馆的问题相当严重，对文物的各种威胁和隐患亟待消除。国家文物局已经提出，力争在"十一五"内完成100个全国馆藏珍贵文物中心库房保存环境达标建设。

时至今日，博物馆场所管理已少不了信息化的内容，其中包括建筑的智能化管理。这些都是需要重新学习的。

二、事业管理及其三个重点

"事业管理"一说不是我的发明，国家文物局原来的名称就叫"国家文物事业管理局"，所以是有出处的。与机构管理不同的是，事业管理乃是着眼于国家或地区的博物馆发展总体状况，利用决策、规划、体制改革、制定法律规章等手段所进行的一种全局性、综合性的管理。博物馆事业管理的主体，一为政府，二为行业，三是需要社会的广泛参与。

发展和扶持公益性的文化事业，积极地保护和合理地利用文化与自然遗产，是现代政府无法推辞的一项重要职责。我国正在积极推进政府职能转变，伴随这个过程，政府在公共服务中的主导作用和主要责任将愈益明晰，政府对博物馆工作将给予越来越多的重视。政府对文博事业的任何不作为、无作为都将受到批评和耻笑。

然而这并不意味着政府要大包大揽，相反，政府应该积极创造环境和机制更好地让行业和社会(包括媒体)发挥作用。以行业协会为例,我国早在1935年即成立了中国博物馆协会,这比国际博协的成立还早11年,说明了中国博物馆界的前贤眼光超前,致力于发展的意志和精神可敬可佩。我们纪念中国博物馆协会成立七十周年,肯定协会成立之初所具有的学术性、民主性、广泛性和民间性,正是希望以此来推动我们当下的事业发展。国家文物局已经明确要求,尽快加强各级博物馆行业协会的建设,为博物馆行业协会的活动提供便利条件;减少政府对博物馆事业的直接行政干预,提高宏观管理水平。随着社会主义市场经济体制的建立和不断完善,政府机构将根据现实需要加强宏观调控,同时将部分具体事务职能转移或委托给各种社会中介组织。最近,中国博物馆学会又增加了一重身份,即在继续学会工作的同时,它还是中国博物馆协会,从而更好地发挥行业协会的协调作用。作为国家文物局主管下的社会团体,中国博物馆协会(学会)必将承担更多的学术研究、政策咨询和联系、协调、支持各博物馆开展业务活动的任务。

我以为,我国博物馆事业管理目前有三大重点:

1. 推进和完善博物馆相关法制建设

我国在1982年颁布了《中华人民共和国文物保护法》,2002年又重新修订,经全国人大通过实施。然而迄今为止还没有一部博物馆法。英国是在1845年制定了博物馆法,日本也在1951年颁定博物馆法,后又几经修订。相比之下,我国的博物馆法制建设严重滞后,从而使得我们的博物馆管理缺少权威性的依据。

2. 建立和健全博物馆质量评估体系

比如要不断完善登记制度。国外有一些好的经验值得借鉴,如英国,有一个由社会知名人士和有关专家权威组成的非政府公共机构——"英国博物馆和美术馆委员会"(简称 MGC),作为英国博物馆登记制度的执行机构。该委员会检查博物馆是否达到了公认的基本专业标准,以此鼓励博物馆在管理、藏品保护和公众服务方面把工作做得更好,增强公众对博物馆作为公共遗产的保藏库和公共资源的管理者的信任,为符合"博物馆"称号的所有遗产保护机构提供共同的行为准则。又如要尝试建立博物馆的分级制度,逐步建立开放、竞争、择优的管理体制和运行机制,让真正的精品博物馆、精品展览脱颖而出,破除按行政级别给博物馆排"序"的传统做法,给博物馆发展营造良好的环境,增添动力。再如,要对博物馆馆长的工作进行评估、考核。前面说过,馆长(或领导班子)的素质如何,往往对一个博物馆的成败起到决定性的作用,因此馆长的资质、业绩、任免程序等应当纳入博物馆质量评估体系。其他行业都已经或正在建立本行业的一套质量评估的方式,博物馆恐怕不能长期地置身其外吧。

3. 博物馆资源的合理配置与有效整合

根据国家文物局 2004 年的统计资料,我国现有各类博物馆 2 126 座(最近有资料显示是 2 200 多座或 2 300 多座)。在 2 126 座博物馆中,属文物系统的博物馆 1 507 座,其中省级馆 100 座,地市级馆 460 座,县级馆 943 座。这 1 500 余个博物馆共有藏品 1 200 万件,馆舍面积总计 490 余万平方米,陈列展品总面积 186 万平方米,每年举办 9 000 余个陈列展览,观众 1.8 亿人次。现在我们需要解决的突出问题是:

第一,如何进一步挖掘潜在的博物馆资源,调动各方面的积极性,以满足日益增长的针对博物馆的公共文化需求,特别是大力推进行业博物馆建设,推动和规范民办博物馆的发展。

第二,如何协调地区之间的不平衡,如何通过努力让更多的老百姓走进博物馆,共同享用博物馆提供的精神产品。中国有 13 亿人口,而每年1500余座文物系统博物馆的参观总人次仅1.8亿,这说明博物馆离大众(尤其是农村人口)还挺"远"的。然而我们也注意到了,有关的措施正在逐步推出,例如为贯彻落实"三贴近",提升基层博物馆展示服务水平,国家文物局已计划在云南大理、河南偃师、湖南耒阳、广东番禺、山东临淄、江苏常熟6个博物馆,开展县级博物馆展示服务提升项目的试点。同时,又配合财政部在河南、湖北、四川、陕西、甘肃组织开展15个县级博物馆的展示服务提升试点。希望这些举措能逐步减缓我国博物馆文化发展中的某些不平衡。

第三,如何丰富博物馆的类型和品种,让公众有更多的选择。科技博物馆,自然博物馆,遗址博物馆,乡土历史博物馆,露天博物馆,生态博物馆,都有着极大的发展前景,对于改进我国博物馆的"业态"具有重要意义。

三、提升管理水平应注意的四个"一"

简言之,是把握一个关系,解决一对矛盾,落实一个办法,树立一种理念。

1. 把握好博物馆业务工作与管理工作的关系

博物馆是一个重视研究的地方,研究水准会在很大程度上影响甚至决定这个馆在行业里的地位。但研究性的业务工作不能替代管理工作;管理工作的承担者最好同时也是业务上的专家。从理论上讲,这是一个互相促进的关系,可置于现实环境中,又确是需要妥善处理的关系。对此,我想在第一线工作的同志们一定比我有更深的感受。

2. 解决好博物馆公益性质与产业经营的矛盾

博物馆的公益性质无可置疑,即使一百年以后也不会改变。但博物馆又必须逐步增强产业经营的能力,在新一轮文化产业的竞争中显示出自己的活力和生命力。如何在公益性质的基础上，部分嫁接产业经营的内容，目前看来还是一个有待解决的矛盾。近日中共中央、国务院发出《关于深化文化体制改革的若干意见》，将推动我们正视并逐步化解这一矛盾。这是对我们当代博物馆人智慧和创新能力的一个考验，也将决定博物馆的前路和走向。

3. 落实好《博物馆管理办法》

根据2005年12月22日中华人民共和国文化部令第35号，酝酿多年的《博物馆管理办法》审议通过，于2006年1月1日起施行。我曾参加拟议中的《博物馆管理暂行办法（征求意见稿）》的讨论，深知这个文件历经"讨论"最终得以问世之不易，其中包含了几代人的期待。《博物馆管理办法》确立了我国博物馆的基本管理制度，是在博物馆法制建设道路上迈出的重要一步。落实《博物馆管理办法》，将是今后一段时期提高我国博物馆管理水平的一个重要抓手。

4. 树立起管理科学与文化相结合的理念

我们应引入管理科学的新视野和方法来改进博物馆管理，事实证明这是行之有效的。北京大学在承办全国省级文物局局长和博物馆馆长培训班的时候，特意设置了相当比重的管理科学方面的教学内容，并聘请北大政府管理学院、光华管理学院等院系的老师授课，就是出于这样的思路。然而我们也要清醒地看到，博物馆是一个特殊性质的文化机构，管理科学的内容只有与博物馆文化相结合，才能在实际操作中产生好的效果。所以复旦大学在承办此类培训班的时候，在教学内容的安排上就尝试进行其他的一些探索，目的就是为了体现"管理"与"文化"的结合，考量管理科学在本行业中如何行之有效。最近著名画家陈丹青说了一段饶有意味的话："我们必须清楚，拥有一座世界水准的美术馆，比拥有导弹氢弹原子弹,不知艰难多少倍。"①

（本文是作者2006年1月18日在南通博物苑演讲的整理稿，丙戌春节改定）

（原载《博物苑》2006年第1期,南通博物苑苑刊总第8期）

---

① 陈丹青:《写在意大利文艺复兴艺术展来华前夕》,《中华遗产》2006年1月号。我从中听出了这样一层意思:博物馆管理,不容易。

"博物馆文化"的再认识

由国家文物局和《中国文物报》发起、组织的"发展博物馆文化"讨论已逾一年并产生了广泛影响。"文化"代表了一种研究视野、研究态度、研究立场。从20世纪80年代开始,中国人文社会科学的不少重大学术转向,就是在"文化"研究的旗号下完成的。就时下的状况而言,如何超越旧有的功能论模式,加强本体的研究、历史的研究和社会的研究,以此统领全局,论涉博物馆工作的方方面面,乃是建设博物馆学的一项重要任务。

一、何谓"博物馆文化"

早在20世纪50年代,西方学术文献中出现的有关"文化"的定义,已不下160多个,可分为六大类:(1)列举描述性的,(2)历史性的,(3)规范性的,(4)心理性的,(5)结构性的,(6)遗传性的。后来美国学者克罗伯又把"文化"解释为:文化是一种构架,包括各种外显或内隐的行为模式,通过符号系统习得或传递,其核心信息来自传统,它具有清晰的内在结构或层面,有自身的规律。克罗伯的这个界说,后来也成为有关"文化"的一个经典性定义。

在众多的研究者眼里,"文化"往往化约为一种存在的状态或生存的样式。由此引申开去,所谓"博物馆文化",可以理解为:是有关博物馆存在和表现的一种文化,它围绕博物馆的产生、发展及其与社会、公众发生互动关系而形成并延续。

博物馆文化应被视为一种时空复合体，即这个概念（能指）主要地不是指涉某个或某些个博物馆，而是博物馆这一"类"。它关注的重心，是"类"的存在、发展、演变及与外部环境的相关性，因此它是跨越时空的。这就必须从过程（从哪里来，到哪里去）和广泛的社会关系中加以把握和体察。

这也就表明，博物馆文化既是以客观存在为基础的，同时它又是人类理性对博物馆现象及其本质所做的一种解读，是对有关博物馆的意义和价值的探寻。因此，经验性的观察和描述是远远不够的，理性思维成了辨识和把握博物馆文化的重要条件。也因此，将视线局限在博物馆内部，或全然埋首于博物馆工作本身，无法系统、全面地认清博物馆文化的真面目。对于博物馆文化，"纯粹的"博物馆研究将失去（至少部分失去）效力。大视野、跨学科的研究势在必行。

二、博物馆文化的三个层面

借助文化学的一般原理，可以把博物馆文化分解为三个层次。

1. 物质层面

这是博物馆文化中最容易感知和识见的部分。这一层面的内容由博物馆的藏品、陈列、建筑、有关设施、纪念品、宣传资料等物质要素构成，可视为博物馆文化的基础。物质层面的匮乏或丰富，其个性特征的彰显程度，直接影响着博物馆文化的外在形态。

本质上讲，博物馆是人类为了保护和利用文化与自然遗产而创造出的一种形式。近半个世纪以来，由于"遗产"概念的拓展和建筑、材料、声光等方面技术的进步，导致了物质层面内涵的迅速扩大，以及博物馆类型的变化和发展。从而，博物馆文化的外在形态也发生了较大的变化。其中，生态博物馆的出现，引出了非常积极、活跃的变异因素。

2. 观念和行为层面

这一层面的内容是博物馆文化中最具活力的部分,可视作博物馆文化的灵魂和源头活水。尤其当物质层面和制度层面的内容处于相对确定和稳定的时候,观念、行为层面的表现就成为决定博物馆文化状况的关键。

观念、行为层面还在三个层面之间起着沟通和连接的作用。例如,它渗透、影响到物质层面,甚至可对物质层面的表现形式、表现力度,发挥一种决定性的作用。而通过物质层面,人们也可以明确地感受到来自观念、行为层面的影响与制约。至于制度层面,其实不过是观念、行为层面的内容经长期积淀和提炼而成的,系一定的观念、行为的制度化结晶,当然它又反过来影响和制约观念、行为。通过观念、行为层面这一中介,博物馆文化构成一个内部贯通、有所整合的系统(整体)。

3. 制度层面

体制、法律、规章、政策等方面的要素,是其基本内容。它是博物馆文化的内核,对博物馆文化的发展具有导向的意义。观念和行为往往存在一定的可塑性、变异性,而制度则相对的凝固、确定。合理的制度是正确的观念和行为能够真正发生实效的重要保障。通过合理的制度,协调社会各方的利益,整合各行为主体的观念、行动,使之形成一种持续推进的合力,是发展博物馆文化的一个重要条件,也是有待我们进一步探索的规律。

中国博物馆界缺少对制度层面的研究,更缺乏积极谋划的意识。目前,制度建设存在明显的滞后现象。一些日渐明晰的正确观念和富有实效的工作经验,未能及时地予以制度化。如何推进制度建设,已成为发展中国博物馆文化的一项关键性内容。

三、博物馆文化的四大性征

1. 象征性

博物馆的象征意义极为广泛，这里姑且列举四点。（1）博物馆映现着人类文明的悠久与灿烂，象征着人类拥有值得夸耀的过去，而伟大的历史同时又昭示着光明的未来。（2）博物馆展现着人类社会的丰富个性，是文化多样性的集中体现和生动写照。博物馆领域的百花齐放、争奇斗艳，成为"地球村"中多元文化共存共荣的绝好象征。（3）每个民族和国家都注重借助博物馆这一形式，来展现本民族的独特个性、优良品质。由此博物馆往往成为民族精神的展示窗口和载体，成为民族精神的一种象征。（4）博物馆事业体现着一个国家精神文明和物质文明的发展程度，是其综合国力的象征。

2. 共享性

首先，博物馆收藏和展示公共性遗产，它是人类为了永续地保存和利用这些遗产而创造出的一种形式。其次，博物馆本身又构成一个公共场所甚至文化中心，是现代社会必不可少的一类公共空间。人们进入博物馆，既为了享用公共性遗产，也可能出于满足现代人进行精神上的交流、沟通乃至宣泄等需要，是社会的人参与公共生活的一种方式。政府通过制定和履行各种法规和公共政策，来保证这些公共性的资源能最大程度地满足公众的需求，同时也保证包含其中的社会人的公共交往成为可能并得以实现。

3. 传承性

文明的传承依赖三大途径：一是人种的传延，包括相关的生活习俗、技艺和信仰（包括神话传说）的传延。二是借助文字与典籍。三是借助其他一切有意味的物质载体（所谓"有意味"，是指其中包含着各种有价值的信息）。第一种途径的传承，属于某一种文明的活体传承，也是人们通常所理解的文明的传承方式。我把它称之为狭义的文明传承。广义的文明传承还包括后两种途径，即当某个活体文明消失了（也就是通常意义上讲的"失传"了），但借助它曾经创造的文字、典籍和其他一切有意味的物质载体，这个文明还能再现，被复读，被进一步地认识与阐释；从而，它融入整个人类文明的流播和传衍的进程中。博物馆对于文明的传承发挥着独特的作用。博物馆收藏和展出包括文字、典籍在内的一切有意味的物质载体，近年来博物馆工作又逐渐涵盖到各类无形遗产（包括尚"活"着的遗产），这些无论有形还是无形的遗产不断地唤起后人的历史记忆，并努力使之传递下去。因为有了博物馆，人类文明的传承力大大加强了。

4. 创造性

博物馆构造了一个个精彩纷呈的现象世界，透过现象，展现的是人类在数千年中表现出的才智、激情与创造。置身博物馆，观赏祖先或自然留下的各种杰作，在陶冶性情和受科学启迪的同时，还能培育和增进人类努力创造的天性。

（原载《中国文物报》2002 年 10 月 18 日）

构建博物馆本体意识

一、失落的本体和本体论

"本体"(onta)和"本体论"(ontology)是哲学理论中广泛使用的概念。它们又常常越出哲学和哲学史的领域,进入其他的学科,以表示与现象相区别的本质,或某领域的基本问题、本源问题,或作为形而上学的基础性理论。回顾中国博物馆和博物馆学的发展历程,一个不容回避的事实是,我们既缺乏博物馆的本体意识,更没有建立起博物馆学的本体论——两者又紧密地联系在一起,互相影响和制约。

本体论又与功能论相对应。20世纪50年代开始逐步成形的"三性两务"说,主要是从功能角度对博物馆性质的解说。也因此人们就常常变换一下思路,把博物馆说成是具有收藏、研究、教育宣传三大功能。长期以来,国人对于博物馆的论说,盛行的都是这一类功能论的观点,而本体和本体论则被遮蔽了。

1915年2月21日,胡适先生在日记中痛切地说:"国无海军,不足耻也!国无陆军,不足耻也!国无大学,无公共藏书楼,无博物院,无美术馆,乃可耻耳。我国人其洗此耻哉!"循此追索下去,是完全有可能触及博物馆的一些本源性问题,例如如何从现代社会制度的层面认识博物馆的本质及重要性,可惜中国博物馆界却与之失之交臂。

本体和本体论的失落,一方面导致理论博物馆学始终无法发育成长,一些基本的理论问题得不到学理上的澄清,另一方面在现实层面也造成了诸多危害,如:国内的许多博物馆演变成为一种纯粹功能性的组织,缺乏独立生存和发展的制度环境与内在机制,它们不过是行政主管部门的一个派出机构,有些甚至连"机构"都谈不上,仅是某类附庸或衍生物而已。又如,时下许多地方热心于建博物馆,但博物馆究竟为何物,又该如何培育和管理,一些当事人并不清楚,也无意搞清楚,他们所醉心的仅仅是博物馆可能带来的耀眼迷人的光环。

二、唤回博物馆本体意识

新中国有三个重要的综合性博物馆管理文件,曾对博物馆进行定义。将它们排列比较,不难觉察其中的差异。造成这种差异的最主要原因,正是博物馆本体意识的逐渐苏醒。

其一是1979年6月29日通过的《省、市、自治区博物馆工作条例》,"总则"言:"(博物馆)是文物和标本的主要收藏机构、宣传教育机构和科学研究机构,是我国社会主义科学文化事业的重要组成部分。"

其二,2000年9月22日通过的《北京市博物馆条例》指出:"博物馆是指收藏、研究、展示人类活动的见证物和自然科学标本并向社会开放的公益性机构。"

其三,2005年12月22日通过的《博物馆管理办法》则说:"本办法所称博物馆,是指收藏、保护、研究、展示人类活动和自然环境见证物,经过文物行政部门审核、相关行政部门批准许可取得法人资格,向公众开放的非营利性社会服务机构。"

《省、市、自治区博物馆工作条例》中的"博物馆"定义,沿袭"三性"说,同时强调了中国博物馆在意识形态方面的特征和作用。《北京市博物馆条例》由北京市第十一届人民代表大会常务委员会第二十一次会议通过,是中国第一个地方性的博物馆法规。它诞生在中国首善之区,吸收、总结了我国自改革开放以来博物馆领域的许多新理念、新经验,在制度创新方面具有积极的探索意义和领航作用。该条例对博物馆的定义,至少在三个方面有助于彰显博物馆之本体:(1)强调"展示"对于博物馆的重要性;(2)强调博物馆是要"向社会开放的";(3)强调博物馆是一个"公益性机构"。条例提出了博物馆核准及注销的登记制度,博物馆馆长、馆址、基本陈列等若变更需要办理变更登记,博物馆要依照章程开展业务,展览开放时间全年不得少于 8 个月,实行优惠、免费、定期免费或低费开放的措施,等等。这些都试图将长期遭忽略的博物馆的本质予以制度化的规定和呈现。

《博物馆管理办法》建立在对博物馆本源性问题更深入的理解基础上,进一步唤醒了博物馆的本体意识。限于篇幅,兹处只能简要地分析该办法中的博物馆定义。该定义除了重申"展示"和"向公众开放"的重要性,还将《北京市博物馆条例》所说的"公益性机构"直接界定为"非营利性社会服务机构",从而凸显了博物馆的本质特点,也更富有时代感。同样值得注意的还有,针对中国博物馆界的现状,该定义特别加入了"经过文物行政部门审核、相关行政部门批准许可取得法人资格"一语。如果说中国博物馆界存在一种"本体迷失症候群"的话,那么法人资格的缺失或不到位,便是首要的症状之一。《博物馆管理办法》有意从疗治宿疾入手,以求规范中国博物馆事业的健康发展,其战略性的意义自不待言。本体之建设,诚为长远之谋划。

三、时代发展的要求和必然

博物馆既是现代社会制度的产物,也可视作制度合理性和有效性的一个衡量标尺,前引胡适的话就需要从这一角度深入体会。

当下我国正大力加强博物馆管理，其在宏观层面的意义也离不开从这个角度认真考量。

当今之时，依法行政的时代正在到来，政府也在努力深化改革，进一步转变政府的职能。这一切都要求明确博物馆的本体，构建博物馆本体意识（乃至博物馆学的本体论），如此才会有"加强管理"的可能。就此说来，在经过多年的翘首企盼以后，《博物馆管理办法》虽然有点姗姗来迟，但我们更切实地感受到，它的到来是必然的。把握这种必然性，不仅可增添前行的勇气，也会帮助我们更悉心地探究博物馆的性质、地位、发展方向、运作模式等问题。

（原载《中国文物报》2006 年 7 月 14 日）

博物馆的非营利性及营销战略

《博物馆管理办法》规定博物馆是"向公众开放的非营利性社会服务机构"。近若干年来,中国博物馆界已在正视博物馆的"非营利性",这是一大进步。不足的是,此种认识却又往往停留于引述国际博协对博物馆的定义的层面,缺乏对"非营利性"的本质(比如理论基础、制度基础)的思考。从而,非营利的博物馆为何需要营销,又如何营销,诸如此类的问题也就无法得到深入的阐明。拙文拟从非营利组织这一本源性的问题入手,试作论述。

一、非营利组织的理论和制度基础

博物馆的非营利性质来自博物馆是一个非营利组织(Nonprofit Organizations,缩写 NPO)。狭义的非营利组织专指不以赢利为目的的各类社团、基金会、慈善机构等,广义的非营利组织还包括公益性质的医院、学校、博物馆、图书馆等。西方学界又将非营利组织称作是有别于政府(第一部门),也有别于企业(第二部门)的"第三部门"(Third-Sector),我国的所谓"事业单位"即属于这类性质。

在一些发达国家,非营利组织可享受很多优惠待遇,包括免税,以提供其生存的必要条件。以美国为例,非营利组织所能享受的特殊待遇有:免除联邦政府、州政府和地方政府的所得税;绝大多数情况下可免除地方财产税;在某些地区可免除失业保险支付;

较低的邮资费率；鲁滨逊－帕特曼法案豁免；联邦服务费用可能获得优惠甚至免除；免除普通法案中民事侵权行为的责任；医院及某些其他机构可以发行免税债券；慈善、教育、科学及某些其他组织可以接受捐款、礼品和遗产，捐赠者获得税务减免；可获得媒体捐赠的报刊版面和播放时段[①]。非营利组织可享受如此多的好处，也就意味着，它是需要被认定的。法定的非营利组织在获得诸多优待的同时，还要接受监督，以避免从事与其公益性的宗旨相悖的活动。

按照现代社会的理论，政府有责任满足公众对"公共物品"（public goods）的需求，这既包括公共安全、国防、外交、司法、经济调节等纯公共物品，又包括公共基础设施、资源与环境保护、国民教育、公共卫生与医疗保健、基础科学研究、公共文化设施、公共工程、公共福利和社会保障等准公共物品。大量的准公共物品都有赖于非营利组织提供，因此政府如果不给予其以免税等"好处"，就极易导致公共物品的短缺。这是解释了非营利组织何以享受特殊地位的一种重要理论。此外，学者们又从"品质保证"（quality assurance）的角度作进一步的阐释，即：营利机构会以低劣的服务收取较高的费用（这符合其追求利润最大化的原则），而由免税的非营利组织提供公共服务，服务的品质就可以得到保证。总之，博物馆等非营利组织不以营利为目的，是人类社会的一种制度安排。

二、制度环境与非营利营销

非营利组织（NPO）制度设计上的"奥秘"一经解开，大家也就很容易明白，博物馆的"非营利性"其实属于一种双向的要求：组织外部要求组织不追求赢利，组织则要求外部具有良好的制度环

[①] 参见［美］菲利普·科特勒等：《非营利组织战略营销》，孟延春译，中国人民大学出版社，2003年。

境，包括上文提到的某些特殊待遇。于是，当我们落实《博物馆管理办法》所提到的博物馆是"非营利性社会服务机构"时，也就必须采用一种双重的视野加以审视。从制度环境的维度看，如何在政策法规层面进一步体现博物馆的"非营利性"，值得深长思之。只有保障了"非营利性"的生存基础，才可能确保"非营利性"的宗旨。

一个不容忽视的现象是，近几十年来，先是从一些发达国家开始，继而扩展到其他地区，非营利组织的外部环境发生了很大的改变。非营利组织生存基础所依赖的三种传统资源，即政府的拨款和资助、企业捐赠、个人捐赠，逐渐地缩减乃至消失，以至于不少非营利组织（包括博物馆）遭遇严重的财政危机。加上其他一些新的背景，营销（marketing）开始应用于非营利组织，并得到肯定。在西方，大约从 20 世纪 70 年代起，非营利营销成为一个学术话题，又很快"名正言顺"地构成了一个研究领域，且进入大学的课程。现今，营销在博物馆、图书馆、教育、艺术和公共服务等方面已越来越显示出其重要性。以大都会艺术博物馆为例，其在 1987—1988 年度仅通过邮购就销售了 2 950 多万美元的商品，获利超过了百货商店税前平均利润的 3 倍以上。

自然，非营利组织的营销也在公共领域产生出了新的问题，比如一些营利公司认为这构成了不公平竞争，特别是对中小企业。如此，政府就要加强对非营利组织的管理，对其与组织宗旨无关的商业性活动进行监督和课税。这同样出自对制度合理性的追求。本着人类的制度理性，我们认为，"国家鼓励博物馆发展相关文化产业，多渠道筹措资金，促进自身发展"（《博物馆管理办法》第一章总则第四条），"鼓励博物馆研发相关文化产品，传播科学文化知识，开展专业培训、科技转让等形式的有偿服务活动"（第四章第三十条），是一个顺应社会变化的战略举措，意义重大。自觉地开展并把握非营利营销，是发展我国博物馆文化产业的重要路径。然而，如何推进我国博物馆的文化产业，还需合理的制度设计。这是制度创新的一个关键性问题。

三、作为管理工具的博物馆营销

具体到单体博物馆，营销事实上就成了一种管理工具。谁能有效地营销，谁就能掌握主动，就能提高综合效益。从而，营销也就成为博物馆管理中的一门"学问"。

基于机构工作的特殊性，博物馆管理应特别注重社会营销（social marketing）。这是诸多营销方法中的一种，有人概括为是"一种运用商业营销手段达到社会公益目的或者运用社会公益价值推广商业服务的解决方案"。最近十来年，社会营销在世界各地许多国家都得以迅速发展，显示出其在公共服务领域可以有极大的作为。如何从社会营销的角度，提炼出博物馆工作的新思路，提高博物馆的管理能力和水平，是值得深入探究的。

（原载《中国文物报》2006 年 5 月 12 日）

"朋友"意识与博物馆工作的方法

近半个世纪以来,博物馆工作发生的一个显著变化,是"朋友"意识的大大增强。这种"朋友"意识体现在以下几个方面:

首先,博物馆"开门迎客",要像对待朋友一样对待前来参观的客人。这包括:博物馆的建筑环境和内部小环境尽量给人以舒适感,并且便于参观;展陈的形式,要尽可能地贴近于观众,或能调动观众的观赏情绪;讲解员(或引导人员)应营造出亲切宜人或者引人入胜的气氛,缩短观众与博物馆、观众与陈列内容之间的距离和心理隔阂;博物馆内可设置休息与餐饮场所,提供专题讲座、影像观摩、电脑查询、资料阅览以及纪念品购买,以满足观众的各种需要。总之,观众来到博物馆,应该能在亲切、宽松与祥和的氛围之中欣赏艺术、品味历史、解读自然。

需加注意的是,安设餐饮或礼品部,不能简单地从"生意经"的角度加以考虑,因为此事其实关涉博物馆的形象和功能,从某种意义上讲,体现的是"朋友之道"。故而,博物馆的餐饮、礼品部也就必须围绕"朋友之道"展开经营活动,以有别于其他社会上的餐饮、礼品店。

其次,博物馆要以朋友之忱吸引和影响潜在的观众,主动地将自己的触角伸入社区,在博物馆馆舍范围之外,展现博物馆文化的魅力。现在,国内的一些博物馆都开始注意与社区、学校或其他机构建立联系,走出去、请进来,在双向互动中更好地发挥博物馆的教育、娱乐功能。一些有创意的活动时有所闻，如今年初，湖南省博物馆举办"名人鉴赏会"，与会的嘉宾皆为在湘的全国知名企业家、教育家和各五星级酒店的高层管理人士。就在这次活动中，不少与会者当场拍板，或与博物馆进行合作，或准备组织学生、公司员工及家属前来参观。

最后，广泛地与海内外的同道、同好"交朋友"，为博物馆事业的拓展建立有效的信息网络和关系网络。这一点，在作为发展中国家的中国，尤具意义。笔者曾多次聆听上海博物馆的马承源、汪庆正等先生畅谈他们的"朋友经"，几十年来，他们因为博物馆工作而与各方人士建立的那些不同寻常的友情，令人感动。上海博物馆的许多珍贵藏品，就是由海内外的朋友们捐赠的，或是得到了他们各种各样的帮助。去年菲律宾庄氏家族向上海博物馆捐赠私藏，就不胜感慨地表示，最后选中上海博物馆，不仅仅是因为那里设施好，而且还在于被上海博物馆的情意所打动。庄氏家族甚至用了"家庭关系"来描述他们与上海博物馆之间那非同一般的友情。

今年，国际博物馆协会将"5·18 国际博物馆日"的主题确定为"博物馆与朋友"，要求总结和借鉴国内外博物馆依靠社会力量促进博物馆发展的成功做法和经验，探索博物馆联系公众、服务社会的新思路和新举措，这给我们提供了一个契机，以对上述"朋友"意识展开比较深入的理论思考。特别是，这种"朋友"意识需要上升到博物馆工作方法论的角度加以提炼，使之成为广大博物馆工作者的一种普遍的自觉意识，成为统率我们工作的价值取向和行动指南。

从方法论的角度看，"朋友"意识的合理性在于：博物馆与公众的正确关系，就应该是一种朋友的关系，而且是互为朋友。博物馆不是公众的"上帝"，因为博物馆必须服务于社会；公众亦非博物馆的"上帝",因为博物馆是一个非营利的机构,从事的是保护和展示文化、自然遗产以及环境物证的公益性事业。建构各种各样的朋友关系,并在此基础上开展工作,是博物馆事业的本质属性所决定的。

从方法论的角度看,倡导"朋友"意识的必要性在于:真正深入地认识博物馆与公众之间应该建构起朋友关系,是近半个世纪又特别自20世纪70年代以来的事。不少博物馆都曾经以孤傲冷漠的姿态对待观众,不论是过去还是现在,要改变博物馆这种孤芳自赏的形象,都必须借助于倡扬"朋友"意识。就这层含义讲,"朋友"意识是改进博物馆工作质量的一帖良方。

从方法论的角度看,强调"朋友"意识的重要性在于:面对外部环境的急剧变化,博物馆若想与时俱进,必须保持对内把博物馆建设成"朋友之家",对外打开门广交朋友的强烈冲动。把公众和各界人士当作朋友,从朋友那里获取信息反馈和各种有益的社会资源,从这些、那些的朋友扩展开去结交更多、更广的朋友,从而给博物馆的发展提供一种持续不竭的动力。

此乃今日博物馆事业的一项发展战略,今年的"5·18"在提醒我们。

(原载《中国文物报》2003年5月16日)

博物馆的平等观念及工作方法

公共博物馆是现代民主、平等观念的产物,也伴随着民主、平等观念的持续演进而处于不断的发展之中。今年国际博物馆日的主题"致力于平等的博物馆:多元与包容"(Museums for Equality: Diversity and Inclusion),提醒我们时时不忘"平等"这一博物馆的核心价值,并以开放的胸怀涵养更多元、更包容的博物馆文化。

今天我将选择三个维度分析博物馆平等观念的深刻内涵,以及思想与行为之间的相互关联,特别是博物馆工作的新趋势、新特点。目前新冠疫情尚在继续,所以我还会结合当下的新境遇,论及博物馆正面临的新的回应与诉求。

本来,公共博物馆天然地带有追求平等的"基因"。1789年法国卢浮宫和1925年中国故宫的开放,将帝王宫殿改造为庶民皆可入内观瞻的博物馆,其具有里程碑的意义,原因就包含在今年的博物馆日主题中。根据记载,1925年10月10日北京紫禁城首度开放,京城万人空巷,纷纷赶去故宫一睹其模样。当日故宫内摩肩接踵,不少观众在拥挤的人群中被踩掉了鞋子,傍晚清扫时,捡到的鞋子堆满一大箩筐。这一文化均权带来的盛况,足见博物馆自觉地参与到历史的进程中,就会迸发出推动社会进步的巨大力量。

当然,博物馆的平等观念不是固化的、一成不变的。近现代以来,博物馆的平等观不断地在拓展和丰富之中,成为持续建构中的现代性的重要内容之一,也是现代社会理性建设中不可缺少的部分。这个过程同时也塑造了博物馆的新形象和新的工作方法。总之,当代博物馆的平等观念已经大大超越了法国大革命时候所强调的"人人生而平等"(天赋人权)的意识。下面就从三个角度略作展开。

1. 观众(博物馆与观众)

很多博物馆研究者都已指出,今日博物馆已在相当程度上改变其原有的形象,不但不能是"珍宝室"那样的储藏库,也不再可以孤芳自赏、高高在上,而必须"俯下身子""放低身段",贴近社会,亲近百姓,与观众建立朋友关系。反映到博物馆的建筑上,改变同样显著:她早已突破希腊式的"三角门楣""高大廊柱"那种神殿建筑的外观和空间营造,而像今天论坛前面程泰宁院士所说,她随时代发展的审美取向而变化,因展陈创新、功能复合而提升,按照环境、文化创意的要素而多元化、个性化。这一切,都立足于满足观众对博物馆的新需求。十年前新建成的希腊雅典卫城博物馆,就提供了很好的例证。

博物馆的展陈和教育传播越来越注重通俗易懂及体验、互动,有人称之为"以观众为中心"。以上海博物馆三年前与希腊雅典卫城博物馆合作的临展为例,我们邀请了希腊方面的专家来上海博物馆现场演示,讲述古希腊人是如何雕塑和给艺术品着色的;联系了著名导演王晓鹰的团队,在上海博物馆特定的展览空间中改编、上演了古希腊著名悲剧《美狄亚》。

在此需要提到福柯(1926—1984)。这位法国现代重要的哲学家,曾长期深入思考人类社会诸种"权力"的深层结构,及隐藏其间的"不平等"。经福柯的揭示,此种社会关系广泛地存在于各个领域,包括医生与患者之间,教师与学生之间……就此说来,博物馆与观众之间,也已经历了一场"解构",如今正建立起一种新型的博物馆社会关系。

2. 社区（博物馆与社区）

20世纪70年代兴起的生态博物馆与社区博物馆思潮，极大地丰富与深化了博物馆学的理论内涵，也对于博物馆倡导平等、多元、包容提供了启迪和滋养。博物馆社区理论不仅强调博物馆要进入社区、融入社区，更倡导在共同的社区里，居民和博物馆对于遗产（文物）的关系，是"共同拥有""共同管理""共同阐释"。影响所及，博物馆志愿者的工作获得快速发展，深入人心。而有的博物馆甚至已将策展工作也部分向公众开放。2017年上海博物馆在遴选《大英博物馆百物展》的第101件展品时，就利用互联网与公众互动，充分听取了观众的建议。

由央视和博物馆界共同打造的《国家宝藏》，是近年的一个亮点。它取得了多方面的成功，这里我要突出表彰的是，《国家宝藏》请出文化、艺术、科技各界众多名人担任"国宝守护人"，又邀请各路嘉宾讲述文物背后的故事及价值，很好地培育了文物保护的"共同体"意识。在今天这么一个重要的节日，我想不能不说到《国家宝藏》。等会这个节目的总导演于蕾，还将通过视频与我们论坛的会场连线。

3. 世界（博物馆与世界）

在这个维度，我想重点介绍我国著名社会学家费孝通先生晚年提出的那个愿景："各美其美，美人之美，美美与共，天下大同。"这一植根于中国优秀传统思想的新论点，契合了世界人民对和平发展及真善美的共同期盼，也指出了人类的发展大势不可阻挡。博物馆正在积极助力于构建人类命运共同体，刚才国家文物局关强副局长又强调，疫情当前，博物馆要携起手来，用文化的力量破除各种偏见。我们相信，各个民族、各个国家的优秀文化互相包容、互相学习，那么就可以展现一个多彩的世界、多元的文化。文明因多样而交流,因交流而互鉴,因互鉴而发展。博物馆在增进文明交流互鉴方面的作用越来越彰显。

最后,我们再来关注因为新冠病毒而给博物馆带来的最新挑战。新冠疫情造成人类社会的各种疏离,加之观念"病毒"同样破坏、摧毁着世界(地球村)的和谐与合作。博物馆人迅速地意识到新境遇下新的使命和新的工作方法。例如,国家文物局从2月1日开始,连续四批组织推送全国博物馆网上展览资源。时下,云展、云讲、云文创、云鉴赏……纷至沓来,一个"云"上的博物馆时代已经来临。今年4月下旬,联合国教科文组织与130多位文化部部长举行线上会议,我们赞同会议传出的声音:"文化可以,也应该发挥出更大的凝聚力、团结力,扩大国际共识,为我们度过危机提供动力、希望和信心。"上海博物馆在去年12月举办了《沧海之虹:唐招提寺鉴真文物与东山魁夷隔扇画展》,而后来疫情暴发后在中日两国间广为传颂的"山川异域,风月同天"古句,就出自该展展出的《东征传绘卷》。围绕该展的故事,已成为中日友好历史的新的续篇,新的一页。我们也由此深切感受到,博物馆文化将有力地增进并铸就人类的互相理解和集体韧性。

全球疫情暴发以后,上海博物馆与欧洲、亚洲、北美众多知名博物馆互致慰问并分享抗疫经验,同时继续商谈、研究彼此之间的合作。为了帮助国外同行抗击疫情,或疫情缓解后恢复开放,我们编制了三个英文版的操作手册,应邀与其分享经验。其中包括:V&A博物馆,卢浮宫阿布扎比(Louvre Abu Dhabi),波士顿艺术博物馆(Museum of Fine Arts, Boston),芝加哥艺术学院(Chicago Art Institute),旧金山亚洲艺术博物馆(San Francisco Asian Art Museum),西班牙巴塞罗那圣家堂(La Sagrada Familia at Barcelona, Spain),新加坡国家美术馆(Singapore National Gallery)。

没有回去或回头的路，人类只能继续往前走。今天上午，微信又传来好消息，《国家宝藏》第三季"赤子归来"！让我们秉承博物馆"平等""多元""包容"的价值观和开放心态，开创更美好的未来。谢谢！

（根据2020年5月18日本人在国际博物馆日南京中国主会场主旨演讲整理，刊发于"光华锐评"微信公众号2020年5月20日）

上海与南通：中国早期博物馆发展史上的双城记

上海与南通均滨江沿海，一在长江口的右岸，一在长江口的左岸，相距一百余公里。最近，沪通铁路建设取得阶段性进展，预计将于2019年建成通车。不久之后，以上海为中心，一小时之内即可到达南通。从历代地图上看，我们会发现二者的距离越来越近了。其实，从地理空间来讲一点变化都没有，那是什么变了呢？

值得注意的是，这两座城市在中国早期博物馆发展史上都占有重要地位。我国最早的博物馆诞生在上海，但并非由国人创办，而第一个国人创办的民间博物馆则出现在南通。两地地域相邻、文化相通，又有何内在关联？

一、中国早期博物馆发展史上的上海

19世纪下半叶，在上海已经出现了博物馆的实体。20世纪30年代，上海通社编印了《上海研究资料》正、续两集，其中就提到了这个，一篇是谈震旦博物院，另一篇是谈上海博物院。

震旦博物院是中国最早的博物馆，由法国天主教耶稣会于1868年在上海徐家汇创立，当时叫"徐家汇博物院"。但直到1883年才建成专用院舍，院址在徐家汇天主教堂东侧。1930年徐家汇博物院另建新院于震旦大学，并拨归该校管理，更名为"震旦博物院"。当时的震旦博物院有着中国最多最全的动植物标本收藏，其标本之富堪称"远东第一"。新中国成立后，震旦博物院的藏品分别被上海自然博物馆、中国科学院动物研究所和中国科学院上海昆虫研究所接收。

上海博物院成立于1874年，又称"亚洲文会博物院"，是英国人在上海设立的文化机构——皇家亚洲文会北中国支会的一个重要部门，作为在外国人中传播中国科学、艺术、文学、历史、习俗的媒介。其馆址位于亚洲文会会所内，设有植物学、地质学与贝壳学、爬虫学与动物学、考古学与货币学、鱼类学、鸟类学、事业与生产七大部门。上海博物院建成后受到西方侨民的热烈欢迎，很快成为租界的文化中心，于是1886年工部局将其所在的上圆明园路改名为博物院路。新中国成立后，上海博物院的藏品分别被上海自然博物馆、上海图书馆和上海市文物管理委员会接收。

二、中国早期博物馆发展史上的南通

南通同时拥有7个"中国第一"，被誉为"中国近代第一城"，在这里创办了第一座民间博物馆、第一个气象站和第一所师范学校、第一所纺织学校、第一所刺绣学校、第一所戏剧学校、第一所中国人办的盲哑学校。说到南通，有个人不得不提，那就是近代实业家张謇。正是在他的擘画和经营下，南通的经济建设、文化建设、教育建设焕然一新，尤其是在城市规划、区域发展方面成就卓著。

张謇从博物馆入手，创造新文化，推动社会发展。濠河之畔的南通博物苑于1905年创办，是最早由中国人兴建的一所公共博物馆，也是中国博物馆事业重要的发祥地之一。正如张謇在《营博物苑》中云："濠南苑囿郁璘彬，风物骈骈与岁新。证史匪今三代古，尊华是主五洲宾。能容草木差池味，亦注虫鱼磊落人。但得诸生勤讨论，征收莫惜老夫频。"这座综合性博物馆为"园馆一体"，旨在"设为庠序学校以教，多识鸟兽草木之名"，融合了中国古代苑囿与西方博物馆的理念，具有多方面的开创性意义。

三、博物学在中国早期博物馆实践中的作用和意义

笔者认为，中国早期博物馆的发生和发展有两个特点：一是多点发生，比如澳门的驻华大英博物馆（1829年）、香港的英商博物馆（19世纪60年代中后期）、北京的北堂自然博物馆（1873年）、天津的华北博物院（1904年），目前在全国各地都找到了早期博物馆萌发的线索。二是高度关注博物学的传播与普及，比如动植物、矿物标本，科学仪器以及人类学、民俗学文物的收集和展示，从震旦博物院、上海博物院到南通博物苑，这一点都在不同程度上得到体现。

今天，在上海、南通这两座城市，我们非常高兴地发现当时的收藏得到传续，不少依旧完好，而其所蕴含的博物精神也还在延续和倡扬。讲述这个"双城记"的目的，不是简单地比较若干时间节点的早晚，而是在更广阔的历史背景中寻找时代与逻辑的联系。

四、对博物馆的呼唤和倡议汇入启蒙思潮

近代时贤倡导的博物学，其来源有二：西方近代科学体系基础上的博物学与中国传统知识谱系中的博物学。而张謇之所以会如此重视自然收藏及科学知识，可能与他的生活经历有关。16岁录取生员，32岁乡试中举，41岁得中状元——张謇在入仕的道路上走了25个年头，进出科场20多次。这条路走得太艰难了，他深知科举制度下中国传统教育对人性带来的负面影响。在他看来，博物馆与教育的现代化紧密联系在一起。

博物学的兴起催化了知识结构的裂变，并与变法图强的启蒙思想互为激荡。20世纪30年代曾有人评选出影响中国的100个重要历史人物，张謇就名列其中。他既是旧时代的状元，又是新世纪的开创者和实干家。从早年追求功名，到从事政治，后又投身实

业。张謇的活动舞台非常大,远远超出了地域和行业的限制。作为强学会的重要成员,他敏锐地把握了博物馆的"公共性"这一重要特征,以此作为改造中国的"工具"。

张謇认为,博物馆可以"导公益于文明,广知识于世界"。虽然古今中外都有文物收藏的传统,但在近代的西方出现了博物馆,把文物收藏拿出来为社会民众所共享。他发现了这个现象背后的深层原因,下定决心要办博物馆,提出化私藏、私有为公藏、公有。

五、中国早期博物馆史何以重回研究视野

19世纪60年代,上海有了建设博物馆的规划、方案。其后陆续出现了博物馆的实体——震旦博物院、上海博物院,初步具备收藏、展示、开放、研究功能。20世纪初,中国人独立创办了第一座公共博物馆——南通博物苑。如果同今天的博物馆相比,它们可以说只是一些雏形,但在当时可谓弥足珍贵。

博物馆既是现代化的成果,也是"服务社会及其发展"的动能。我们要展现早期博物馆现象的多点发生及多样性,梳理和分析其背后的共性特点、内在关联,尝试构建一个相对完整的图景。在中国现代化的进程中审视博物馆的"现代性",论述其对现代化的助推、促进作用。

同时,早期博物馆的研究有助于挖掘城市文化底蕴,擦亮城市文化品牌。上海和南通都是具有深厚历史文化底蕴的古老城市,在不断向前发展的今天,我们也要向后去找寻地方传统文化,加深、巩固城市的文化地基。

当然这也对区域跨界的融合发展带来启迪:在长三角地区一体化发展的策动下,上海和南通要充分发挥地域优势,积极参与长江三角洲城市群协同发展,全面推进交通互联互通、城市功能互

补、产业协同配套、文化相通融合、生态共保共治,构建全方位、宽领域、高层次对接服务的新格局。

（本文为作者在2018年7月17日"都会里的博物精神"——首届"艺术与科学"学术研讨会上的报告,原载《科学教育与博物馆》2018年第4期）

中心与边缘：
中国博物馆文化一瞥

一

虽然就在经常被人唤作"祖国的心脏"的天安门广场边上，矗立着三座大型博物馆——中国革命博物馆、中国历史博物馆以及故宫博物院（若按"博物馆"的另一种定义，广场中心的毛泽东纪念堂亦可归入博物馆，则有四座），此种空间格局不能不说折射出中国人对博物馆的高度重视，或许更确切地说应是，对由这些博物馆所负载的某些价值观念和文化象征意义的高度重视。

虽然自改革开放以来，我国加快了博物馆建设的步伐，各地相继建起了不少颇为雄伟、壮观的博物馆，像上海还将博物馆迁至该市的最中心地带人民广场，由此反映出与蕴含在上述天安门广场的空间布局中极为相似的文化心理；虽然，今天的城市里已有越来越多的老师、家长，认识到博物馆在教育孩子方面的重要作用，乐意带孩子到博物馆去走走、看看，但是事实上，在我们整个社会的发展规划中，在整个国民的生活和意识中，博物馆和文博事业仍然处于相当"边缘"的位置。

且不论国家对文博事业的经费投入太少，以至于财力拮据、左支右绌的状况在文博系统非常普遍，也不说中国老百姓中尚有相当高比例的人一辈子都未跨进过博物馆的大门，即使是在以人文关怀为己任的知识分子中，对博物馆又有多少清醒、深入的认识呢？举例来讲，在知识界最近二十年来不断变换的各色话语中，博物馆何尝不是一个始终都十分"边缘"乃至似乎可以不屑一顾的话题？这只消瞧瞧时下有几本学术刊物（文博系统的除外）愿意去，或曾经去关注、谈论博物馆就可明了。

中国博物馆的边缘化还可从下面一组数字得到反映：目前全国共有博物馆约 2 000 个，以 13 亿人口计，平均 65 万人拥有 1 个。日本的博物馆（包括相当设施）在 1997 年已达 3 500 个，人口的平均拥有数约是中国的 20 倍。若和美国比较，美国更是高出 60 余倍。另据 1996 年的一项统计，当时中国有 1 800 座博物馆，拥有总量约为 800 万件的藏品。而美国国立历史博物馆即有藏品 1 800 万件，仅此就等于我国所有博物馆馆藏总量的 1 倍以上。世界上大博物馆很多，就藏品而讲，像英国大英博物馆馆藏 400 万件，俄罗斯艾尔米塔什博物馆馆藏 300 万件。我国馆藏最多的故宫博物院也不过 100 万件，其他大馆和省馆充其量就是十几万件。上海博物馆馆藏珍贵文物 12 万件。到过发达国家的人都会对那里博物馆事业的繁荣留下深刻的印象，从而进一步意识到与世界先进水平相比，中国所存在的距离。

二

19 世纪末，中国的一些有识之士曾将建造博物馆列入时代中心课题加以筹划。康有为《大同书》（1885 年完成初稿，1902 年作最后修订）把博物馆以及动物园、音乐院等公共设施规划进了他的大同世界。在《实理公法全书》中，康有为也提到办"博物院……以开民智而悦民心"。1895 年，维新派建立的上海强学会提出四项"要务"，建设博物馆即是其中一项。梁启超在《论学会》一文中说，欲振中国，须兴学会，而学会有十六件大事要办，其第十二项是"开博物院"。1898 年夏天，光绪帝批准康有为所上的《请励工艺奖创新折》,内有建立博物馆的建议。其后,由总理衙门颁布了奖励民办博物馆的具体办法。虽然由于"百日维新"旋遭失败,有关主张未能如愿实现,但博物馆建设的必要性和紧迫性开始为越来越多的人所认识。

在康有为构筑的理想社会"太平世"里,各级行政组织都须建立博物馆,以供人们观览、学习。康有为曾反复致意焉,这个极乐世界是"平等公共"的:"太平之世行之,惟人人皆公,人人皆平,故能与人大同也。"在《实理公法全书》中,康有为特别强调这是一部"公众之书"。该书将作者所认定的人类必须共同遵守的公私关系的道理,归结为若干"实理",又把自己所设计的为了保证这些道理得到遵守的社会生活准则唤作"公法"。康有为指出,"博物馆……当令其属之于公,勿据为一己之私"。显然康有为重视博物馆建设,与其憧憬和追求"平等公共"之理想密切相关。当然尚需注意的是,康有为的大同理想,因为缺少对私权的应有尊重,仍与西方现代的公共理性存有一定的距离。可这已属另一层面的问题,此处不予讨论。

"我国民所最缺者,公德其一端也。""吾中国道德之发达,不可谓不早,虽然,偏于私德,而公德殆阙如。"说这番话的梁启超,乃近代较早直陈中国缺乏公共观念(即所谓"公德",和下文所言的"群"的观念)的人之一。他的《论学会》一文开篇即言:"道莫善于群,莫不善于独。独故塞,塞故愚,愚故弱;群故通,通故智,智故强。"随后,在"群"的观点基础上,梁启超提出要"兴学会",并把建博物馆、图书馆等作为变法维新、富国强民的大事。此与康有为在《上海强学会后序》中所说的,中国地大物博,却"吞割于日本,盖散而不群、愚而不学之过也",所以要"群中外图书器艺",可谓一脉相承。

遗憾的是,康、梁所已意识到的博物馆与公共价值之间的关系,却未能引起后人的充分注意,更没有将此提到理论的层面加以进一步的阐发。这是博物馆所蕴含的这层价值和意义在以后长期遭遮蔽的一个重要因素。当然从更广的角度看,这是受特定的时代、特定的传统之局限所致。而反过来讲,这种具体反映在博物馆问题上的公共精神的淡化,又影响了时代的发展走向,并最终影响到博物馆自身的发展。

于是,历史的发展便呈现出两个面相。其一,从19世纪下半叶开始,公共观念首先在部分中国人身上觉醒。随着社会的变迁,也随着博物馆及图书馆、报纸杂志、新式学校等一系列近代意义的文化设施的涌现,公共观念在更大的范围内得以培育、滋长和传播。这犹如新鲜的血液,缓缓地输入古老中国文化的肌体,使之重新焕发出生机。其二,公共观念的成长和传播又是很有限度的,社会对公共事务和公共利益的关心甚为贫乏。1927年,针对存放在历史博物馆的清朝"大内档案"的流散,及在此前前后后暴露出的种种现象,鲁迅先生曾发表了一通议论,最后他概括道:"中国公共的东西,实在不容易保存。如果当局者是外行,他便将东西糟完,倘是内行,他便将东西偷完。而其实也并不单是对于书籍或古董。"(《而已集·谈所谓"大内档案"》)确实,诚如鲁迅所说的,这"不单是对于书籍或古董",整个中国社会的发展都受制于此。

概言之,博物馆在现代化事业中占据着一个十分重要的位置,它不单建立在发达的经济和比较高的文化水准之上,还与一系列现代的价值观念诸如民主、科学、文化的参与、共享等,密不可分。从这个角度讲,博物馆的发展程度体现出一个国家的现代化水平。

三

100多年来,博物馆在中国走过了一条极不寻常的道路。大约在19世纪六七十年代,中国出现了类似于博物馆的设施,至1905年,主张实业救国、教育救国的张謇在江苏南通创办了中国人自己兴建的第一座博物馆——南通博物苑。南通博物苑的诞生,无疑属于近代以来"公共领域"在中国不断拓殖的一桩大事。颇堪玩味的是,张謇创建南通博物苑时,一面敦勉家乡的"大雅宏达,收藏故家,出其所珍,与众共守"(《通州博物馆敬征通属先辈诗文集书画及所藏金石古器启》),另一面又在博物苑的石额上殷切题语:"愿来观者,各发大心,保存公益若私家物,无损无缺。"(据《南通博物苑文献集》)题语是在20世纪初,当时自然尚无文物保护法规,有关的市民意识亦极度匮乏,不然张先生的话语中不会透露出如许的无奈。然而,即使到文物法规颁定,乃至一直到今天,类似这位状元实业家所要防范的现象,又在多大程度上杜绝了呢?

1914年,以被接收的奉天(今沈阳)、热河(今承德)两地清廷行宫的文物古玩为主要藏品,于北京故宫的文华殿、武英殿设立古物陈列所,此为中国第一个以帝王宫苑和皇室收藏辟设的博物馆,开皇宫社会化之先例。1925年10月10日,故宫博物院正式成立,并对外开放,京城内"万人空巷,咸欲乘此国庆佳节,以一窥此数千年神秘之蕴藏"(转引自《中国大百科全书·文物博物馆卷》"中国博物馆史"条)。实现皇宫及其珍藏的社会化,其深层意义在于继辛亥革命从政治体制上打倒皇权,进一步通过改造文化事业,冲击、荡涤由"家天下"败治形态所模塑的各种传统观念。"家天下"转化为"公共"的天下,新型的"国家"意识及与之相伴生的市民意识,有可能借此而唤醒,或更深入人心。当时一篇题为《故宫博物院中东两路参观记》的文章说:"……清宫全部开放之期,数千年宫殿尊严,昔为梦想所不可得到者,今则略破悭囊,即允吾人昂首阔步,眺望谈笑于其间。"该文赞誉这是民国成立以后,唯一"差强人意"的事情。

博物馆作为现代民主的成果,作为民主信仰在普及性的终身教育过程中的实际体现,它是基于法律赋予的明确权利而建立并维持、发展的。民国以后，中国的政体发生了改变，然而由于缺乏市民社会的现实基础，中国的博物馆行为仍然无法得到切实有效的保障，特别是在国家意志面前，它必须采取顺从的姿态。如果遇到国家意志处在不理智、不理性甚至是反理智、反理性的状况下，博物馆就有可能不得不付出违背它本所崇尚和遵循的民主与科学的基本原则之代价。

近半个世纪以来，中国博物馆工作取得了前所未有的成就，这从一个侧面反映了中国社会所发生的深刻变化。但是，在奉行极"左"路线的那些年代，博物馆工作所暴露出的问题也着实不少。比如：由于受计划经济模式的影响，也由于公共文化机构的过度"行政化""机关化"，更深层地看则是由于社会公共空间的严重扭曲和萎缩，不少博物馆透出一股官衙气，其行为常有违于为公众服务的宗旨。更需要引以为戒的是，在"一切为政治服务"的口号下，博物馆工作曾一度丧失其应有的科学精神。例如曲解、篡改或伪造藏品。一位博物馆专家事后承认：在"文化大革命"之前、"文化大革命"中以及以后一段时间，他曾篡改过几十种复制品：采用"移位法""虫蛀法""挖补法""遮盖法"等方法与技术，将某人、某事的名称与位置，进行调换、删改、除掉、增添、挪位，移植在复制品上（肖贵洞：《必须停止使用被篡改过的复制品》）。这些都极大地阻碍和破坏了中国博物馆事业的健康发展。

四

本文开篇所讲的博物馆与天安门广场之间所呈示的空间格局，当与中国人的一种传统文化心理有关。这可以国民党逃离大陆之前将大量故宫博物院的珍贵文物运至台湾一事所包含的深层蕴意加以说明。台湾方面曾表示："这二十余万件的珍品，是数百年来由前人点滴积累起来的，而且是我们今日台湾最足以号召世界，证明我们继承了中国五千年文化的最具体的信物。"（那志良：《故宫四十年》）显然，文物、博物馆还与"正统"观念（包括文化上的、政治上的）紧密联系在一起。

中国古代，"文物"曾被狭义地理解作礼器。早在三代，礼器就被视同为权力，"问鼎""易鼎"的故事最直白地将其中的奥秘昭告世人。所以古人云："是以为君慎器与名，不可以假人。""若假以人，与人政也。"上述将"器"（文物）与"政"扭结在一起的观点和情结，既表现出对博物馆的一种重视，然而当这种重视以不恰当的方式表示出来的时候，又会极大地伤害和滞阻博物馆事业的发展。

（原载《粤海风》2002 年第 6 期）

历史与逻辑：中国非国有博物馆的发展之路

中国人创建的第一座博物馆是私人博物馆，那就是鼎鼎大名、成立于 1905 年的南通博物苑。同年，中国人创办的第一所私立大学，即复旦大学，诞生于黄浦江畔。这类私人兴办的博物馆和高校，此后在中国经历了四十余年的曲折发展，接着在进入 20 世纪 50 年代后，逐步消失了踪迹。从 50 年代到 80 年代，中国大陆的博物馆和高校，几乎都归属国家所有。非国有的博物馆、高校的再次出现，是新时期改革开放逐步深化的伴生物，是中国现代化进程得到进一步推进的重要成果，它们也构成了反观社会形态的一种"指标"。

重温这段百年历史，有助于当下讨论如何激发非国有博物馆的活力。此种活力，当然来自博物馆，但不妨更确切地说，是来自滋养这类博物馆的社会环境。有适宜的社会环境，非国有博物馆就能破土而出、拓展前行；缺失了适宜的社会环境，非国有博物馆就难以为继、无以为生。还有一个现象尚待深入研究：即使民国时期，无论高校还是博物馆，在发展的规模、体量或者达到的高度方面，私立的（不包括外国人或者教会兴办的）远远不如公立的，这与很多国外尤其是美国的情况大异其趣。一些国人兴办的私立大学还往往被人讥笑为"野鸡大学"。今昔对照，这里面定有原因，耐人寻思！所以，2015 年国家文物局出台《博物馆条例》，明言"公平对待国有和非国有博物馆",最近又颁发《关于进一步推动非国有博物馆发展的意见》(以下简称《意见》),不仅展现了魄力和决心,还显示出通过改进、提升整体社会环境以实现目标的开阔视野。这又是跟中央强调的改革步入"深水区",必须坚持"五个文明建设"协调并进的战略部署高度贴合。

  非国有博物馆已在今日中国得到长足发展,一些佼佼者率先在业内确立了相应的地位,收获成功。像本人数次造访过的上海玻璃博物馆,十六年的努力与担当,已赢来一片赞誉和事业的风生水起。但是,从总体上看,非国有博物馆的前路仍困难重重!接续前面对百年历史的分析,传统中国在"国家—社会"结构上的独有特点,和由此框限了社会力量的聚合及其在公益性事业上的作为,就需要在深化的改革中持续加以改变。从博物馆自身的逻辑来讲,国人有一个从陌生到熟悉的过程。因为以"公益信托"为基本特点的博物馆的信念与行为,是在植入中国的实践中逐步生长、培育出来的。无论是政府管理方,还是作为博物馆主体的被管理方,都要经过摸索才能逐步进入纯熟运用的佳境。迟至今日,一些私人博物馆仍视自家的藏品和资源为个人私产,并因此会带出更负面的行为,自然不足为训,却也不足为奇。重要的是政府部门要将博物馆的逻辑贯穿、延伸到相应的政策、法律中去,该扶持的扶持,该杜绝的杜绝,营造良好的外部氛围特别是制度环境,以引导博物馆健康发展。也因此,从《博物馆条例》到《意见》,都呈现一种实践的品格,脚踏实地,重视规范性和操作性的统一,力求精准施策。其最难能可贵的精神,当是以信念中的逻辑力量,来强化、加持历史中欠缺的那份逻辑,努力形塑新的历史及逻辑。

  前述上海玻璃博物馆的成功,制度建设的创新被视为主因之一,又特别在于"先进的理事会、独立的策展人和执行委员会三方独立负责制"(见该馆资料)。这滴水珠所映射的阳光是:逻辑清晰、富有活力,取之于社会又能回馈社会的非国有博物馆,正在书写新的篇章。

(原载《中国文物报》2017年8月1日)

文物在眼里，观众在心里
——博物馆的新时代、新气象、新作为

谢谢主持人，谢谢龚良院长和文涛副院长，谢谢各位来宾，大家早上好！刚才主持人介绍了这个题目。几个星期前，郑主任跟我联系，说，要做个讲座，你报个题目吧。那个时候我正好在党校学习，所以这个题目有党校的印迹。"十九大"召开了，我们要有更明确的意识置身于新时代，展现出新气象、新作为。当然这也确实是我们今天作为博物馆馆长，或者博物馆从业人员心里面的话，是发自内心的。所以我当天晚上就把这个题目报给她了。

为什么说文物在眼里？我琢磨这个题目的时候想到了美国著名的盲人女作家海伦·凯勒，大家都知道，她有一篇文章流传很广，叫《假如给我三天光明》，大家应该都非常熟悉。她在这篇文章里面表达了，如果能够睁眼看世界，她的心愿。我记得那篇文章讲了，如果睁开眼睛，那第一天她要看的是她的老师梅西太太，因为梅西太太对她影响非常之大；然后她要看生活在她周围的亲朋好友，因为这些人给予了她很多很多照顾。到了第一天下午的时候，她说要去看森林，看田野。第二天呢，她就提出要看博物馆，她首先讲到的好像是纽约自然历史博物馆。那篇文章里面透露了，她其实是经常去博物馆的，但是她在博物馆里面是用手去触摸的，不是用眼睛看。

我们从国外一些博物馆可以观察到，那里的展览里面有一些展项,是供盲人使用的。比如说有一些辅助的展品,专门提供给盲人用手触碰,以增加他们的体验。不过作为博物馆的常态,文物陈列是供观众去看的。海伦·凯勒这篇文章给我的印象非常深,我经常会想起它,因为海伦·凯勒的愿望可以提醒我们一定要重视博物馆的本质特点。我们今天讲要"让文物'活'起来",必须把握博物馆的这个本质特点。大概在18—19世纪之前,很多人类文明的物质形态的结晶,那些珍宝、遗产往往秘不示人,或者放在皇宫里面,或者收藏在权贵家里面,仅仅供很少一部分人观赏。博物馆是建构现代民主社会很重要的要素,也是一个重要标志,它是开放给人民大众看的。所谓"让文物活起来",就是要回归到博物馆的本质,回到博物馆的逻辑起点。首先要让博物馆藏品能够让观众看得到,看到的越来越多。所以我今天以此做一个引导。

今天要讨论的这个问题又不那么简单。因为博物馆给观众看什么、怎么看,已经构成了一门学问。两位院长学问比我好,我今天是来学习交流的。我觉得心里有观众,你就一定会去琢磨这一门学问;而怎么琢磨这门学问呢?你必须还要和观众一起来琢磨。今天会场有那么多听众朋友,我们就一起来讨论这门学问,这里面特别要注意,要与时俱进。每一个时代讨论这个问题的背景是不一样的,提出的问题意识也是不一样的,而回答问题的高度和深度也不一样。于是我就将"文物在眼里"和"观众在心里"捏合在了一起。

按通常意义,文物在哪里呢?观众又在哪里呢?文物是在展厅,或是在库房;观众则是在博物馆或者在去博物馆的路上。我为什么今天在这里要特别强调"文物在眼里,观众在心里",除了我刚才介绍的这么一点基本思考,还将从生活中的一些事例、一些现象谈起。

举现象,就举身边的。今年春天到夏天有一个展览,在北京和上海都非常红火,那就是来自伦敦大英博物馆的"百物展"。这个展览涉及人类上下200万年,横跨历史上曾经存在过的各个主要文明,按世界史的角度选择了100件(组)物品,合作方即我们上海博物馆就将展览定名为《大英博物馆百物展:浓缩的世界史》。英文原名是:A History of the World in 100 Objects from the British Museum。一百件(组)物品,里面有一些"非常的"寻常之物,你们到家里面自己翻翻可能也会找出一些类似的,但它们是放在人类历史200万年的进程中间,在一个大的整体史观里面选择出来的,意义就很不一样了。该展览试图通过这一百件(组)物品,来探究背后的世界史及其所体现的意义和价值。我们策划这个展览的时候曾经预想过,像这样的一种策展眼光,还有大英博物馆的品牌优势,展览应该会很火爆,然而开展以后观众踊跃的景象,还有上海今年夏天遇到这么酷热的天气,又超出了我们的想象。我们唯有想尽办法,加大力度提供良好的公共服务。几个方面的因素就促成了一个被媒体称之为"文化现象"级的展览事件。我们现在就来看一看这个现象。

刚才我讲到观众之多、天气之热,有预想到的,也有没预想到的。因为上海博物馆展馆条件相对有限,内部空间比较狭窄,在开展最初那几天,馆内大厅里面,楼梯上,走道内,都排满了人。外面天气相当热,我们就觉得观众不应该长时间在阳光下暴晒,所以就把他们请进馆里面,队伍在馆里面绕行,这个等会再讲。

现在先说说这个展览和文物,或者物品本身。我们回应一下刚才讲到的题目,观众到博物馆来主要是看,所以观众能不能看得舒服,他的体验是不是带来一种收获感、满足感,这是非常重要的。这个展览曾经在国家博物馆展出过,所以我们在策展时就考虑了这个展厅的颜色,考虑到上海博物馆展厅空间相对比较狭小,就选用了白色作为基调,来布置展厅。这个展览分九个单元,第一单元其实就是一件物品,就是佘盆美海特内棺。这是进入展厅以后我们看到的情景:九个单元,每个单元之间用不同颜色区隔。在这个单元里,橱窗内的背景是蓝色的,代表海洋,下一个单元里面则使用了接近于棕色的颜色。你在不同的展柜所衬的颜色里面就可以意识到,你从一个单元过渡到了另一个单元。

序厅里面的佘盆美海特内棺,是在上海博物馆展厅内布置的模样。在北京国博展出的时候,同样是这件文物,布展方法不尽一样,国博的专家是把内棺的上层(棺盖)和下层(棺身)分开放置的。到上海博物馆就变了,我们把它合起来,这样对于欣赏整个内棺的外貌有帮助。但是合起来以后也有问题,因为棺里面的情况就见不到了,观众无法了解。例如棺内底部有一个图案,描画的是古埃及的努特女神。我们就仿制了一个绘有努特女神像的底板,置于展墙上作为补充。

大英博物馆策展人把这件内棺放在序厅里,而且是唯一的一件展品,一方面是因为这件文物极富内涵,有很多"故事"可讲,另一方面也是方便于"聚焦",并且非常契合这个展览策展的整体思路。这个内棺棺盖上面彩绘一位女神,是古埃及负责植物生长及灌溉的女神,她的脸色呈现为墨绿色。棺身底部的图案前面说了是努特女神,她是掌管天空的,太阳神就是她的小孩。但是这里的太阳神和他母亲的关系,与其他神话里面的太阳神和掌司天空的女神之间的关系就不太一样,比如和中国的就不一样。埃及神话里,天空女神努特每天早晨把这个小孩(太阳神)生出来,到了黄昏就将他吃下去。第二天早晨又生出来,太阳落山时又吞下去,周而复始。

从这个内棺盖顶上图案中的文字来看,里面躺的应该是一位女性贵族,名叫佘盆美海特。可有意思的是,经过现代科学的研究,发现里面躺着的其实是一具男性尸体,这就多了一层故事。怎么回事？换包了吗？什么时候换包的？不知道。更有意思的是，当现代科技和考古成果结合在一起的时候又发现，这具男尸的脑颅里有一样异物，像一个细长的小铁片，这从扫描的图片上清晰可见。科学家破解谜团说，当时为了制作木乃伊需要把人体内的水分、液体去掉，脑颅里面有脑浆，那是必须去掉的。结合其他资料，研究人员认为当初是拿一根细长的金属工具，从鼻腔伸进去推到脑颅，然后在里面搅拌，把脑浆搅碎，再把尸体翻过来，成为趴着的状态，让液体从鼻腔里面流出来。现在经机器扫描发现的这根像棒一样的工具，应该是搅拌的时候把"手术刀"折了，断在里面的。

这个文物背后还有故事呢：制作和装饰内棺的材料来自很多地方，木材来自黎巴嫩，黄金来自努比亚，青金石来自阿富汗，这反映了很早的时候人类就互相进行交流，交换物品，带来一种融合。可见这件文物背后，存在那么多的角度可以去挖掘，并分析背后的"故事"。

今日博物馆做展览，除了让观众能够看到某一件特定的文物（比如内棺），还必须让观众得到更多的收获。那你就必须关注文物背后的历史与文化，把隐藏其后的"故事"讲好。所以"文物在眼里"，其实存在一个递进，是从观众以前看不到文物，到能看到文物，再到看到文物以后，他要了解隐藏其背后更多的相关信息，是一层一层地递进。我们再来看"百物展"中的另一件文物，展览的标牌注明是"王后的里拉琴"。里拉琴是西方最早的拨弦乐器，在两河流域文明发祥的时候就有了。这一件文物既有原初的元素，也有后来加上去的复仿部分。其中木头是后来加上的，但又不是简单的仿制，而是有依据的一种"复制"。里拉琴展柜的两侧设计师各做了一个门洞（门洞构成了单元之间的分割与过渡），门洞两侧各布置一张大型的灯箱照片，系当年发掘尼尼微遗址时的场景照。这把里拉琴就是从这个考古遗址发现的。当时挖掘的时候，木头部分已经朽烂，在场的专家就用石膏灌注进去取样，日后再据此进行复制。所以从这件里拉琴可以讲述很多、很多的背景，既有历史和艺术上的故事，也有考古和文物保护科技方面的知识。现在很清楚了，如何挑选文物，如何引导观众看文物，如何讲好文物背后的故事，真的已经成为一门专门之学。

要让观众在博物馆里看得多、看得好、看得真切，还真的少不了把观众放在"心上"。放在心上，就意味着要以观众为中心，以观众为出发点。首先，展览的策划、制作，要充分考虑观众的需求。其次，展厅的开放、接待，也要尽量关注观众参观学习的便捷及其舒适度。这是博物馆给公众提供有质量的公共服务极为重要的两个方面。我们仍以"百物展"来谈观众参观的便捷和舒适度问题。

从2017年6月底开幕，到10月上旬结束，共102天的展期里发生了很多的事，有些像"花絮"，却有助于说明应该如何把观众放在博物馆工作人员的心里。这个夏天上海反复出现高温黄色预警、橙色预警乃至红色预警，面对酷暑和与气温同步攀高的观众热情，我们采取了不少以前不曾使用的手段。例如增加了遮阳棚，购置了铁马（这样让排队的人群用铁栏杆分隔开来，更加有序和安全），配备了摇头的风扇（它们可以喷出水雾，达到8米远，以降低温度）。我现在要告诉大家，位于人民广场的上海博物馆运营20多年来，今年夏天是第一次启用这些措施。因为上海博物馆位于城市核心部位，吸引着各方高度的注意。以前是不允许在广场周围使用铁马、风扇和成片的遮阳棚的，因为会被认为有碍观瞻。但是今年情况真的不一样，天那么热，观众的热情又那么火爆，而有关方面对于安全防范、服务公众的意识也与以往不同了。"百物展"开展没几天，所在地区的派出所所长就来找我。那天我领着所长一行进入会议室，我坐在这边，派出所的同志坐在另一边。没想到我对面一下子坐下了七个警官，所长介绍说，我今天是把几乎整个班子的人都一起带来了。我一听心头一震，不得了，这阵仗肯定是要跟我谈什么"大"事情。果然所长专程赶来强调的，都是针对高温天气大客流情况下的安全大事。上海博物馆迅即采纳警方的意见，改进方式、方法，包括紧急采购铁马、风扇、遮阳棚。后来在接受媒体采访时，我也专门向警方致谢。

大家都知道，今夏上海和南京地区一样，持续 40 度上下的高温，所以我说这是我们没想到的。于是也就出现了往年没见过或很少见的一些现象。例如，排队人群中几乎每天都有中暑的——严格讲是轻度中暑。我就亲眼见到过几次，一些女孩子蛮好地站在那，一会儿腿发软了，慢慢地身子就往下瘫软下去。这时执勤的安保人员就赶紧上去搀扶，或把他们抱住，抬到救护室。这次为了加强安全工作，单安保人员就从原来每天 100 多个增加到 200 多。尤其是特勤安保，专业、年轻、反应快，他们一发觉有人出现症状，马上就奔上去照应，接到馆里面去。在救护室（这次专门辟出了一个空间）进行简单救治，再给他们喝一点糖水，舒缓舒缓，大概一般 10 分钟就恢复了。一开始我们对这种情况不太清楚，几天观察下来发现有一个共性，很多都是 20 岁上下的女孩子，她们不吃早饭，甚至不吃午饭，或者吃得很少，就容易产生低血糖，加上在高温下排队，身体就不适应了。经过救护，10 分钟左右也都缓解了，症状消除。但是这个中暑的消息最初在网上传的时候，还是产生了比较大的反响，我们就及时进行解释，并提请观众用了餐食以后再观展。上海人民广播电台有一个叫"市民与社会"的节目，非常有名，那天请我去现场做节目，专门讲"百物展"。我讲到这一轻度中暑的现象，就有观众打电话进来询问。我予以解释，并借此提醒，观展之前一定要进餐食，再适当做些防护的准备，一般就可以避免中暑了。到博物馆看展览，既要动脑子，又是体力活啊。另外上博以前也不配备专业医生，主要靠开放部工作人员，他们学过救护方面的知识，受过培训，临场可以简单应对。但是我们觉得这次展览不同寻常，就去请专业的，但是一说展期三个月，没有一个医院、单位能承担这项工作。后来通过协调，上海市和黄浦区的卫计委来统筹力量，才比较好地完成了任务。

面对超长的排队，我们做了大量的说明工作，隔一段距离就用标牌进行提醒，说在这里你需要排队多少时间。这次展览大概一般都要排两三个小时，特别长的时候超过六个小时。老实说我现在回忆起来心里都"五味杂陈"，这里面体现了观众的热情，也反映了"十九大"报告讲的我国现在社会主要矛盾，已经转变为人民群众不断增长的对美好生活的需求、向往，和目前发展还不充分、不平衡之间的矛盾。这也就增强了我们推进建设上博东馆的决心。

为了缓解观众排队时候的枯燥单调，我们联系媒体，制作了一些视频，通过易拉宝，用移动终端扫一扫就可以收看。此外还有大量的资料，借助移动终端可以阅读。这个是上海的"看看新闻"拍摄的节目。对于观众排队的线路，也多次进行了优化，尽可能地将馆内场地利用起来，当然必须消除隐患，如楼梯上绝对不能排队。这些是场内排队等候的几个场景，前后有一些变化。对于进入"百物展"展厅的人数，也从观展的舒适度方面进行了充分的考虑。第一个星期过后，经过测试得出，这个展厅内一天控制在 3 000—3 500 的参观人数是比较适宜的，因为我们不想让博物馆展厅变成一个大超市，人挤人，即使大客流情况下也尽可能确保观众有比较好的参观体验。由于场馆空间局促，近年上海博物馆一直采取限流，全馆一天控制在 8 000 人次。然而最后，在今年这个夏天，展厅限流和全馆限流这两个数字都有点突破了。最多的一个白天，全馆进入了 8 846 人次，大英博物馆"百物展"的展厅进入了 4 384 人次。什么原因造成的？这是因为面对观众高涨的需求，我们通过增加开放时间换来了参观人数的增量。也就是，每天提早一些时间开放,傍晚过了闭馆时间后再延长一些时间,这样尽可能多地接待一些观众。除了白天加大服务供给,我们还为"百物展"和当时另一个来自匈牙利的特展加开了数十个夜场。很多上博的员工放弃休息时间,挺身而出以志愿者身份维持开放接待。

我们来看看"百物展"展厅内观展的情况,这是在一个可能会相对拥挤、带有通道性质的展厅一角,也的确是人流比较多的时候。照片中显示了观众在学习上的主动性,他们是了解了展览的有关信息后有备而来的。所以这个展览给我们一个很大的提醒:现在观众对看展览的要求非常高,跟以前很不一样了。以往可能只要看到东西就够了,可现在这已不能满足观众。他们中的不少人是事先做了功课来的,你看这些小朋友就是。当然这跟现在丰富的传播手段有关系,我们博物馆事先做了很多微信推送,通过其他媒体也发送了很多讯息,所以他们事先有准备,然后到现场,把做的功课跟现场的实物、说明对比,其实就是温习、提高了。类似这种情景,学生拿着一个笔记本和一支笔来参观,比比皆是。

这是我们的第101件展品。按照大英博物馆对这个巡回展览的策展思路,它是100+1件,第一百零一件展品需要由当地博物馆提供,条件是反映博物馆所在地区历史的进程及其特点。上博最后选了这件二维码作品。大家知道,在国博的时候,其第101件选的是中国重返世贸组织时签字用的一支笔和相关的一把锤子,很精彩。那上海博物馆该怎么选第101件呢?我们觉得这是和公众开展新颖互动非常好的一个契机,就通过微信发布消息,请观众帮我们一起来出谋划策。观众踊跃回馈,提出思路,我们随即组织专家进行评议,从中选了10件。我到现在印象还比较深的有这么几件:一个是智能化手机,一个是摩拜单车,还有北斗导航系统的模型,再有就是二维码等。随后我们继续公布遴选的信息,跟踪反馈;同时专家团队也加紧策划。最后,到这一件二维码作品产生,大家的意见趋于接近，就选这个。这不是一个简单的二维码，它是由展厅内100件（组）文物，其实是200多件实物的图像组成的一个二维码作品。你拿手机扫一扫，就进入了上海博物馆的微信公众号的平台。你凑近去看，一件件物品都清晰可见，这是比较出彩的。在内涵方面，它能够反映在地当下的历史进程及其特点。那天日本驻沪总领事也来观展，看到这最后一件时，我问，您知道二维码是谁发明的？他说不知道。我介绍二维码是从条形码升级上来的，是日本人的发明。这体现了"亚洲"的元素。同时，运用二维码最广的是在中国。我们特地做了一个视频，放在这件二维码作品边上放映，从中可以看到，二维码的使用怎样改变了中国人的生活方式和交往方式，从而把时间和空间加以"改变"。总领事很高兴，他离开的时候，反复跟我讲这第101件作品设计得很好，极富创意。后来展览结束了，我就关照我们的员工，一定要收藏好这个展品。

配合"百物展"，上博做了很多教育普及和文化创意的工作，有关的专题讲座十来场，出版图录及相关的读物，还有很多微信推送，发布相关资讯。这都是为了更好地满足观众"看"展览。文创方面，102天的营业额在1700万左右。这一次上博将文创的范围拓展了，扩大了形式。根据国务院有关部委的文件要求，上博积极发展文创事业，特别是将其扩展到社会教育领域，例如推出了亲子教育平台，举行了配合特展的亲子音乐会。这些积极的探索，为日后博物馆事业的可持续发展拓宽了发展空间，积累了经验，锻炼了队伍。

下面，我想再稍稍说一下上博目前正在展出的另一个展览，就是来自山西博物院的中国古代山西墓葬壁画特展。我重点提一下，这个展览原状复原了一个墓室，即水泉梁北齐壁画墓，一次可有6位观众，通过预约进入，近距离观看墓室内的壁画。这有赖于山西方面将现代的科技手段运用到考古发掘和文物保护中,非常成功地对该壁画墓实施了整体搬迁保存。今年1月份我再次到山西博物院,在库房内我问,有没有条件可以将其安全运到上海,山西博物院的专家告诉我应该可以。于是大家就有了这么一个难得的机会,身临其境地欣赏墓室内的精妙画作。为了做好这一次展览,上海博物馆还第一次把南门拆了下来,为什么呢?因为忻州九原岗北朝壁画墓墓道北壁的一块壁画太大,当初考古人员从发掘现场取出这一壁画时没舍得切割,而是整体揭取,面积为3.5米×3.25米。这样,长途运输的时候就会带来问题,但现在运输问题也可以解决了,可要进上海博物馆的门却不容易,因为20年前我们没想到会有这么大件的文物搬运,以前主要是青铜器、陶瓷器,没有特别大的,但是碰到像壁画这种就要换另外一种思路,所以就决定不惜将南门拆下来。这都是为了让观众看得更多、看得更好,也就是把观众放在心里。

　　现在我要和大家一起来做一些思考。在这个新时代,博物馆领域发生了哪些变化,哪些变化是要我们很自觉地去认识和把握的;你把握得越是精准,你回应得也就愈加精彩。这就要了解观众的需求及其变化,大家都知道上博的很多教育项目包括讲座,往往一推出就被"秒杀",也有许多人是专程来购买文创产品的。观众到博物馆来,现在有越来越多的选择,除了看文物,看展览,他还可以逛,可以休闲、交友、听讲座,或参加亲子活动。我们今年配合大英博物馆百物展举行了亲子音乐会,是和上海音乐厅合作的。小朋友积极性非常高,在家里父母就帮着一起准备各种相关知识,到馆后先听音乐会,然后一起进入大英博物馆"百物展"展厅,两相对照,脑子里面的记忆都给激发出来,互相唤醒。我们也应该看到,今天博物馆的职能、使命正在发生变化。讲到使命,我觉得每年的"5·18国际博物馆日"主题就是一个非常生动的体现。看看那些主题，可能是一些很宏大的话语，然而非常精辟，也有针对性，有助于重新解读博物馆的定位。现在大家都把博物馆教育工作放在非常重要的位置，努力拓展博物馆的外向功能。就在昨天，苏州博物馆、南京博物院和上海博物馆携手打造了一个合作的平台，我、龚院长还有苏博陈馆长，一起上台，启动了一个仪式，见证了沪宁线上三馆的合作，这也是长三角博物馆合作的尝试。这样的合作会调动更多的资源，从而让我们来打造力量更加强劲的博物馆文化。

  这里我想再说一说，博物馆无论在什么时候都应该努力提升公共服务的品质。正是这样的原因，我们强调观众是在我们心里，博物馆要和观众建构起一种新型的关系，你说是互动关系也好，对话的关系也好，总之这是一个重要基础。如果这个基础工作做好了，就会推动文物"活起来"。

  讲到让文物"活起来"，我又要回到昨天在苏州博物馆的一些情况。苏州博物馆举办了"梅景传家"特展的开幕式，展览内容是从吴大澂到吴湖帆的家族收藏，是苏州博物馆继去年"烟云四合"（关于过云楼的收藏展）之后，做的又一个有关苏州地区收藏的特展，反响很好。苏州博物馆虽然是一个地级市博物馆，但它很有影响，超过很多省馆。苏博的一些做法对于理解今天讲的题目也是有帮助的。比如它的一些展览，是商借、整合了多个其他博物馆的收藏，从"吴门四家"（沈周、文徵明、唐寅和仇英）的特展，到"梅景传家"基本都是。其中"梅景传家"的支持单位就有上海博物馆、南京博物院、故宫博物院、浙江省博物馆、国家图书馆、江苏省文物商店、旅顺博物馆，另外还有两家海外博物馆。苏州是充满文化底蕴的城市，苏州博物馆努力让"文物在眼里""观众在心里"，令苏州这座城市更添魅力。

  大概几个月前我看到过一个数字，讲中国国内博物馆的观众数，江苏省是排在第一位的。龚院长也看到过这个数字，昨晚我们一起探讨,估计北京观众人数其实很多,但是由于统计的口径,没有全包括进去。不过无论如何,江苏省在博物馆观众数量上确实显示了很高的活跃度,跟江苏省作为博物馆文化的大省,地位是相匹配的。像南京博物院,奠定了"一院六馆"格局,在把观众放在心上、把文物很好地呈现到观众眼里这方面,做得很突出。"帝国盛世"还在进行中,去年"法老·王"特展在社会效益和经济效益两方面都留下很好的口碑。所以说今天大家都在思考博物馆的新角色、新作为、新气象,通过线上线下、馆内馆外的系列实践,扩大博物馆的吸引力、辐射力,让更多的人走近文物,了解文物背后的故事。

下面我再介绍一下上海博物馆的有关情况。和大家一样,上海博物馆馆内的展陈由两个体系组成,一个是常设展,还有一个是临展。因为场地有限,上博临展厅只有三个,以往一年只能办临展四至六个。今年频次非常高,办了八场特展,当然这还不算去年延续下来的,也不包括常设陈列的调整。这就使得三个临展厅一直很饱满地运转着,以至于明年1月有一个"来自雅典的珍宝"展览,将陈列于大堂,让大堂也发挥展厅的功能。除了馆内特展,上博还应邀在国内其他博物馆合作办展,像我们和苏州博物馆多次携手,上博把文物借出来,供世人观赏。这样的国内外展,今年在全国办了21场。我们还到国外办展,今年共四场,一场在德国,两场在美国,还有一场在希腊。这意味着,中国博物馆的"观众"是世界性的,那观众研究的任务就更重了。刚才说到有一个赴德国的展览,是上博和柏林国家博物馆合作,我们把上海博物馆的中国古代文物拿出来,德国国家博物馆下属的埃及馆把古埃及文物拿出来,经过策划办成了两个古老文明的对比展。这个展览在当地影响很大,不少暑期去德国的中国游客也都很欣喜地看了展览,传回积极的信息。

上海博物馆也在拓展新的展陈理念,探索更为多元的展览体系，为公众送去更多的文化食粮。今年所办的8个展览里面，有一个叫"鸿古余音"，是关于中国早期文明的展览。它的着力点，是打破文物门类的壁垒，试图建构一种横向的联系。我们现在的常设陈列基本上都是按文物材质划分的，如青铜馆、陶瓷馆、书画馆、印章馆等，但是这个展览侧重于主题演绎，尝试讲述故事的新方式。展览由年轻人策划，为观众呈现了上博珍藏的甲骨、青铜器、玉石器、陶器、漆木器等各类代表性文物，力求揭示出展品与展品之间的内在联系，借助文物组合所构成的故事，让文物说话，讲好中国故事。上海博物馆正在建东馆，其展陈的定位就应该在这样的探索方向上去加以深化和推进，从而与现在的本馆展陈体系形成另外一种风格。

这些年我们也通过挖掘馆藏资源，举办了一系列比较"小众化"的专题展览。上海博物馆有100多万件文物，可这个家底过去来不及仔细地清理，现在想通过办展览带动对文物的盘点、清库，并予以挖掘、阐释。这些展览做出来了以后，观众们因为能看到平时难得一见的文物，很有满足感。比如今年举办了明代吴门著名书画家的信札展览，前两年还有"竹素流芳"（有关竹刻艺术）、"惟砚作田"（有关砚台）以及邮票方面的临展。另外，还通过融入数字化技术，来积极提升展览的表现力。

我刚才讲到的吴门书画家信札精品展，起了一个很有意思的名字，叫"遗我双鲤鱼"。这个鱼代表古人信函往来。配合这个展览，除了举办讲座等常规活动，还策划了一档和上海评弹团合作的晚会，把这些书札里的内容改编成评弹唱词，由专业演员弹唱表演，拓宽了博物馆文化传播的新渠道。可以想见，未来的博物馆在保持给公众"看"文物这个基本特性之外，还会融合"可听""可闻""可尝"等新元素，通过调动各种感官强化体验。公众是博物馆的主人，而博物馆人仅仅是守护人和托管者。

最后留一点时间,我想介绍一下上海博物馆东馆。筹建东馆反映了我们正在做好准备,以进一步满足人民群众日益增长的精神需求和对美好生活的向往。刚才讲大英博物馆"百物展"时,我说为了看展览,观众排那么长的队伍,我不认为全是好现象,而是喜忧参半。稍微感到坦然一点的是,上博东馆建设已在积极推进中,几年后馆舍面积将大大增加,动线也更为合理,设施设备也更先进,排队现象一定会改善和缓解。"百物展"从正反两方面对如何提高公共服务给予了提醒和启示。

上博东馆选址在浦东,如果大家去过上海科技馆的话肯定不会陌生,在上海科技馆的西侧留着一块空地,据说这块地是上海中心城区最后一片比较完整的土地。现在这块土地一切为二,靠北面的那块,也就是靠世纪大道那侧,计有 4.6 公顷,已经成为东馆建设的工地。龚良院长为此出过力,在东馆建筑方案国际招标过程当中,龚院长几次参加专家评审,帮我们出谋划策。从东馆建筑的效果图上,大家可以看到:世纪大道是中轴线,隔着大道对面是花瓣状的东方艺术中心;我站的这个地方,就好比在世纪公园,大家应该知道,这是上海中心城区比较大的公园,是浦东开发开放以后建的。从世纪公园沿着世纪大道一路往西,就到了小陆家嘴(国际闻名的金融区),然后从小陆家嘴穿越黄浦江,一路向西就到了人民广场,上博目前的馆舍(以后叫本馆)就在这里。从人民广场到东馆这个地方约 6.1 公里。大家别看这 6.1 公里,给我们以后的管理会带来诸多麻烦。我是从高校出来的,现在很多高校都有几个校区,我深知校区间的协调需要花很大心思和精力,但这又是无可奈何的,是发展带来的与收获相伴随的烦恼事。所以我们觉得要下决心把握住这个机会,跨江东进,以后尽量克服这 6.1 公里距离所造成的麻烦与不便。

由于位于人民广场的原因,现在的上博馆舍无法就地拓展,向上、向下、向四周都没有可能。如果观望、等候，几年以后再选择新馆址，极有可能就在 10.1 公里以外，甚至 20.1 公里以外了。纵马策鞭，经过一番番的拼搏，我们终于在今年 9 月 25 日傍晚完成所有的前期准备和各项程序，拿到桩基施工许可，并于 27 日依法合规地开工。我们将在 2020 年完成东馆建筑的基建工程，到时候就会看到这样一个建筑，一个比较规整的长方体。上海市已经发布了"十三五"时期文化发展规划，上海市将来有两个文化中心，一个在人民广场，是很成熟的城市文化核心；一个就在东馆所在的这个地方，它将发展为另一个新的城市文化核心。上海博物馆很荣幸，她身处一个城市两个文化中心之中，两个"核心"内都有她的地位。这种空间格局即使放到世界上看，似乎也都是罕见的。

如果我现在站在科技馆，就能看到东馆这片外立面。这个建筑内有封闭的空间、半开放式空间和开放式空间。这跟我们今天上海博物馆本馆的整体设计理念是有区别的。东馆建筑设计师希望观众置身博物馆内，能够同时与周边城市展开交流，这也是一种历史与未来的对话。

这上面一张效果图，是站在世纪大道看东馆。而这张，是东馆的主入口。东馆东西长约 190 米，南北长 100 多米，整个占地面积大约为两个足球场大。地面 6 层、地下 2 层，总共 10.5 万建筑平方米。这么大一个建筑体量，对于如何合理布局、优化动线、充分发挥博物馆的功能，是一个很大的挑战。大家都知道，在博物馆观展可是一件很累的事情，因此我们做了一些功能区块的划分，希望有助于特定目标观众的选择，缩短其参观路线。考虑到要以观众为中心，因此我们设计、安排了很多共享空间，不希望重现现在一些博物馆见到的情况，观众走、走、走，走累了，又没地方坐，随后就在楼梯上坐下来休息。下面这个效果图虽然是夜景，还是可以隐约看到，东馆屋顶上有一大片花园。我们觉得，这样的建筑应该和绿色环保尽可能结合在一起。这个建筑方案还有其他很多环保方面的考虑。这屋顶花园的一部分，又跟某个展厅的展陈有关联。该展厅是从四楼跃层到五楼，然后进入屋顶花园，园林本身也是展览、展厅的有机部分。这样观众在博物馆就会有更多"看"的内容，得到更丰富的观赏体验。

这是我昨天早上得到的消息，上海发布了一个简称"文创50条"的文件。昨天我跟龚院长交流，我说这文件没有具体谈到博物馆的文创，作为公益性博物馆工作者读后有点不满足。可里面有一段话，我圈出来了，非常欣赏。文件是这样讲的："要把群众喜欢不喜欢，满意不满意，接受不接受，认可不认可，作为最终评判的标准，创作生产更具思想性、艺术性、观赏性的产品。"博物馆的核心公共产品是展陈，我们应该以前述标准要求、审核博物馆的展览。如果我们能够在这个方面交出一份好的答卷，那我想，我今天讲的题目就成立了，就体现了"观众在心里"。

好，谢谢大家！

（观众互动）

提问：杨馆长，首先向您问好。昨天我刚去上海看过山西壁画展，排了很长时间的队。早上坐高铁到那边，排队等发手环，下午再排队等，进去才看了4分钟。

杨志刚：其实你可以把时间利用足，应该不止4分钟，现在已经限制到4分钟了吗？

提问：5分钟。我最后一个进去的，到时间后，把我撵出去了。所以你讲的，现在特别好的优质资源，像南博、上博这种国家老牌的博物馆真的很稀缺，大家非常希望得到更好的优质资源。上博有一件东西，我想问一下，《国家宝藏》中上博选了三件，有一个是大克鼎，但有个东西怎么没看到展出？

杨志刚： 还有一个是商鞅方升。每个馆选三样，这个标准是统一的。大克鼎就在展厅里面，商鞅方升在我前面讲到今年的"鸿古余音"临展里展出过的。大克鼎你随时可在青铜展馆看到。但第三件文物是件缂丝，因为文物特别脆弱，不适合放在展厅展出，所以一直收藏在库房。连央视说要拍，都给予了限制，有些是我们专家拍完了把视频交给他们的，因为博物馆首先是要把文物保护好。

提问： 谢谢您。

提问： 杨馆长，非常感谢您精彩的讲座。我们知道一个现代博物馆，一共有四大职能，今天您分享了后两个部分，能不能有机会给特别关心博物馆的普通大众分享一下前两个职能，就是你们如何收集和保护文物，因为刚才正好前面一个听众问了这个问题，怎么保护，以及怎么收集文物的方面。

杨志刚： 谢谢你。我还是以展览为例，今年我们做了八个临展，其中有一个基于上博的考古发掘，叫"千年古港"。这是对上海现在的青浦地区，一个古代叫青龙镇的地方考古发掘的成果汇报展。该项发掘成果填补了上海唐宋时候市镇发展的许多空白，也证实了上海作为一个古港，在古代海上丝绸之路上的重要地位，非常有意义。这项发掘还为上博提供了新的藏品、新的展品。通过这个展览，我觉得上博的科学研究，上博的考古发掘，上博的文物保护和科技测试，上博的展陈，很多链条全都串联起来了，显示了独特的优势。文物保护的事情我刚才没提到，我们有一支很强的文保队伍，青龙镇考古发掘时，文保科技就介入了，所以被认为是一次成功的科技考古，体现了科技与人文的互动和融合。去年9月份在青龙镇挖了一个唐宋寺庙古塔的塔基，这个隆平寺，唐代的文献里有记载，重建于北宋天圣年间，明朝万历年间塌毁。此前上博考古部发现这个塔基，去年9月份进行塔基下地宫的挖掘，出土了不少珍贵的文物。它们对于了解上海地区的古代历史，对于了解古代江南的市镇，对于了解古代港口的发展都极富价值。地宫发掘后，我们当夜将出土文物送到文物保护中心保存起来，然后用科技手段进行检测，包括用大型的文物CT机进行扫描，以便做出科学的判断，决定下一步的做法。比如说有一些舍利，放在盒子里，盒子套着盒子，有木盒也有金属盒。我们每打开一层后，都用CT机扫描，确定下一步继续操作的方案，整个过程做得相当严谨。经过馆内各部门的努力和协同配合，最后于今年3月份将青龙镇文物展陈，办了一个既有影响又具内涵的展览。我举的这个例子，可以表现上博的科学研究、文物发掘、科技保护、展览策划等，形成了一个完整的链条。另外上海博物馆能够有今天的地位和规模，跟极其成功的文物征集是分不开的。文物征集的成功，又跟无数收藏家无私、慷慨的捐赠分不开。比如说刚才那位听众讲到的大克鼎，还有商鞅方升、缂丝《莲塘乳鸭图》，都是由藏家捐给我们的。应该说这方面上海博物馆确有天时、地利、人和的条件。明清时，中国的财富大量地聚集到江浙一带，又流向了上海，所以这一百多年中，上海汇聚了一大批著名的收藏家。后来他们就把不少东西捐给了上海博物馆，对此上海博物馆非常感恩。大克鼎就是苏州的潘家捐给我们的，苏州的陈馆长说他们博物馆举行活动，我就应该去参加。《国家宝藏》里面会讲到这些捐赠人的故事，在此我稍微披露一点，但在节目播出前请大家不要和媒体宣布，否则电视台那边会有意见。

提问：馆长，还想问您一下，上博有大克鼎，南京大学有一个小克鼎，是怎么回事？

杨志刚：两者是有关系的。它们在清朝光绪年间一同出土于陕西扶风的一个窖藏，同属于西周一个叫"克"的贵族。大克鼎形体巨大,所以冠名"大";其他几件体积小,冠名"小"。现在分散各处。

主持人：好,谢谢杨馆长!

（此为 2017 年 12 月 16 日本人在南京博物院"南博讲坛"演讲的记录整理稿。该记录稿经编辑后部分已收入南京博物院主编的《南博讲坛：多样化的博物馆》,江苏凤凰文艺出版社,2021 年）

揽江拥海　融古创新
——以上海博物馆为重点谈博物馆提升服务能级

揽江拥海是上海和广州共同的地理特征,这也造成了两地地域文化的某些相似性。融古创新则是博物馆的一个基本特点,用这样的词语作为标题,一方面是想在探寻城市文化相似性的基础上,探讨两座城市博物馆的共同使命;另一方面则是希望广东省博物馆和上海博物馆这样的区域龙头博物馆在新时代继续引领中国博物馆事业的发展与创新,内外兼修,提高服务能力,提升服务能级,为满足人民群众对美好生活的向往提供优秀的文化产品。

一、三大趋势推动博物馆提升服务能级

2018年8月13日,弘博网发表了题为"烈日当头,听说你又去博物馆门口排队了"一文,并称"现如今,排队好像成了人们生活中无法避免的事情"[①]。之所以提到这篇文章,是因为该文直指当下的博物馆参观热潮,并以相关统计数字作为支撑,是有一定依据的。那么,博物馆如何解决这一问题、如何提升服务能级,是每一个博物馆人需要认真思考的重要问题。

那什么是三大趋势呢?第一,人民群众受教育水平的大幅提升;第二,城市化的加速推进;第三,人们生活方式的转变。以下将

---

① Mary:《烈日当头,听说你又去博物馆门口排队了》,http://www.hongbowang.net/hongboshuo/2018-08-13/9856.html,2018年8月13日。

详细讨论这三大趋势对博物馆的影响。

第一,人民群众受教育水平的大幅提升。关于这一点,全社会是有共识的。随着我国义务教育的扎实推进和高等教育毛入学率的不断提升,我国人口教育水平普遍得以改善。以上海博物馆为例,上海博物馆作为一个中国古代艺术博物馆,展览展示的文物和内容相当专业,甚至有些艰深,在之前的观众结构中,青少年观众占比偏低。但是,近年来这一情况发生了变化,青少年观众数量在增加,占比在上升。即便是在古代艺术博物馆里,他们仍然可以津津有味地听讲解,专心致志地看展览。这种变化说明我国教育水平的提升以及青少年知识结构的改善。当然,除了青少年之外,成年人也越来越喜欢进博物馆参观,这无疑也是教育水平提升的结果。人民越来越有热情,越来越有兴趣走进博物馆的大门。

第二,城市化的加速推进。城市化是一个国家和地区发达程度的重要指标。1978年,我国启动了改革开放这一伟大历史进程,当年中国城市人口占全国总人口的18%。至2014年,我国的城市化已完成55%。据专家预测,到2020年我国城市化率会达到60%。根据国家文物主管部门统计,截至2016年底,全国博物馆已达4 873座①,我们发现,人口城市化的曲线和博物馆总数的曲线是可以对应的,博物馆发展和国家城市化进程呈正相关关系。所以,我们看到博物馆门庭若市,人头攒动,门外排着长队,是有原因的。中国人口城市化的空间还非常大,未来推动我国乃至世界经济前进的两大因素中,中国的城市化进程是一个十分重要的因素,它将会带动一大批行业、产业和城市的发展,包括博物馆。前引弘博网的文章也表明,关注博物馆的网友也相对集中在北京、上海、广州、天津、西安等城市,可以看到博物馆和城市繁荣程度也是

---

① 龚良:《藏品范畴与博物馆多样性的实现》,《文博学刊》2018年第1期。截至2018年底,全国博物馆已达5 136座。

相对应的,城市文化发展的程度愈高,博物馆发展的动力也会越强,二者相辅相成。

第三,人们生活方式的转变。以上海博物馆为例,2017年,上海博物馆在举办"大英博物馆百物展:浓缩的世界史"展览时,推出了"亲子音乐会"配套活动。我们精心挑选了小朋友们喜欢的一些古今中外的名曲,包括电影、音乐。我们注意到,家长们带小朋友来听音乐会之前,很多人都认真参观了展览,有的甚至多次参观,从而为欣赏音乐会和理解音乐提供帮助。不少家长还和孩子一道,在听音乐会和看展览之前做了搜集展览资料和展品信息,以及专门研究曲目等大量的准备工作。这无疑是一种新的生活方式,这种生活方式随着我们经济的发展和文明程度的进步将会越来越明显。博物馆界一直在通过自身努力让老百姓进博物馆变成一种潮流、一种生活方式,现在看来,博物馆的主动努力和市民的主动选择实现了"共振"。现在很多博物馆的日接待观众量、年接待观众量都在不断被刷新。

2017年,南京博物院年接待观众量达329万人次,广东省博物馆达182.8万人次,这些数字还在不断被刷新。上海博物馆也一样,2017年上海博物馆参观人数是210.92万人次。上海博物馆是实行限流的,一天不超过8 000人,即使这样,一年的观众量仍接近211万。另外,2018年春节期间,各地博物馆的参观场面十分火爆,这是以前所没有的,说明博物馆真的进入了一个"大时代"。所以怎样提高博物馆的服务能级,是摆在馆长们面前的一个重大问题。

二、内部管理与综合实力决定成败

在这样一个大时代,博物馆要提升服务能级,制胜的法宝是什么?我们认为,内部管理和综合实力是博物馆因应社会关切、满足社会需要并与时代偕行的关键因素。

近几十年来,中国博物馆的发展有两大动力,一是事业单位改革,二是为人民服务观念的深化。从 20 世纪五六十年代开始,中国博物馆的基本性质和基本任务被明确为"三性两务",其中一个"务"就是为人民服务。至今,中国的博物馆仍沿着这一重要基础性共识在前行,以人民为中心,以满足人民群众日益增长的对美好生活的向往为服务方向和目标。

当然,现阶段博物馆事业处于发展上升期,需推进的事情非常多,随着改革进入深水区,事业单位的改革力度有所降低,一些问题因为阻力大而进展缓慢。早在 2000 年,上海博物馆馆长马承源先生在《对 21 世纪博物馆的遐想》一文中便敏锐地指出:"博物馆很少或甚至没有科学地坚定地引进竞争机制。"[1]目前,中国博物馆发展中的局限性和封闭性是和这个问题联系在一起的。

马先生的这篇文章在 2018 年的微信"朋友圈"里还在流传,说明在 10 多年时间里,这个问题并没有得到很好的解决。现在的博物馆可能在微创新,比如坚守公益、拓展功能、强化链接,但这些都是方法层面的,其实体制、机制层面的问题才是根本,否则很难推动中国博物馆持续、健康地发展。

回到博物馆内部管理这个问题。内部管理十分重要,也是一门大学问,它是决定一个博物馆能否兴旺发达的关键因素。博物馆的管理需要更大的政策环境来匹配。什么政策环境呢?就是当下国家层面推动的"供给侧结构性改革",笔者在很多场合呼吁,希望国家为博物馆提供更多的制度供给。有了这个制度供给,博物馆可以做更多的事情、更多的创新,它会让中国博物馆界实现"弯道超车",引领下一阶段全球博物馆的创新发展。

---

[1] 马承源:《对 21 世纪博物馆的遐想》,《中国博物馆》2000 年第 1 期。

除了内部管理之外，提升综合实力则是提高博物馆服务能级的另一个强大支撑。我们认为，互相支撑的学科研究是博物馆成功的基础。一般认为，博物馆是一个文科领域，其实并非如此。博物馆非常强调人文和科技的互动，而且互动程度越高，博物馆的发展动力就越强劲。比如，上海博物馆在青铜器工艺技术研究和应用方面能力很强，古陶瓷年代和成分分析技术应用方面也很强，在出土饱水竹简真空冷冻保护技术应用方面也保持领先。这些领先领域和领先优势都成为上海博物馆持续发展的动力。

在上海博物馆的综合实力里，考古发掘工作是其中相当重要的一块。上海博物馆建馆以来就一直承担着上海辖区内的考古发掘任务。比如，马桥文化遗址的发掘，迄今刚好40周年。马桥遗址的考古报告发表以后在学术界取得了巨大的反响，得到了广泛的肯定。

上海博物馆的考古工作还有一些重大发现，比如崧泽遗址，同样也获得了考古学文化的命名。福泉山遗址的发掘引发了良渚文化一系列的重大发现，出土的大量良渚文化类型的玉器是研究我国史前文化的重要材料，为探索中国早期文明的起源提供了关键性的实证资料。元代水闸遗址的发掘获选为2006年度的"全国十大考古新发现"。

这些考古发现，对博物馆形成一个比较完整的业务链条或一个学科群是非常重要的，有这样一个业务链条和学科群，博物馆就有了非常坚实的基础，可以向更高的高度攀登。

三、提高核心产品的品质，牵引整体发展

服务能级是一个外化的东西，是可以被观众具体感受到的。但是，外化之前需要博物馆通过各种努力来实现。提升服务能级主要依靠什么？最重要的就是博物馆的核心产品，并且通过提高这个核心产品的吸引力来牵引博物馆的整体发展。那这个核心产品是什么呢？就是我们的展览。我对博物馆的功能定位突出三个重点，即公共服务机构、文教机构和科研机构。对观众而言，最有切身感受的往往是第一个，所以博物馆最核心的产品是展览。

上海博物馆成立于1952年，在省市级博物馆里属于成立较早的。上海博物馆从20世纪70年代起，就开始探索陈列展览的创新之道，试图形成中国本土的陈列展览体系。1993年，上海市在人民广场建造上海博物馆新馆舍，并于1996年全面建成开放，至此，上海博物馆有了一个现代化的馆舍，随之而变的是全新的展陈体系、风格和内容。今天，从上海博物馆南门进入，右边拐弯就进到青铜馆，二层是陶瓷馆，三层可以看到绘画馆和书法馆，一楼左边拐弯就到了雕塑馆，这样的体系让观众耳目一新。展品仍然是文物，但它也是艺术品，按照艺术和艺术史的脉络展示给观众看，这就跟我们原先的展览不一样，这些转变经过了20年的积累。硬件的提升和展陈内容的提升，使服务能级上了一个新的台阶。上海博物馆能在海内外有这么高的声誉也得益于此。

上海博物馆人民广场馆建成后，全国各地要建新馆，都来参观学习，这个后续效应到今天还没有完全停止，示范意义至今仍在。现在20多年过去了，上海博物馆要探索新的做法，通过创新继续前行，继续为中国博物馆事业贡献力量。下面主要谈谈2016—2018年上海博物馆在临时展览方面的探索与创新。

2016年，上海博物馆与日本京都的醍醐寺合作举办展览。醍醐寺在日本非常有名，保存了很多中日文化交流的珍贵历史资料。为了保存这些资料，醍醐寺有个寺规叫"片纸不出寺门"。展览促成的过程后面还将论及，这里想着重强调醍醐寺对所藏文物的重视。展览的展品里面有一些经卷抄本是唐代的，保存得非常好，打开以后像新的一样。我们知道，纸的保存很困难，日本人对文物的保护和敬畏是值得我们深思的。

2017年,我们基于考古发现策划了"千年古港:上海青龙镇遗址考古展"。作为一个拥有考古职能的博物馆,在考古发掘的基础上,通过研究和整理将发掘出土的珍贵资料转化为服务于公众的文化产品,让更多的人来了解考古、观赏展览。这就是笔者前面强调的学科群和业务链条,"千年古港:上海青龙镇遗址考古展"的举办就是学科群和业务链条共同发力的结果。

"大英博物馆百物展:浓缩的世界史"则是上海博物馆和大英博物馆同台竞技的一个大型展览。展览本身的重要性不用过多强调,展览背后的运作对博物馆人来说其实更有借鉴意义。与国外出类拔萃的博物馆合作,是需要功力的。展览策划和实施就如同戏剧表演,现场飙戏,谁有才华,谁的业务能力强,谁就能赢。笔者在这个展览的新闻发布会上曾说过,通过这次布展,我们看到了两双非常美丽的眼睛,一双美丽的眼睛是大英博物馆女员工的专注——以最好的方式摆放和呈现文物;另一双美丽的眼睛是上海博物馆的女员工,其专业能力与英方员工相比毫不逊色。中国博物馆需要和国外同行共同切磋、共同交流、共同进步,这就是用核心产品来牵引整体发展。"大英博物馆百物展:浓缩的世界史"也确实达到了这样的目标,并被评选为2017年度"全国博物馆十大陈列展览精品推介国际及港澳台合作奖"。

2017年,上海博物馆和山西博物院联合策划"山西博物院藏古代壁画艺术展"。山西是文物大省,壁画是其中的重要组成部分。此次来上海博物馆展出的壁画都是重器,体量很大,有数件壁画大到无法正常搬进博物馆。遇到这样的问题,我们就开始想办法,最后经过测量,发现拆掉南门可以将壁画运进来。于是,我们果断拆掉南门,使得文物安全、顺利地进入博物馆,抵达展厅。此外,主办双方的专家为了更好地呈现文物,提升展览效果,用最新的技术复原了一个墓室,有10多平方米。当然,我们已不止一次拆门,在举办"心灵的风景:泰特不列颠美术馆珍藏展(1700—1980)"时也遇到展品体量大而进不了上海博物馆的情况,但是为了能让观众欣赏到古代文化和域外艺术,我们迎难而上,这就是提升服务能级。

上海博物馆还积极与国内外文博机构合作。2017年,在馆内外办展20多个,其中有一些是合作展览,有一些是出借展品参展。2016—2018年,上海博物馆赴境外办展12个,平均每年4个。这和上海博物馆的定位和胸怀有关。我们为中国人民服务,也为世界人民服务;在国内传播文化和文明,也在世界上传播中国文化和华夏文明。其实,这也是"揽江拥海"的港口城市博物馆内外兼修的表现。

四、协同·跨界·对话·连接

要管理好博物馆,首先要做好协同。下面主要谈一谈协同的重要性,我们从博物馆的文物保护谈起。文物保护有两个内涵,一是借助科技手段来保护文物,一是通过传统技艺来修复文物、修缮文物。上海博物馆在1958年就设立了文物修复工场,1960年增加了文物保护实验室,2015年时整合为"上海博物馆文物保护科技中心"。文物保护和修复的工作人员就像医生一样,不但能使文物恢复往日神采,甚至能使文物"起死回生"。

上海博物馆除了修复本馆藏品外,还经常发挥自身优势,帮同行保护和修复文物,比如上海博物馆对浙江省博物馆藏的杭州雷峰塔地宫出土文物进行保护和修复。正是因为多年来的积累,上海博物馆目前的文物保护和修复技术在国内文保领域是处于领先地位的,上海博物馆制定的"馆藏文物保存环境评估体系"是行业内认可度非常高的标准。国家文物局很多重要的文物保护标准也是委托上海博物馆来制定的，这也奠定了上海博物馆在行业内的话语权。

上海博物馆还在"预防性保护"理念和实践方面走在全国博物馆前列。通过有效的管理、监测、评估、调控，抑制各种不良环境因素对文物的危害，使文物处于一个洁净、稳定的安全保存环境之中，从而达到延缓文物劣化的目的。上海博物馆针对微环境污染气体检测评估，研发并建立了被动采样成套技术。上海博物馆研发和应用文物环境动态调控材料，还建立了全国馆藏文物保存环境监测平台。

2015年，上海博物馆文保科技中心大楼启用以后，在国家财政和市财政的大力支持下，为文物保护科技中心配备了共价值6 500万元的18台（套）50万元以上大型科学仪器设备以及多批保护修复装备和研究配套设施，大幅提升了上海博物馆科研创新研究能力和文物保护修复的基础条件。大家都知道，湖南省博物馆有一件国宝级青铜器——皿方罍，这件青铜器代表湖南省博物馆上过《国家宝藏》。上海博物馆老馆长马承源先生最先认定其与湖南省博物馆藏的一件罍盖是一体的，最后经过上海博物馆的双腔CT扫描仪扫描，扫描结果进一步证实马先生的判断是正确的。

湖北省博物馆的"曾侯乙尊"属于分体铸造还是一体铸造，一直存在争议。上海博物馆受委托对其进行了X-CT检测，经过扫描发现曾侯乙尊里面没有焊接点，是整体铸造的，这反映了当时中国的青铜铸造工艺在全球遥遥领先。青铜冶炼并不始于中国，但是中国古代把青铜铸造方面的一些技艺发展到了极致。这些如果离开当下的文物保护科技很难获得一锤定音的认识结果。

近年来，上博也在文创、社教等方面加强了协同、跨界，进一步带动了博物馆与社会的对话和连接。

五、面向全球：在增进互相理解中携手向前

对像上海博物馆这样的博物馆而言，全球化是一个必须面对的问题，而且还需要有能力去突破这个问题。要立足全球藏品资源策划具有国际影响力的大展。正是基于这一考量，上海博物馆历年与国外著名博物馆开展了频繁的业务往来和展览交流。

2015年，上海博物馆和俄罗斯克里姆林宫博物馆合作推出了"盛世威仪：俄罗斯皇家军械珍藏展"。克里姆林宫不仅是当今世界最宏伟的建筑群之一，同时也是俄罗斯历史、文化和艺术的宝库。博物馆内的艺术瑰宝、古物珍玩和甲胄兵器主要来自莫斯科大公和俄罗斯统治者的历代珍藏。其中，精美奢华的皇家军备不仅代表着俄罗斯宫廷精湛的军械工艺，更是众多重大历史与外交事件的见证物。在展览实施过程中，因为展品很多是枪械，海关监管方面对它的理解与博物馆有差距，展品一度被扣，经过我们的耐心解释才得以顺利放行。这件事情提醒我们，在开展国际合作时要十分注意国内外的法律法规和行业规则，遇到问题要积极解决。

2016年，"菩提的世界：醍醐寺艺术珍宝展"是上海博物馆的年度大展。有人说，这个展览里的展品好比一个"梦之队"。因为现在各个国家对文物出境的规定都是越来越严，日本同样如此。日方在审核这个展览的展品清单时，曾认为其是一个"不敢想象"的阵容。上海博物馆如何把这个"不敢想象"的阵容成功引入国内的呢？我们通过与上海博物馆有着良好合作关系的日本四大国立博物馆——国立东京博物馆、国立京都博物馆、国立奈良博物馆和国立九州博物馆，由他们牵头和醍醐寺去协商，顺利化解了展览引进的各种障碍。展览开展时，上述四大博物馆的馆长都来到上海博物馆，要知道就是在日本本土能把四大博物馆馆长聚在一起也是不容易的。醍醐寺的住持出席了展览开幕式。他对展览十分满

意,在众多媒体前给予了极高的评价。

另外,我们还和匈牙利国家博物馆合作举办"茜茜公主与匈牙利:17—19世纪匈牙利贵族生活"展,和俄罗斯国立特列恰科夫画廊联合举办"俄罗斯国立特列恰科夫美术馆珍品展",以及和新疆文化厅等机构合作的"欧亚衢地:贵霜王朝的信仰与艺术"展览,等等。上海博物馆三个临展厅都在满负荷运转,就是为了提升博物馆服务能级,满足观众的多样化参观需求。值得一提的是,上海博物馆和德国柏林国家博物馆在柏林合作举办了"中国和埃及:世界文明的摇篮"展,在当地引起了巨大的反响。

2018年3月,上海博物馆与法国巴黎池努奇博物馆共同策划和主办"中国芳香:中国古代的香文化"展。展览选取法国和欧洲观众熟知的香氛为切入点,以时间轴为展线,通过91组姿态各异、材质多样的香具,结合以香为主题的绘画和书法作品来展现中国香文化。香是中国雅文化的代表,也是目前收藏界的热点之一,但西方观众所知甚少,因此本展览具有很强的普及意义和故事性,充分表现了"中国文化走出去"的主动性。香水是法国时尚的代名词,也是欧洲文化的重要组成部分,这一展览显然对法国人有着极大的冲击力,也能引起他们的兴趣和共鸣,法国最大的报纸《费加罗报》对此做了专门报道。这个展览通过实物证明中国古代香文化发展的高度以及在实践上的领先,因此在法国巴黎引起了一阵轰动。

六、展望未来:大师大楼相辉映

展望中国博物馆的未来,笔者认为应该是"大师大楼相辉映"。"大师"和"大楼"的讨论在高校比较热络,但笔者觉得这个话题对博物馆界而言也饶富意义。博物馆没有大楼,文物无处保管,展览无处陈列,观众无法观赏,博物馆就无法存在。所以,对博物馆而言,答案只有一个,既要有大楼,也要有大师,也就是"大师大楼相辉映"。

前已述及,三大趋势为博物馆高速和高质量发展带来了巨大红利,城市在延伸,人口在增长,观众也在培育成长,博物馆要有意识地去研判和回应这种变化。那么,从馆舍角度讲,上海博物馆之前已经历了三个历史发展阶段,需要再出发,所以上海博物馆开始建设东馆,这也是博物馆持续提升服务能级的重要方面。

上海博物馆东馆选址在浦东的花木行政中心,与周边的上海科技馆、东方艺术中心和上海图书馆东馆等文化设施一起形成文化集群。上海博物馆东馆的建设已经在陆续推进,建筑本身非常壮美。在建筑设计之初,上海博物馆就希望新馆能够符合现代人的审美,满足现代人对博物馆的需求,因为大家到博物馆除了看展览之外,还有其他的需求。所以上海博物馆东馆的设计既有常见的封闭式空间,也有开放式空间,还有半开放、半透明的空间,让观众在其中行走、参观和休闲各有去处,各得其所。

东馆地上六层,地下两层,总建筑面积达11.3万平方米。对于这么大的一个博物馆,一定要解决好两个问题,一个是审美疲劳,另一个是参观疲劳。普通观众来博物馆的目的是学习和休闲,因此参观一两个小时是合适的,那么参观流线怎么设计?内部空间如何分割?这些在设计时都要考虑,我们倾向于"多中心、多层级"的设计。我们通过优化参观路线,将展厅和公共空间合理分布,使得观众在东馆既能观展也能休闲,既能学习也能社交,既能感受古老文明,也能体验城市的活力,让参观博物馆成为我们市民新的生活方式。

要建好这样的博物馆不容易,上海博物馆也向近年来新建的博物馆学习和借鉴了许多经验。我们希望新馆建成使用之后,博物馆在空间营造、动线分布、楼层布局和展厅安排上更能满足观众的需要。当然,作为馆长,除了要考虑馆舍的结构和功能之外,还需要考虑两个馆舍之间的管理统筹协调的问题,这个还需假以时日。

(本文是作者于 2018 年 9 月 1 日在广东省博物馆"嘉言·馆长讲坛"的演讲整理稿,原载《文博学刊》2019 年第 1 期)

借力与助力，为建设卓越全球城市而努力
——筹建上海博物馆东馆的思考与行动

2015年仲春的一天，上海市领导莅临上海博物馆考察调研，会上，上海博物馆跨过黄浦江到浦东增建东馆被提上议事日程。同年6月27日，时任上海市委常委、浦东新区区委书记沈晓明在陆家嘴论坛上首次宣布：启动筹建上海博物馆东馆，并将之列入上海市重大文化工程。两年多来，在市委市政府的领导下，在浦东新区的大力支持下，上海博物馆东馆的筹建工作紧锣密鼓地展开，目前正按照到2020年竣工的计划有序推进。

一、乘东风——在上海未来发展的规划中明确目标

博物馆是一个国家综合实力的体现，凝聚着往昔的辉煌、今日的神采，也映照着其迈向明天的身姿。国外那些顶级的博物馆，如英国伦敦大英博物馆、法国巴黎卢浮宫博物馆、美国纽约大都会博物馆、俄罗斯圣彼得堡埃尔米塔什博物馆，都构成独特无二的文化风景，成为所在国和所在城市的"形象代言"，在城市景观和旅游观光方面体现着地标性的蕴意。

上海博物馆成立于1952年，是一座大型中国古代艺术博物馆。在65年的发展历程中，经过几代上博人的锐意努力，上海博物馆构建起了现代管理体系，以丰富的馆藏、扎实的研究、精湛的

展陈、不断创新的社会教育和广泛的国际影响在业内获得盛誉。她的发展,与上海这座城市的发展同步。从位于南京西路的原跑马总会大楼,到河南中路的中汇大厦,再到人民广场,她是新中国上海城市发展的见证者和参与者。人民广场馆舍兴建于1993年,1996年全面建成开放。新馆开创了中国博物馆事业的一片新境界,也引领了各地博物馆的发展。

上海博物馆拥有超过一百万件的文物,其中上等级的珍贵文物143 620件。位于人民广场的馆舍建筑面积为39 200平方米,陈列面积10 912平方米,能够在常设展厅中陈列的文物却仅在6 000件左右,约占珍贵文物的5%。因此,博物馆的很多功能发挥受到限制。二十年后,上海博物馆又期待着新一轮的腾飞。在2015年仲春的那个调研会上,上海博物馆向市领导表达了实现硬件提升和能力提升的强烈愿望和决心。

"两个提升"的愿望,响应了党的"十八大"强调扎实推进社会主义文化强国建设,提高国家文化软实力的号召;契合了上海市率先建成国内一流的公共文化服务体系,建设功能完备的公共文化服务设施,进而建设国际文化大都市的发展目标。上海市领导的"一锤定音",使得上海博物馆东馆(以下简称"上博东馆")建设由一个设想很快转变为步步推进的一系列实施方案。

在国家和上海地区新一轮文化发展的大潮中,乘势而上,成为上海博物馆广大干部和群众的共识。围绕上博东馆建设,上海博物馆发展的总体思路逐步明确,其中有三个重要的目标。

第一,把上海博物馆建设为世界"顶级的"、以中国古代艺术为主的博物馆。20世纪80年代,老馆长马承源先生曾站在纽约大都会博物馆的台阶上,从心底喊出"向大都会博物馆致敬"!前辈的心声,出自对世界顶级博物馆的向往——因为中国也需要这样的博物馆!今天,当我们更加接近实现中华民族伟大复兴的光荣梦想时,也就更加渴望拥有这种世界顶级的博物馆。上海作为改革开放的排头兵和国际文化大都市的缔造者,理应当仁不让,奋力攀登。上海博物馆作为国内最具实力的博物馆之一,理应勇于担当,倾力拼搏。

第二,在一个统一管理的整体架构下,实现上海博物馆本馆(西馆)与上博东馆之间的联动,从而在同一座城市形成两个文化传播的策划源和辐射源。2016年底,《上海市"十三五"时期文化改革发展规划》发布,它提出未来五年,上海将努力建设全国文化中心,到2020年基本建成国际文化大都市,要打造体现国际标志性和文化核心功能的城市文化发展主轴,逐步形成"两轴一廊、双核多点"的城市文化空间发展新格局。上海博物馆本馆(西馆)与上博东馆恰好都处于"两轴"之一的东西向主轴上,又分别居于"双核"(即上海人民广场地区和浦东花木地区两个文化核心功能区)之内。这项规划为上海博物馆两个联动的"策划源和辐射源"目标,进一步提供了厚重的内涵。

第三,建设上博东馆将促进上海博物馆功能的全面提升,借此将实现"五大创新":展陈体系的创新,社会教育的创新,研究体制的创新,文创开发的创新和建设创新型的智慧博物馆。"创新驱动"是《上海市城市总体规划(2016～2040)》(2016年10月审议通过)提出的将上海建成"卓越的全球城市"的魂脉。卓越的全球城市需要卓越的世界级博物馆,未来卓越的博物馆一定是创新型的,并借此全面提升其各项功能。

二、扬征帆——强化担当意识,为地区发展增添助力

有关研究表明,在国外或国内近年发布的全球国际化文化大都市排行榜中,上海尚未进入前十甚至前二十。对比其他国际文化大都市,如纽约、伦敦、巴黎、东京,上海市文化设施建设在总量、结构、内涵、空间分布方面仍存在差距。即使在上海中心城区,大型公共

文化设施的能级及其分布还亟待提高和改善。一些专家发出的让文化设施"越江（黄浦江）东进，跨河（苏州河）北上"的呼唤，就从一个角度表达出对上海文化发展特别是改变地区间不均衡状况的期盼。

2015年陆家嘴论坛期间，时任中共上海市委常委、浦东新区区委书记沈晓明出席"金融人才发展环境的营造与优化"专题论坛时表示，上海博物馆东馆和上海图书馆东馆将落户浦东，并且两馆的规模都将超过浦西。陆家嘴金融人才生活的配套环境亟须进一步加强和改善，该地区及其周边文化设施相对缺乏、文化生活比较枯燥，一些地块白天人声鼎沸、晚上人迹甚少已成为突出问题。浦东开发开放二十多年，一方面经济建设尤其是金融业凯歌猛进，实现了跨越式发展，而另一方面文化发展和社会文明建设却相对滞后。以博物馆为例，资料显示浦东万人博物馆占有量仅0.019座，尚低于全国0.023的水平。经济与社会文化发展的不均衡、不协调，将会制约浦东的可持续发展。上海博物馆和上海图书馆挺进浦东，分别建设东馆，便是上海市委市政府在浦东统筹推进"五位一体"总体布局、激发城市创新创造活力的重要一环。

回想20世纪90年代，上海博物馆毅然搬迁至人民广场，顺应了当时上海改革开放和文化发展的需要。人民广场上博新馆的华丽亮相和成功转型，成为90年代上海改革开放的重大成果，而她树立的新形象，体现的深厚内蕴，以及对人民群众精神需求的回应与满足，又助推了城市的发展，特别是对扎根传统文化同时又面向世界、面向未来的城市精神气质的培育涵养，功莫大焉。今日，上海博物馆再次做出选择，奔赴浦东，参与浦东建设，为浦东的可持续发展和创新驱动，积极作为，有所助益。

近一二十年，国际博物馆界愈益强调博物馆的社会责任意识。以国际博物馆协会（ICOM）每年给"5·18"国际博物馆日公布的主题看，博物馆社会责任所包含的内涵和体现的价值观，堪称相当

广泛和深刻,其中包括:

博物馆:促进社会变化的力量(Museums As Agents of Social Change and Development)(2008年)

博物馆致力于社会和谐(Museums for Social Harmony)(2010年)

处于变革世界中的博物馆:新挑战、新启示(Museums in a Changing World. New Challenges, New Inspirations)(2012年)

博物馆(记忆＋创造力)＝社会变革(Museums〈Memory＋Creativity〉＝Social Change)(2013年)

博物馆致力于可持续发展社会(Museums for a Sustainable Society)(2015年)

博物馆与文化景观(Museums and Cultural Landscapes)(2016年)

显而易见,博物馆已不单是早先被狭义理解的从事"收藏""展示"的机构,她还必须打开大门,与观众、社会互动,融入时代的发展趋势,以自己独有的方式方法去影响社会,改变社会,提升社会。上海博物馆悉心领会因为时代变化而对博物馆提出的新要求,并照此优化、调整文化传播的策略和行动计划。上博东馆建设,首先要明确或要解决的,就是如何正确担当与勇敢担当的问题。

如果把上海博物馆比作前行的航船,那上述社会责任意识就好比张开高挂的风帆。

三、启窗牖——拓展格局,精心组织,有序推进

上博东馆项目选址于浦东新区杨高南路、世纪大道、丁香路交

会处的花木地块,将与上海科技馆、东方艺术中心、世纪公园以及筹建中的上海图书馆东馆等一起,形成具有国际影响力的文化设施集群,共同构建"上海东部的文化中心",与人民广场地区形成"文化双中心",极大地优化上海文化空间格局。根据有关部门的批复,上博东馆占地4.6公顷,建筑面积约10.5万平方米。

根据规划,上博东馆将构建以中国古代文化主题为核心的展陈体系,融合多个艺术门类,突出书画、工艺藏品优势,与本馆(西馆)以青铜、陶瓷为重点的中国古代艺术专题陈列相互呼应,形成上海博物馆"两馆一体、联动东西、特色清晰、相辅合璧"的总体格局。顺应时代发展,进一步拓展业务研究、教育体验、社会服务、文化交流等功能,更好地发挥上海博物馆在现代公共文化服务体系中的作用。

为了配合东馆建设,抓好组织发动,上海博物馆启动了名为WINDOW的计划。该计划包含六个关键词,即window的六个英文字母各自所代表的概念:第一个W,代表wisdom,即智慧,表明我们要建一个智慧博物馆。第二个I,是interaction,即互动。今日的博物馆必须和社会互动,必须努力与公众建构起顺畅互动的新型关系。第三个N是new,即拓新。创新驱动已经成为博物馆提升能级的必由之路。第四个D是diversity,即多样。博物馆展示的内容涉及古今中外,博物馆的展示手段丰富多彩,博物馆的教育方式不拘一格。第五个O是open,即开放。当代博物馆正朝着一个开放的系统转型,成为人类文明互学互鉴的重要场地。同时博物馆吸引更多的公众走进来,成为他们终身学习的场所;博物馆也努力走出去或被带出去、带回家,进入社区、校园、家庭。第六个W是world,即面向世界。我们要树立世界的眼光和为世界服务的工作信念;要广泛地传播中国文化,在世界文明的大视野中更好地讲述中国故事,并成为极具世界影响力的博物馆。这个

WINDOW 计划包含着上海博物馆的价值理念及其取向。

为什么突出"窗口（window）"？有四层含义：

（1）博物馆一直被视为公共文化的窗口，是展现一个国家、民族、地区的重要窗口，上海博物馆要把这个"窗口"工作做得更好。

（2）要像打开窗口一样打开我们的眼界、胸怀、格局，这将决定上博东馆建成后的专业水准及高度。如果没有相应的眼界、胸怀和格局，造成内容、境界跟不上时代要求，就很可能只是徒劳地建出一个博物馆的僵硬外壳。WINDOW 计划启动后，我们特别强调要在国际、国内寻找对标，取长补短，落实到东馆，成就这个时代应有的高度。

（3）在工作方法上，以"窗口"意识取代"酒香"意识。老话说"酒香不怕巷子深"，这种传统酒贩的酒香意识，前提是认定有一个好酒存在，于是酒香就一定会飘传出去，近悦远来。和互联网思维紧紧联系在一起的"窗口"意识，则突出"内容"和"连接"，并且反映的是"进行时"，与"酒香"作为一种"完成时"大异其趣：窗口之所以成为窗口，是因其有内容。这还不够，还必须有连接。只有同时具备了连接和内容，窗口才能成为窗口，缺一不可！

（4）上博东馆建设有确切的时间节点，需要有序地步步推进，这就必须明确相应的"窗口期"，抓住时机有力推动。目前已进展到 WINDOW 4.0。

WINDOW 计划层层展开的大致情况如下：

2015 年 4 月，上海博物馆启动 WINDOW 1.0，着手筹建新馆的研究工作，包括在国内进行调研和实地考察。由馆领导分头带队，重点是学习、借鉴最近 10 来年新建博物馆的经验和得失。同年 9 月进入 WINDOW 2.0，核心工作是修改、完善项目建议书并启动建筑方案的国际招投标前期准备，编制设计任务书。2016 年 2 月 24 日，建筑设计方案的国际招标公开上网，由此转入

WINDOW 3.0。此后一方面做好国际招投标的各项事务，同时进一步研究、探讨东馆的展陈方案。仅这 3.0 阶段，上海博物馆馆内专家就展陈举行的专题研讨会即达 20 次。经过两轮国际招投标评审和后续优化，最终在 2017 年 3 月底，确定中标单位——同济大学建筑设计研究院。旋即转入 WINDOW 4.0，工作重点包括：建筑方案的进一步深化和稳定；结合博物馆的具体功能和展陈计划，进一步优化建筑空间和楼层布局；完成东馆工程可行性研究报告，并获得上海市发改委的批复；启动开工的各项程序并统筹推进……

四、架梁柱——建造两座大厦，锻造强大的博物馆文化

由同济大学建筑设计研究院打造的上博东馆建筑方案，外观造型简洁典雅，内部空间富于层次和变化，功能设置与动线安排相对合理。其外形为规整的长方形，以白色为基调，与"大气谦和"的上海城市精神相合。四个外立面皆能成景，互相连贯，呈 360 度无死角。外墙由平面和反折波纹面艺术性地拼合而成，具有韵律和节奏。上海博物馆在解读设计师精心构想的外观造型时，赋予它"海陆交汇""海纳百川""大道如砥"等意象。反折波纹面代表浩渺无垠的大海，连续的平面代表开阔坦荡的大地。海陆交汇，既是上海的地理特点，也是上海文化独具的个性。

博物馆新馆建设及形象塑造绝非一项单纯的建筑工程，必须以内容、功能、精神予以引领，以博物馆专业能力共同驾驭硬件的建造和运作，达到"软""硬"结合，相得益彰。为此，上海博物馆在 2017 年工作务虚会上，提出未来五年将倾力打造有形的和无形的两座大厦，再创辉煌，以迎接上海博物馆成立 70 周年。有形的大厦，指的是上博东馆的物理实体。无形的大厦则指通过科学的顶层设计和以提高专业能力为抓手夯实基础，做强做大上海博物馆

的事业。为此,归纳提炼出上海博物馆事业的"四梁八柱"。四梁,特指在上海博物馆工作中具有核心地位的四个特色学科,即文物学及艺术史、考古学、文物保护与修复、博物馆学;八柱,指"典藏与征集""研究与鉴定""陈列与展览""教育与传播""文化创意""信息化与高科技的运用""文化交流""科学管理体系"。

架柱上梁,构建未来上海博物馆的巍峨大厦,锻造强大的博物馆文化,为建设卓越的全球城市添彩增光!

(原载翁铁慧主编:《上海文化年鉴2017》,《上海文化年鉴》编辑部,2017年)

试谈"遗产"概念及相关观念的变化

一、"爆炸"中的"遗产"概念

语词的变化,无时无刻不在我们瞬息万变的世界里发生。即便如此,"遗产"概念在 20 世纪下半叶所经历的嬗变,依然是那样醒目。因为,这个变化牵涉的面是如此之广(全球性的、各语种的),所产生的辐射力又是那般地深远(同样是全球性的,且进入千家万户)。似乎可以这样讲,这是近几十年来地球上人文类语词变化中影响最大、最广的例子之一。我们试从一篇法国学者的文章说起。

一位名叫皮埃尔·诺拉的法国历史学家,1997 年撰写了《一种正当其时的思想——法国对遗产的认识过程》一文。文章指出:"在过去的大约 20 年间,'遗产'的概念已经扩大——抑或爆炸——到如此程度,致使概念都发生了变化。较老的词典把此词主要定义为父母传给子女的财物,而新近的词典还把该词定义为历史的证据……整体上被认为是当今社会的继承物。"[1]诺拉的论断是建立在极其严谨的学术研究基础之上的。在此之前,仅仅在法国,就已有数位学者注意到了"遗产"概念的演变问题,并进行了十分深入细致的探讨。他们留下的重要文献有:安德烈·沙泰尔撰写的大百科全书词条《遗产》(1980 年),安德

---

[1] 载《信使》(*The UNESCO Courier*)1997 年第 12 期,龙治芳译。作者皮埃尔·诺拉(Pierre Nora),时任巴黎社会科学高等研究院研究部主任。

烈·沙泰尔与让-皮埃尔·巴比龙合写的文章《遗产的概念》（1980年），让-米歇尔·莱尼亚德的著作《法兰西乌托邦，关于遗产的评论》（1992年），安德烈·德瓦莱的文章《"遗产"一词的出现与演变》（1995年），多米尼克·普洛的专著《博物馆、国家和遗产》（1996年），等等①。皮埃尔·诺拉本人就是有关遗产问题的研究专家，主编过许多著作，如《纪念地》②。1994年他曾主持举办了一次法国的遗产研究会，并提交了题为《科学和遗产意识》的论文③。

皮埃尔·诺拉揭示的"遗产"概念爆炸和变化的现象，其实是全球性的，不同的是各地进入的时间有早有晚、或迟或速。以目前世界上最流行的语言英语而言，heritage（遗产）的内涵和外延在过去的几十年里同样得到了极大的拓展，以致在许许多多的场合，人们都不是在基于其本义使用它。world heritage（世界遗产），cultural heritage（文化遗产），natural heritage（自然遗产），类似的用语不胫而走，传扬于媒体、学术论著、官方文件和各种话语之中。再从我们所处的东亚世界来看，无论是汉语、日语还是韩语（这里只能揭举笔者比较熟悉的几个国家），"遗产"概念也都发生了相应的变化。

变化的原因可以追溯到很远，比如两百年前的法国大革命。而最直接的推动力，当出现于20世纪60年代。皮埃尔·诺拉在其文章中提到，1967年，巴黎大众艺术和传统博物馆开馆（这是一

---

① 安德烈·沙泰尔：《遗产》，《大百科全书》（补编）第1卷，巴黎，1980年，第41—49页；安德烈·沙泰尔、让-皮埃尔·巴比龙：《遗产的概念》，《艺术评论》第49期，1980年；让-米歇尔·莱尼亚德：《法兰西乌托邦，关于遗产的评论》，巴黎芒热出版社，1992年；安德烈·德瓦莱：《"遗产"一词的出现与演变》，《遗产、博物馆和领土》第208期，1995年3月；多米尼克·普洛：《博物馆、国家和遗产》，巴黎加利马尔出版社，1996年。
② 《纪念地》，巴黎，加利马尔出版社，1984年。
③ 这次研讨会的论文集于1997年由法国菲亚德出版社出版。

个具有象征意义的事件),此后,"遗产"概念及所涉及的领域,便突出地在以下三个方面不断地拓展:(1)因对19世纪的浓厚兴趣而激起的有关遗产的新意识,这种遗产意识往往与工业考古有关;(2)二战结束后的经济和改革浪潮,迅猛地冲走了一个曾经非常熟稔且令人怀念的生活世界,从而引发了对这个世界的见证包括舞蹈、歌曲、烹饪和手工艺品这类遗产的重视;(3)对非艺术、非历史的自然遗产、科技遗产及民间传说遗产的重视。我们注意到,于此前后,类似的情况在差不多的时代背景下陆续出现于欧美一些经济发达的国家。

也是从60年代开始,有人倡议在"世界遗产"概念之下开展有关国际性的合作行动。1965年美国的一次白宫会议建议设立"世界遗产信托基金",以促进国际社会共同保护"世界杰出的自然风景区和历史遗址"[①]。之后,"世界遗产"的概念越来越广泛地被用来协调和推进国际间的合作行动,以保护地球上那些具有特殊价值的特殊财富。1972年11月16日,诞生了《保护世界文化和自然遗产公约》(简称《世界遗产公约》)。在同日举行的联合国教科文组织大会上,还通过了《关于在国家一级保护文化和自然遗产的建议》。这两个文件对"文化遗产"和"自然遗产"的界说基本一致,不同的仅是"世界级"和"国家级"遗产各自蕴含的价值存在程度上的差异而已。

《世界遗产公约》是国际社会有关"遗产"问题影响最大的一个法律文件。迄今为止,已有150多个国家加入了《世界遗产公约》,遴选出690项文化或自然遗产列入《世界遗产名录》[②]。今日,对世界遗产项目的申请、准备、评审以及成功后的庆贺、宣传、维护,已

---

① 参见《何谓世界遗产》,《信使》1997年第12期。
② 据2001年2月2日联合国教科文组织网页 http://www.unesc.org 提供的资料。

成为许许多多国家和地区社会文化发展中的一件大事①。随着一个个国家加入《世界遗产公约》并付诸行动,对"遗产"的有关新意识、新观念也就在全球范围播散开来。公约签署国不管是有意还是无意,都卷入了"遗产"概念"爆炸"和变化的世界潮流之中。当然,遗产概念"爆炸"和变化的动因、内蕴,绝不限于此。

二、扩展过程一瞥
——以国际上几个法律术语为中心的考察

法律文件及其所用术语因其严谨、简洁、稳定有效,而往往对思想演变的进程产生格外重要的作用。现代"遗产"概念的变化就非常突出地表现了这一点。但是要注意,这样说绝不意味着我们认为某个法律文件已经说透了有关"遗产"的意蕴,或已给出了"遗产"的标准化定义。我们想表述的只是:现代"遗产"概念受到了来自众多法律文件及其相关术语的滋养,并且是在这些不同文本和术语的共存甚至互补的关系中不断得到拓展、深化、充实。

承上所述,《世界遗产公约》(包括《关于在国家一级保护文化和自然遗产的建议》)对"遗产"的诠解,扩展了该词的内涵和外延,极大地影响了这一概念在当代社会的演变。但是必须看到,《世界遗产公约》没有也不可能就这一概念作出一个比较详明的解释。原因很简单,该公约所言"遗产"并不涵盖所有(作为特殊财富的)遗产的内容,它试图保护的只是(作为特殊财富的)遗产中的一部分,即主要是"不可移动"的部分。用该公约的原话来说,是指以下六项:

---

① 2000年3月23日,笔者赴日本名胜日光游览,由于日光恰好于1999年12月被评为世界遗产,所以当地似乎还处在庆贺的余兴之中,所经之处不断能看到有关的横幅、标语、宣传品。又,在日本,凡被列入世界遗产的景点或参观地,都树有赫然醒目的标示物。我想,中国与日本,东海与西海,此情此景大概都是相同的。由此足见"世界遗产"之魅力。

(1) monuments,汉语中似乎没有贴切的对应词,国家文物局法制处的翻译文本称之为"文物"①,但原词明显地包含有"纪念物"的含义。

(2) groups of buildings,即建筑群。

(3) sites,即遗址。

(以上三项系"文化遗产")

(4) natural features……即某些自然面貌。

(5) geological and physiographical formation and precisely delineated areas……即某些地质和自然地理结构以及明确划定的(受威胁的动物和植物生长)地区。

(6) natural sites or precisely delineated areas……即某些天然名胜或明确划定的区域。

(后三项系"自然遗产")

在联合国教科文组织的文件中,有时会使用另一个相关的概念即"文化财产"(Cultural Property),以指称"可移动"的那部分遗产,这时此"文化财产"便与《世界遗产公约》中的"文化遗产""自然遗产"构成一种大致上既对应又互补的关系。典型者如1970年通过的《关于禁止和防止非法进出口文化财产和非法转让其所有权的方法的公约》,以及1976年通过的《关于文化财产国际交流的建议》。其中《关于文化财产国际交流的建议》给"文化财产"下了这样一个定义,即它是:

> 具有或可能具有历史、艺术、科学或技术价值和意义的作为人类创造或自然进化表现和明证的实物,包括……:

---

① 《保护世界文化和自然遗产公约》,载国家文物局法制处编:《国际保护文化遗产法律文件选编》,紫禁城出版社,1993年,第75页。本文对该公约的引用均参考此中译本,英文本则据 http://www.unesc.org。

（A）动物的、植物的及地质的标本；（B）考古实物；（C）具有人种学意义的物品及文献；（D）美术和工艺作品；(E）文学、音乐、摄影及电影作品；（F）档案及文献。①

但另外一些时候，"文化财产"又被用以指称包括"可移动"与"不可移动"两方面都在内的遗产，如《武装冲突情况下保护文化财产公约》(1954年)和《关于保护受到公共或私人工程危害的文化财产的建议》(1968年)。前一文件曾列举作为"文化财产"的各项内容，其中的一项是："对每一民族文化遗产具有重大意义的可移动或不可移动的财产。"②由于这样一种"文化财产"(概念)可以兼涉"可移动"与"不可移动"两个方面，所以有时使用它时又在其前面置上一个定语(如"可移动")，像1978年通过的《关于保护可移动文化财产的建议》那样。

有关国际组织或政府间的文件还采用过"考古遗产""历史遗产""艺术遗产"等语汇，见《保护考古遗产的欧洲公约》(1969年)、《美洲国家保护考古、历史及艺术遗产公约》(1976年)、《考古遗产保护与管理宪章》(国际古迹遗址理事会，1990年)等。

下面我们再引入几个来自日本的概念。日本的《文化财保护法》(最初颁布于1950年)为"遗产"构造了另一套分类体系和专业语汇。该法第一章"总则"第二条指出，"文化财"包括5项内容：

（1）有形文化财，指具有较高价值的建筑物、绘画、雕刻、工艺品、书籍、书法、古代文书及其他有形的文化载体，包括考古资料和历史资料。

（2）无形文化财，指具有较高价值的戏剧、音乐、工艺技术及

---

① 《关于文化财产国际交流的建议》，载《国际保护文化遗产法律文件选编》，第116页。
② 《武装冲突情况下保护文化财产公约》，载《国际保护文化遗产法律文件选编》，第1页。

其他无形的文化载体。

（3）民俗文化财，又分为无形民俗文化财和有形民俗文化财，前者指对于认识日本国民生活的承袭和发展不可欠缺的有关的风俗习惯、民俗技能，后者指反映上述内容的种种物品，包括衣服、器具、工具、家具、房屋等。

（4）纪念物，指具有较高价值的 a. 贝冢、古坟、都城址、城址、民居及其他遗迹，b. 庭园、桥梁、峡谷、海滨、山岳及其他名胜地，c. 动物、植物及地质矿物。

（5）传统建筑物群。①

《文化财保护法》所体现的"遗产"理念有其独到之处，特别是专门列出"无形文化财"及"无形民俗文化财"，将遗产保护的内容扩大到了无形的部分。从而，作为保护对象的"遗产"便突破了局限于物质性遗存的框限，也跨出了早先被设定的"不可再生"的特性范围②。无形遗产被引入管理和保存的视野，无疑是遗产保护事业发展道路上的一件大事。

日本保护无形遗产的理论和实践，逐渐地在国际社会产生影响。首先是在亚洲，如韩国。联合国教科文组织则在 1977 年正式接受了这一观念并着手开展工作。日本学者河野靖在他整理的国际社会遗产保护大事记里，在 1977 年下特意标明："联合国教科文组织，无形文化遗产保存事业开始。"③据河野靖先生的研究，联合国教科文组织对无形遗产观念的受容及付诸实践，经历了一个过程。首先是 1977 年，在遗产保护方面的《联合国教科文组织第一

---

① 详见日本《文化财保护法》，王军译，收入王军：《日本的文化财保护·附录》，文物出版社，1997年。
② 对"无形文化财"及"无形民俗文化财"的保护，往往是通过对某些人（技艺、技能或风俗的保有者）的"保护"得到体现的。所以只要这些人在，并辅以相应的外在条件，"无形文化财"或"无形民俗文化财"就能不断地再现。
③ 《文化遗产关系略年表》，此大事记收入河野靖撰写的《文化遗产的保存与国际协力》一书，日本风响社，1995年。

次中期计划(1977—1983年)》中提出文化遗产由有形与无形两部分组成。但该计划其实绝少提到无形遗产保护的具体内容，仅仅在"艺术振兴"项目里略微作了些考虑。到制定《第二次中期计划(1984—1989年)》时，情况有了进一步的改变。已将文化遗产明确区分为有形与无形两大类，并一并给予规划；而且，"无形文化遗产"的内涵也得到了很大的拓展，不再囿于"艺术"的范围。河野靖还认为，国际上曾使用 nonphysical cultural heritage 来表述"无形文化遗产"，后发觉不妥，还是改用日语"无形文化财"的对译词：intangible cultural heritage①。

总之，现代社会文化发展视野中的"遗产"是一个大概念，上述法律文件及其使用的术语如"世界遗产""文化遗产""自然遗产""文化财产"以及"考古遗产""历史遗产""艺术遗产"，或者"文化财"等，共同参与拓展了这个词语的容量。本文无意寻找或拟出一个关于"遗产"的完整定义，因为这并非本文的目的。笔者在此想做的，只是揭示近几十年来"遗产"概念所发生的变化，或者更确切地说，是列举在这个变化过程中的若干现象，进而显示现代人类在这个词语上赋予了多大的容受度，及容受了什么。

三、观念的变化：以共享意识与环境意识为例

"遗产"概念爆炸和变化的意义，绝不单单体现于这个词在逻辑学上所讲的内涵和外延的扩展，还更深层次地反映在与这个词相联系的一系列思想观念的转变上。在这方面表现得最显露也最容易为人把握的，是对"遗产"的共享意识。

既然是作为人类的或民族的、国家的遗产，那么这些被称作"遗产"的特殊财富的价值和意义，就必须为人民所共同享有。对

---

① 《文化遗产关系略年表》，此大事记收入河野靖撰写的《文化遗产的保存与国际协力》一书。

遗产的保存、管理和公开、展示的出发点及其目的，也就只能是为了尽可能地满足人民（包括其后代）出自这天赋人权的各种需要。正由于此，"遗产"概念的变化可以远溯至法国大革命。而换个角度看，当今世界"遗产"概念的爆炸和变化，以及皮埃尔·诺拉所指出的"所有国家，无论是民主国家还是非民主国家，都感受到了一种对文化财产日趋强烈的关注"①，便从一个侧面反映了现代人类社会所发生的一种极其深刻的变化。这一变化的进程，受到了来自包括遗产保护事业在内的各种力量的推动。

现代遗产保护观念涉及方方面面的诸多内涵，本文无法一一细说，下面想集中就遗产保护中的环境意识问题作一论述。

我们首先引入"环境权"概念。四十年前，一位德国的医生向"欧洲人权委员会"提出，向大海倾倒废弃物属于侵犯人权的行为。由此，围绕着人类是否拥有一种对于环境的权利，和这种权利是否应追加进欧洲人权清单，引出了一场争议。此后，伴随日趋严重的环境污染和破坏问题的出现，保护环境的重要性和紧迫性愈加凸显，从而"环境权"一说也就逐步为世人所认同。

1972年6月，在瑞典斯德哥尔摩举行的联合国人类环境会议上，通过了《人类环境宣言》和《人类环境行动计划》两个文件。《宣言》申明：人类拥有一种在能够过尊严和幸福生活的环境中，享受自由、平等和充足的生活条件的基本权利，同时也负有为当代和将来世世代代保护和改善环境的神圣责任。一般认为，这是国际社会首次确认环境权。次年，维也纳欧洲环境部长会议再次肯定了环境权是"人权"的基本内容之一，大会制定了《欧洲自然资源人权草案》，以此作为《世界人权宣言》（联合国，1948年）的补充。

---

① 皮埃尔·诺拉：《一种正当其时的思想——法国对遗产的认识过程》，《信使》1997年第12期。

环境权是现代人权观念的一个重要拓展，它的出现和普及极大地推动了日益高涨的环境保护运动，进而深刻影响了20世纪下半叶政治、经济和文化的变化、发展。但众所周知，环境包括自然环境（又称天然环境）与人为环境（又称人文环境）。前者指地球在发展演变过程中自然形成的、未受人类干预或只受轻微干预、尚保持自然风貌的环境，如野生动植物、原始森林、海洋等。后者指在自然环境的基础上经过人类改造或创造的、体现了人类文明的环境，如水库、道路、公园、房屋、城市等。1960年由那位德国医生引发的有关"环境权"的话题，尚仅仅是针对自然环境而言的。不过，这种单一的对于环境的思路很快就被改变了。

20世纪60年代，西方一些国家逐渐将文化遗产、文化财产这类人文性因素归入"环境"，强调给予其保护的重要性，有的还予以法律化。1970年1月1日生效的美国《国家环境政策法》（The National Environment Policy Act），虽说主要是为了保护自然环境而制定的，却也涉及了人文环境的若干问题。该法案要求社会各界运用各种方法来保护国家重要的历史、文化和民族遗产，比如，有关部门在各种工程建设中必须承担保护文化遗产的义务，在一切基本建设实施之前都不能缺少对文化遗产的调查、发掘和保护这个重要环节。

1972年颁布的《人类环境宣言》进一步明确提出，人类的环境权涵盖自然和人文两个方面，并从这样的高度阐明了环境与人类之间互相影响、互相作用的关系。该《宣言》开宗明义地指出："人类既是他的环境的创造物，又是他的环境的创造者。环境给予人以维持生存的东西，并给他提供了在智力、道德、社会和精神等方面获得发展的机会。……人类环境的两个方面，即天然和人为的两个方面，对于人类的幸福和对于享受基本人权，甚至生存权利本身,都是必不可少的。"①

与《宣言》同时发表的《人类环境行动计划》,更着意将保护人文环境的理念付诸实践。《计划》包含109条建议,由环境评价、环境管理和支持措施三个方面的内容组成。其中第98条建议提出,应尽快缔结保护世界文化和自然遗产的国际公约。正是在现代环境意识的影响下,促成了《世界遗产公约》的诞生。此后,这样的环境意识越来越在国际社会的各项事务中凸显出来。1986年12月联合国教科文组织通过题为《世界文化发展十年(1988—1997年)》的报告,提出了对未来十年文化发展的战略构想。报告将其战略思想的根本点归结为如下一句话:"凡涉及文化行动……任何不考虑某个特定人群的自然和文化环境的项目就有失败的危险。"报告还指出,这个提法的目的在于"在经济和技术发展中将文化和人的价值恢复到中心的位置上"②。

人是有文化的生物。她之所以珍视作为人文环境内容之一的文化遗产,若从人类本性的角度入手加以探究,至少可作以下两点分析。

其一,人类离不开文化的多样性。多样性问题是晚近以来国际学术界讨论的一个热点,尤其在"生物多样性"方面,目前已形成了许多共识(比如1992年国际社会通过了《生物多样性公约》,即里约公约),并引起社会的广泛关注。而"文化多样性",其实与"生物多样性"同样重要。因为:(1)从人类的历史看,正是在不同文化的长期交融和碰撞过程中,才得以产生今天的地球文明。换言

---

① 本文在引述环境法方面的资料时,参考了以下几本书:马骧聪主编:《国际环境法导论》,社会科学文献出版社,1994年;叶明照编著:《国际环境法概论》,厦门大学出版社,1992年;吕忠梅主编:《环境资源法》,中国政法大学出版社,1999年;韩德培主编:《环境保护法教程》,法律出版社,1986年。
② 联合国教科文组织编:《世界文化发展十年实用指南(1988—1997)》,北京大学出版社,1989年,第14页。

之,文化的多样性创造了今日的人类。(2)从现代人类的行为方式看。比如,今天的人们正以前所未有的兴趣、规模和方式,积极开展各种旅游和探险活动,急切地希望接触和了解异文化或先辈留下的文化遗存,这从内心深处表现出对文化多样性的渴求。世界各地的文化遗产正是"文化多样性"的一种生动体现。此话也可以这样说:各国、各个地区面貌各异、形态纷杂的文化遗产,构成了一个"文化多样性"的世界。

其二,人类是有记忆的,并需要不断地通过各种不同形式的"怀旧"手段,借以抚慰心灵和抒发情性。人类还将自己的记忆能力"移接"到某些物质载体上,所以大家称文化遗产是"历史的见证"。这些见证物也就理所当然地成为人类的生存条件之一。曾有一个很生动的事例,引述如下:巴西在20世纪60年代初建造了一个全新的首都——巴西里亚,当时的设计及规划在世界上获得很高的评价。但是没有料到的是,当80年代实行双休制后,问题一下子就爆发了。一到周末,人们就像逃避瘟疫一样离开这座城市,回到里约热内卢,从而留下一座空城并引发出一大堆治安及城市管理问题。当时巴西一家很有影响的报纸以"巴西里亚的人都到哪里去了?回家去了"为题,对此事作了报道。文章讲:"巴西里亚的人说要回到老祖母那里去,在昏暗的灯光下,喝一杯自己研磨的热咖啡。"这一例子说明了在人的高贵天性中,包含或潜伏着不断与先辈进行对话、沟通的欲求和冲动,此可谓精神上的"回家"。由此而言,文化遗产为人类连接过去和现在架设了桥梁,也为从今天走向明天提供了不可或缺的精神食粮。故而也就可以明白,为什么一个国家对博物馆和遗产保护工作的重视程度,往往与其社会经济文化的发展水平是成正比的。

概括而言,文化遗产可以提供,或者参与营造出一种适宜于人的生存和发展的人文环境。而这,对于生活在工业化进程所模塑出的、千孔一面的钢筋水泥柱子"森林"中的现代人来讲,意义尤甚。因此保护文化遗产以及自然遗产,事关能否为社会和人的发展提供一个良好的环境。正如联合国教科文组织文件《关于在国家一级保护文化和自然遗产的建议》所言的:"在生活条件加速变化的社会中,为人保存与其相称的生活环境,使之在其中接触到大自然和先辈遗留的文明见证,这对人的平衡和发展十分重要。为此,应该使文化遗产和自然遗产在社会生活中发挥积极的作用,并把当代成就、昔日价值和自然之美纳入一个整体规划加以考虑。"①

四、"文化遗产"在中国

语词变化留下的印痕,是借以考察和辨识思想转变、观念更迭、社会变迁的好材料。以这样的眼光看问题,那些由语词"化石"在不同时代遗留下的堆积层面,就获得了类似于考古学中的地层的含义。循此入手,也就可以接近福柯(Michel Foucault)所说的"知识考古学"。在结束本文的这回知识考古的旅程之前,我们有必要再来关注一下中国的情况。

将"遗产"或"文化遗产"引申为比较广义的"前辈留下的特殊财富",在中国是比较早的。1933年,胡适在美国芝加哥大学发表著名的演讲《中国的文艺复兴》,内中就提到"文化遗产"。他说道:"非常奇异的是,这场新的运动(按:指五四新文化运动)却是由那些懂得他们的文化遗产而且试图用新的现代历史批评和探索方法来研究这个遗产的人来领导的。"②后来"遗产"概念在汉语词典中

---

① 《关于在国家一级保护文化和自然遗产的建议》,载《国际保护文化遗产法律文件选编》,第88页。笔者对译文做了若干改动。
② Shih Hu(胡适),*The Chinese Renaissance*,Chicago,1934,Chap Ⅲ,p.44。译文转引自朱维铮:《音调未定的传统》,辽宁教育出版社1995年,第64页。

长期被解释为:"借指历史上遗留下来的精神财富和物质财富。"①

尽管"遗产"早被用来喻指"精神财富和物质财富",内容大到似乎可以无所不包,但其真实的内涵(逻辑学意义上的和思想层面上的)在相当长的时间里却是相当有限的(与今日相比)。比如,它经常地只用来指称思想性的精神遗产,上面那段胡适的话和下面一句毛泽东的名言——"从孔夫子到孙中山,我们应当给以总结,承继这一份珍贵的遗产",就是这样使用"遗产"概念的。或者,它仅用以指称某些特定的遗产,如"文学遗产"(有个文学研究刊物叫《文学遗产》)。上述用词方式及蕴含其中的思维定式,直到今天仍可在我们身边经常看到。例如1990年出版的《汉语大词典》第六卷就将"文化遗产"定义为:"人类历史遗留下来的精神财富的总和。"②

有时,也将文物唤作"文化遗产"。但考虑到习惯上仅将"文化遗产"理解为精神性的遗产,为了以示区别,所以通常又在其前面加上"历史"两字,构成"历史文化遗产"一词,就像《中国文物保护法》第1条概括的那样。这种情况在目前仍相当常见,如一个叫"中国历史文化遗产保护网"的网站名。这个网站名的英译就省去了"历史",只叫"The Chinese Cultural Heritage Protection Web Site"。然而,即使是1982年的《中国文物保护法》里的这个"历史文化遗产",它所包含的内容(共5项)也远比前文所阐明的"遗产"构成要素要少。

更重要的是观念上的差异。像环境意识,好像是最近几年才得到注意并开始有所谈论的;共享意识,也基本上是改革开放以后

---

① 中国社会科学院语言研究所词典编辑室编:《现代汉语词典》。笔者查阅了这部在中国颇具权威性的词典的4个版本(分别是1973年版的试用本,1978年的第1版,1983年的第2版,1996年的修订第3版),它们都对"遗产"做了如上的解释,丝毫不变,极其稳定。
② 汉语大词典编辑委员会、汉语大词典编纂处:《汉语大词典》第六卷,汉语大词典出版社,1990年,第1515页。

逐渐培育起来的。虽然早先也谈继承"人类的优秀遗产",但有一个时期却过多地并且是简单化地从意识形态方面的标准出发来衡估和处理这类问题。如此一来,"遗产"的属性就难免被扭曲,有时甚至沦为搞"阶级斗争"的道具。

20 世纪 90 年代以后,随着中国现代化事业的全面推进,和文博工作与国际交流的更趋密切,新的"遗产"概念开始形成和确立。表征姑举三点:

(1)"遗产"一词的重心从"思想"的层面转移到"物质"或"环境"的层面,也就是转移到需要加以"管理"和"保存"的那些对象上面。"遗产"概念与文博工作的相关度越来越紧密[①]。

(2) 中国文博界的一些学者觉察到现有的文物概念存在缺陷,对于推进中国文博事业的发展明显不利,因此倡导树立"大文物"观念。所谓"大文物",说白了就是本文讲的"遗产"。所以在 1997 年的一个名为"历史研究与历史文化资源的开发和利用"的学术沙龙的发言中,笔者曾提出应"确立与'文化遗产'相对应的大文物概念",并改进和提高研究方法与管理方法[②]。

(3)"遗产"概念受到来自社会各方面的呼应和支撑,保护文化或自然"遗产"的意识明显增强。尤其是新闻媒体,对文化或自然"遗产"问题给予了高度关注,成为追踪报道的热点之一。

正是在这样的背景之下,复旦大学文物与博物馆学系于 1998 年着手创办《文化遗产研究集刊》。刊名是经过慎重考虑的[③],其中蕴涵着我们对中国文博事业以及中国文化发展的许多思考,同时还寄寓了我们试图对上述潮流有所推引的希冀。笔者曾在第 1

[①] 目前,"文化遗产"的提法在中国文博界已相当普遍,并已约定俗成。以 2000 年 11 月 12 日《中国文物报》为例,"文化遗产"仅在各类文章的标题中就出现了 3 次,比如"故宫文化遗产数字化应用研究"等。
[②] 杨志刚:《文化遗产:新意识与新课题》,《复旦学报》1997 年第 4 期。
[③] 恕我孤陋寡闻,这好像是中国第一本以"文化遗产"为名的刊物。

辑的"编后记"中阐述了本刊的若干宗旨和追求,但未及就刊名中的"文化遗产"概念予以说明。名不正,则言不顺,这不能不说是留下了一个缺憾。是故,本文也可算是对本刊编辑思想所做的一个补充说明。

(原载复旦大学文物与博物馆学系编:《文化遗产研究集刊》第2辑,上海古籍出版社,2001年)

遗产的新类型及保护新思维

近十几年来,国际遗产保护领域思想活跃,新说纷呈,有关行动成效卓著,不仅传递、积累了知识,更推动了文化的传承和交流,同时也有力地改进了人类的生存环境和生活质量,提升了人类对于生活品质的理解和信念。反映在由联合国教科文组织倡导并推动的世界遗产项目(本项目已演变为一场波及全球的运动和潮流)方面,容易观察到的是,遗产类型不断丰富,遗产的话语持续扩张,与遗产相关的活动增进了跨文化的交往和彼此的理解与融合,也切切实实地影响了人类的生活现实及理想蓝图。本文分两部分,先说遗产的新类型,后论与此相关的新思维。希望借此梳理世界遗产项目(或运动)发展的若干轨迹,找寻和总结包蕴其中的深刻智慧,并以此来思考如何消弭和治理本项目展开过程中所隐含或引发的问题。

一

笔者将依据联合国教科文组织(或具有联合国教科文组织背景)的相关国际文件,论述 20 世纪 90 年代以来逐步定型的遗产新类型。

1. 文化景观

1992 年,《实施世界遗产公约的操作指南》[①](以下简称《操作

---

① 英文名为 Operational Guidelines for the Implementation of the World Heritage Convention,由 1977 年第一届世界遗产委员会大会(法国巴黎)通过,为《保护世界文化和自然遗产公约》(本文简称《世界遗产公约》,1972 年制定并通过,1975 年 12 月生效)的实施提供细则,对有关程序、标准作出具体规定。《操作指南》可由世界遗产委员会修订,以反映遗产领域新的概念、知识和经验,适应并推动遗产事业的发展。1992 年第十六届世界遗产大会(美国圣菲)通过对《操作指南》的修订,正式确立"文化景观"。

指南》)提出将文化景观(cultural landscape)列入《世界遗产名录》,并确定了文化景观的特征和标准。文化景观被认为是"自然与人类的共同结晶",包含了"各种人类与自然环境互动的情况","反映的是能持续使用土地的特殊手段,其所处的自然环境的特性及局限性,以及它与自然之间特殊的精神联系"[①]。根据《操作指南》,文化景观主要分成三类,分别是:

(1) 最易于辨别的,由人类设计并创造、具有明确规划的景观。包括通常与宗教或其他纪念性和整体性建筑相关的、具有美学意义的花园或广场景观。

(2) 有机发展出来的景观。最初形成于社会、文化、行政或宗教要求,并在与自然环境相适应之中发展成当前的形式。这种景观反映了其形式的演变过程及构成特点,又分成残留(或化石)类景观和连续类景观两小类。连续类景观在近代社会仍保持积极的社会作用。

(3) 综合类文化景观,它需具备通过某些物质遗产所展现的强烈的宗教、艺术或文化影响,而其中物质遗产本身的意义则居其次,或不复存在。

1995 年,菲律宾水稻梯田(Rice Terraces of the Philippine Cordilleras)以文化景观列入《世界遗产名录》。其后,中国庐山(Lushan National Park,1996 年)、法国圣埃米利昂葡萄园(Jurisdiction of Saint-Emilion,1999 年)、匈牙利图加葡萄酒产区(Tokaj Wine Region Historic Cultural Landscape,2002 年)、阿富汗巴米扬河谷(Cultural Landscape and Archaeological Remains

---

① 见《操作指南》,中文文本据中国联合国教科文组织全国委员会、联合国教科文组织驻北京办事处 2004 年 4 月颁布的文稿,收入北京大学世界遗产研究中心编:《世界遗产相关文件选编》,北京大学出版社,2005 年。英文文本据联合国教科文组织网站。

of the Bamiyan Valley，2003年）等遗产，作为文化景观列入名录。1997年第12期《信使》曾刊发戴维·洛温塔尔①撰写的《文化景观》一文，指出文化景观在观察者眼里体现出多种类型的特点，是大自然与文化的一种复杂和持续的结合体。文化景观在许多方面都与其他世界遗产遗址大不相同。它们从本质上说广阔无垠，占地面积超过建筑型遗产。建筑型遗产遗址一般是作为具有高度艺术性的杰作和宝库而被选定的，但景观则往往具有更广泛、更普遍的吸引力。

有中国学者评论："作为一个单独的遗产类别，文化景观以独特的视角和选取的范围，既不同于文化遗产对文化的倾情关注，也与自然遗产对自然的关爱有所区别。它主要体现的，是人类长期的生产、生活与大自然所达成的一种和谐与平衡，与以往的单纯层面的遗产相比，它更强调人与环境共存共荣、可持续发展的理念。从这个意义上来看，文化景观遗产的确定，标志着现代人类文明的一大进步。"②这有助于理解文化景观这一遗产类型及其意义。

2. 工业遗产

对工业遗产的关注和保护起始于英国。19世纪末出现的"工业考古学"（industrial archaeology）致力于对工业遗迹和遗物的记录与保存，在改变考古学发展取向的同时，开始了对工业遗产的挖掘与保护。伴随工业化进程及后工业时代的到来，也伴随着相关理论探索及实践经验的积累，至20世纪50年代起，工业考古学逐步走向成熟。与此同时，有关工业遗产（industrial heritage，也可译作"产业遗产"）的思想也初步形成。1973年，英国成立了工业考古协会（AIA），又在铁桥峡谷博物馆——这里是世界铁桥的发

---

① 此为 The UNESCO Courier 的中文版。戴维·洛温塔尔（David Lowenthal），美国人，原伦敦大学学院教授，1996年出版著作 The Heritage Crusade and the Spoils of History。
② 刘红婴、王健民：《世界遗产概论》（第二版），中国旅游出版社，2005年，第128页。

源地、工业革命的重要发祥地之一——举办了第一届国际工业纪念物大会(FICCIM)。在1978年的第三届国际工业纪念物大会(瑞典)上,诞生了人类历史上第一个专门从事工业遗产保护的国际性组织——国际工业遗产保护委员会(TICCIH),国际古迹遗址理事会(ICOMOS)①即将其接纳为咨询机构。此后,保护工业遗产的浪潮逐步席卷已经完成工业化的国家,并扩散至全球。1999年,国际古迹遗址理事会和国际工业遗产保护委员会又签署协议,合作开展工业遗产的保护和研究。

自20世纪80年代开始,不断有工业遗产列入《世界遗产名录》,较早的如:法国的阿尔克-塞南皇家盐场(Royal Saltworks of Arc-et-Senans,1982年)、加德桥(Pont du Gard,1985年)②,英国的铁桥峡谷(Ironbridge Gorge,1986年)等。90年代以后,世界遗产项目对工业遗产给予更多的关注,德国的弗尔克林根铁工厂(Volklingen Ironworks,1994年)、埃森的煤矿工业群(The Zollverein Coal Mine Industrial Complex in Essen,2001年),荷兰的金德代克-埃尔斯豪特的风车网络(Mill Network at Kinderdijk-Elshout,1997年)、沃达蒸汽泵站(D. F. Wouda Steam Pumping Station,1998年),中国的青城山和都江堰灌溉工程(Mount qincheng and the Dujiangyan Irrigation System,2000年)等,纷纷进入名录。

2003年7月,国际工业遗产保护委员会通过《下塔吉尔宪章》③,

---

① 国际古迹遗址理事会是参与联合国教科文组织世界遗产工作的三大咨询机构之一,另外两个是:国际文化财产保护与修复研究中心(ICCROM)与国际保护自然和自然资源联盟(IUCN)。
② 又名罗马水道桥(Roman Aqueduct)。
③ 以会议的举行地俄国下塔吉尔(Nizhny Tagil)命名。该宪章开篇道:"国际工业遗产保护委员会是代表工业遗产的国际组织,并且是国际古迹遗址理事会关于工业遗产的特别咨询机构。本宪章由国际工业遗产保护委员会起草并递交国际古迹遗址理事会,获准后由联合国教科文组织最终确认通过。"宪章中文本参见天津文物信息网(http://www.tjwh.gov.cn)"文物博览"等提供的资料。

宪章明确了工业遗产的定义、价值,就其认定、记录、立法保护等进行了论述。它指出:"工业遗产包括具有历史、技术、社会、建筑或科学价值的工业文化遗存。这些遗存包括建筑物和机械、车间、作坊、工厂、矿场、提炼加工厂、仓库、能源生产转化利用地、运输和所有它的基础设施以及与工业有关的社会活动场所如住房、宗教场所等。……研究的场所主要集中在18世纪后半期工业革命开始至今的时间范围,同时也探索其早期前工业及原始工业的根源。"由此说来工业遗产具有广义和狭义两层含义:狭义的指工业革命以来的工业文化遗产;广义的则还包括原始工业和早期前工业的遗产,诸如中国的都江堰。

3. 历史地区和文化线路

根据1976年《关于历史地区的保护及其当代作用的建议案》[①],"历史地区(Historical Areas)是不可移动的遗产(Immovable Heritage)",特指人类居住地(或曾经的居住地),主要是城镇、村庄等地区。此后,作为不可移动遗产的历史城镇、街区备受关注,其特殊的个性又促使人们不断地思考制定出更具针对性的方案加以妥善保护。由此诞生了《保护历史城镇和城区宪章》,由国际古迹遗址理事会全体大会第八届会议于1987年通过[②]。上述观念很快被世

---

① 由当年11月在内罗毕举行的联合国教科文组织大会第十九届会议通过。该文件指出:"历史和建筑(包括本地的)地区"[Historic and architectural (including vernacular) areas]系指包含考古和古生物遗址的任何建筑群、结构和空旷地,它们构成城乡环境中的人类居住地,从考古、建筑、史前史、历史、艺术和社会文化的角度看,其凝聚力和价值已得到认可。在这些性质各异的地区中,可特别划分为以下各类:史前遗址(prehistoric sites)、历史城镇(historic towns)、老城区(old urban quarters)、村落(villages)和村庄(hamlets,按:指村址规模较小者)以及相似的古迹群(homogeneous monumental groups)。"见国家文物局法制处编:《国际保护文化遗产法律文件汇编》,第101—102页。英文本据国际古迹遗址理事会网站:http://www.icomos.org/unesco。

② 因会议在华盛顿举行,所以又叫《华盛顿宪章》。它指出:"本宪章涉及历史城区,不论大小,其中包括城市(cities)、城镇(towns)以及历史中心(historic centres)或居住区(quarters),也包括其自然的和人造的环境。除了它们的历史文献作用之外,这些地区体现着传统的城市文化的价值。今天,由于到处实行工业化而导致城镇发展的结果,许多这类地区正面临着威胁,遭到物理退化、破坏甚至毁灭。"见《国际保护文化遗产法律文件汇编》,第171页。

界遗产项目所吸收，1978年的《操作指南》就提出要对具有突出价值的城市规划进行保护，同年第二届世界遗产委员会公布的第一批世界遗产名单中，就有厄瓜多尔的奎多古城（City of Quito）、波兰的科瑞考历史中心地区（Cracow's Historic Centre），迄今已有一大批历史地区名列世界遗产榜中。"历史地区"越出了《世界遗产公约》对文化遗产所作的界定——该界定将文化遗产归为三类，即文物（monuments，又译作纪念物）、建筑群（groups of buildings）、遗址（sites）——而正式形成区域类遗产（或遗产区域）的概念。

在"历史地区"遗产类型的基础上，美国又率先提出了"遗产廊道"（Heritage Corridors）的保护和开发利用问题。所谓遗产廊道系一种带状的遗产区域，或是基于河流、峡谷、道路、运河、铁路线等已有的通道，或是经过有意的规划、整理、连接，由沿线一连串的遗产点与自然景色串联、缀合成的一个遗产综合体。遗产廊道融会、交织了自然和人文因素，构成一种距离不等、长短不一的景观路线，有学者称之为"文化线路""线性遗产"，属于一种带状的或线形的历史地区，依靠山系、水系或特定的通道而形成。

遗产廊道是"绿色通道"（Green Way）概念的伴生物。green代表绿色，表明存在自然或半自然植被的区域；way表示是人类、动物、植物、水等的通道，这是绿色通道的两个重要特征[①]。自20世纪五六十年代美国有学者提出绿色通道后，这一概念逐渐被大家接受并为官方使用，发起了美国绿色通道计划，目前发展了或正在修建的绿色通道计有600多条之多[②]。将绿色通道的思路与遗

---

① 参见王志芳、孙鹏：《遗产廊道———一种较新的遗产保护方法》，《中国园林》2001年第5期。
② 参见李让：《遗产廊道为大运河文化遗产整体保护提供新思路》，《中国文物报》2004年6月11日。

产区域的保护理念相结合,就产生了有关遗产廊道的提议和举措①。

遗产廊道的长度可以是几公里、几十公里,或上百公里;可以是一个城市中的一个水系,也可以是跨越几个城市、几个地区的某条道路、某个流域。其中包括各种不同的遗产,诸如各种历史建筑和构造物,博物馆、水族馆、动物园,野生生物保护地或生态系统,海滨公园,等等。遗产廊道将遗产保护与生态保护结合起来,将环境资源、休闲旅游、审美教育、经济发展等要素共同置于遗产区域框架内通盘考虑,集零散为整体,以追求和创造集合效应,这是其最大的特点,也是对当今遗产事业的一大贡献。事实上,美国的遗产廊道运动已成为地区发展的一种战略规划,成为整合地方资源以图可持续发展的一种有效方法。

由于遗产廊道不仅丰富了遗产的类型,也拓展了遗产保护的思想,并为此提供了更趋多样化的手段,所以很快为联合国教科文组织所青睐。《实施世界遗产公约的操作指南》增加了新的遗产种类——文化线路(cultural routes),一批遗产廊道逐渐列入《世界遗产名录》,如西班牙的圣地亚哥路线(Route of Santiago de Compostela, 1993年),日本纪伊山地的圣地和朝圣路线(Sacred Sites and Pilgrimage Routes in the Kii Mountain Range, 2004

---

① 美国学者还提出过环境廊道(environment corridor)概念,也是试图整合区域文化和自然景观资源,以发挥其更大的效益。美国国家级的遗产廊道由专门的组织或政府机构提名,经美国内政部国家公园管理部门组织评估,然后由国会审议通过。1984年,美国指定了第一条遗产廊道——伊利诺斯和密西根运河国家遗产廊道(Illinois and Michigan Canal National Heritage Corridors)。该廊道形成于19世纪三四十年代,连绵于密西根和伊利诺斯河之间。为将这一特殊类型的遗产纳入法制化保护的轨道,美国国会还专门制定了《1984年伊利诺斯和密西根运河国家遗产廊道法》。此后,美国国会又从一大批候选名单中遴选指定了9个国家遗产廊道,包括黑石河峡谷国家遗产廊道(Blackstone River Valley National Heritage Corridors)、特拉华和哈得孙运河国家遗产廊道(Delaware & Hudson Canal National Heritage Corridors)等。

年),以色列的熏香之路——内盖夫的沙漠城镇(Incense Route—Desert Cities in the Negev,2005 年)。

4. 无形遗产(非物质文化遗产)

1989 年,联合国教科文组织提出了第一个涉及无形遗产保护的公开性文件,即由第 25 届成员国大会通过的《保护传统和民间文化的建议案》(Recommendation on Safeguarding of Traditional Culture and Folklore)。该《建议案》呼吁,应加强对 folklore 的重视和保护。该词的本义是民间传说,然而这里应做广义的理解,即传统和大众的文化(folklore 这个词究竟应怎样翻译,以便完整地表达出其复杂和丰富的内涵,还有待探讨)。它们具有重要的、独特的精神价值,却又极其脆弱,面临着消亡的威胁。《建议案》为以后的无形遗产保护工作提供了一个总体框架,分 7 个方面:

(1) 界定(definition)。指出 folklore 的形式包括语言、文学、音乐、舞蹈、游戏、神话、仪式、习俗、手工艺、建造术,及其他艺术形式。它们的标准和价值主要靠口头相传。

(2) 确认(identification)。即搜集、编目,形成系统的记录。

(3) 保存(conservation)。用有形的形态将其保存下来并能得到利用,如建立档案库,建造博物馆或博物馆中用以展示传统和大众文化的专区。

(4) 保护(preservation)。指保护这些传统本身,及其传播者。

(5) 传播(dissemination)。通过展示活动、节日、影片、讨论班、训练课程、研讨会等各种形式,或借助出版、电视、广播等媒体,促进大众对 folklore 的了解和认识。

(6) 保护(protection)。这里特指对与 folklore 相关的智力成果在现今法制社会中各种权利的保护。

(7) 国际合作(international co-operation)。通过国家之间各种形式的合作,促进对 folklore 的保护。

在 1989 年的建议案基础上,联合国教科文组织展开了全球范围的无形遗产调查。至 2001 年 5 月,首次评选出第一批"人类口头和非物质遗产代表作"(Masterpieces of the Oral and Intangible Heritage of Humanity)①。在这个遴选活动中,又提出了两个关于无形遗产的新概念:(1)文化空间,(2)传统和大众的文化表达形式。"人类口头和非物质遗产代表作"所评选的,就是一些"文化空间"(culture space)②,或"传统和大众的文化表达形式"(traditional and popular forms of cultural expression)③。2001 年提出的代表作名录具体分为 6 类(associated themes):

(1) 文化空间(Cultural Spaces)

(2) 传统技艺(Traditional Knowledge and Know-how)

(3) 传统口头表演(Oral Tradition)

(4) 表演艺术(Performing Art)

(5) 传统音乐(Traditional Music)

---

① 之所以将"口头遗产"(又译作"口述遗产")与"非物质遗产"并列连称,笔者觉得,不是因为"口头遗产"独立于"非物质遗产"之外,而是为了突出表明口耳相传对于这类遗产的传承具有极端的重要性。"口头遗产"属于"非物质遗产"的范畴,但为了予以强调,特意将其抽出并置放在"非物质遗产"概念之前。这种做法,应该说是 1989 年建议案的顺理成章的延续,因为该文件关注和讨论的核心是 folklore,并且郑重地表明,其标准和价值主要靠口头相传。这是潜藏在"人类口头和非物质遗产代表作"这个工作术语后面的深层逻辑。另,"非物质遗产"一般意义上即"无形遗产",它们是中文的两种不同译法而已。

② 文化空间指的是一处或几处传统和大众文化活动集中,或经常有规律举行的场所。它不同于遗址(site)。遗址是那些有着能够体现人类才能的遗迹的地方。打个比喻,遗址属于"过去时态";而文化空间则是"现在完成进行时态",即,这个空间里的那些特定的文化活动仍在继续之中。在联合国教科文组织的网页上,就强调"文化空间"是作为一个人类学的概念。2001 年评选出的 19 项"人类口头和非物质遗产代表作"中,文化空间占了 5 项,如摩洛哥的杰马埃尔弗纳广场的文化空间,乌兹别克斯坦的鲍依森地区的文化空间等。

③ 指的是语言、口头文学、音乐、舞蹈、游戏、神话、仪式、习俗、手工艺、建造术及其他艺术,它们都是用以人际沟通和交流的传统形式。19 项代表作中,中国的昆曲、印度的库提亚达姆梵剧、韩国的皇家宗庙祭祖仪式及音乐等,即属此类。文化空间与传统和大众的文化表达形式既有联系,又存在差别。前者离不开后者,换言之,前者是呈现后者的一个固定或有规律的场所。但后者不一定依赖前者。

（6）宗教与节日仪式（Ritual and Festival Event）

2003年和2005年又分别评选出"人类口头和非物质遗产代表作"第二批28项、第三批43项。2003年10月17日联合国教科文组织通过《保护非物质文化遗产公约》[①]。

5. 档案文献遗产

在可移动文化遗产中,档案文献资料是一个比较特殊、在管理上也相对独立的种类。一般的可移动文化遗产收藏或陈列于博物馆和私人住所,而大量的档案文献则由图书馆、档案馆保存。

1972年《世界遗产公约》引发了对自然和人工环境中珍贵的不可移动遗产的关注,进而,也触发了人类保护其他类型遗产的巨大热情。1992年,联合国教科文组织发起"世界记忆工程"（Memory of the World Programme）,以作为世界遗产项目的延伸。其关注的重点是文献遗产（documentary heritage）[②],目的是对手稿、图书馆和档案馆保存的任何介质的珍贵文件,以及口述历史的记录等展开及时和必要的保护与管理。

世界记忆工程有4个目标,它们同样重要且互为补充：

（1）保护。采用最佳的技术手段保护具有世界意义的文献遗产,并鼓励对具有国家和地区意义的文献遗产的保护。

（2）利用。让文献遗产得到最大限度的、不受任何歧视的平等利用（按：这里强调的是对遗产共享和利用的民主化,即只要是

[①] 2004年8月,经全国人大常委会批准,中华人民共和国正式加入《保护非物质文化遗产公约》。而1972年的《世界遗产公约》是迟至1985年12月才加入的,相隔了十多年。

[②] 联合国教科文组织网站有关页面在醒目的位置这样描述文献遗产：Documentary heritage reflects the diversity of languages, peoples and cultures. It is the mirror of the world and its memory. But this memory is fragile. Every day, irreplaceable parts of this memory disappear for ever. 见 http://www.unesco.org/webworld/mdm/en/index_mdm.html。

根据本国档案法可以开放的档案文献,就应该一视同仁地对任何人开放。世界记忆工程同时强调保护的目的在于利用,而利用又是争取进一步保护的最佳手段)。

(3)产品的销售。开发以文献遗产为基础的各种产品并广泛推销(赢利所得的资金也用于文献遗产的保护)。

(4)认识。提高世界各国对其文献遗产特别是对具有世界意义的文献遗产的认识①。

与保护世界遗产地的做法一样,世界记忆工程对人类文献遗产进行权威性的评估与登录,形成一部《世界记忆名录》(The Memory of the World Register),以促进对列入名录的文献遗产的抢救和保护。世界记忆工程成立了国际咨询委员会,由该委员会负责鉴定哪些文献遗产可以列入名录。1997年,确定了第一批共38项文献遗产列入名单。以后每隔一年增补一次,1999年确定了9项,2001年确定21项,2003年确定23项。例如:埃及苏伊士运河的相关文献(The Memory of the Suez Canal,1997年),俄帝国时代的地图(Maps of the Russian Empire and Its Collection of the 18th Century,1997年),德国歌德的著作原稿(The Literary Estate of Goethe,2001年),德国古登堡1455年印制的欧洲第一部印本书《四十二行圣经》(42-line Gutenberg Bible,2001年)。

6. 数字遗产

随着电脑技术的不断普及、数字化生存方式的愈益深入,一种全新的遗产类型又逐渐形成,那就是数字遗产(digital heritage)。

数字遗产由人类的知识和表达方式的独特资源组成。它包括以数字方式生成的或从现有的模拟资源转化成数字形式

---

① 参见许虹:《中国档案走进"世界记忆工程"》,《中国文物报》2003年4月11日。

的有关文化、教育、科学和行政管理的资源及有关技术、法律、医学及其他领域的信息。那些"原生数字"资源,除了数字形式外,别无其他形式。

数字资源的形式多种多样,且日益增多,包括文字、数据库、静止的和活动的图像、声音和图表、软件和网页等。它们存在的时间不长,需要有意地制作、维护和管理才能保存下来。

这类资源大多具有长久的价值和意义,因而是一种应为当代人和后代人而加以保护和保存的遗产。各种语言、世界各地和人类的各种知识或表达方式都可能有这种呈增长趋势的遗产。①

数字遗产包括从病历到 DVD 影碟,从卫星监视数据到网站呈现的多媒体,从超市收银机里的消费数据到人类基因组的科研数据文件,从新闻档案到图书馆的目录等内容。联合国教科文组织很早就关注数字遗产的保护问题。一些国家和组织在 20 世纪 80 年代即着手拟定电子文书(electronic records)保护的有关标准,以后不断举行研讨会等有关活动,从管理、内容、技术、相关资源运用等多个角度,展开数字档案保护策略的思考②。

终于在 2002 年 11 月,联合国教科文组织经广泛征求各国对数字化产品的保护意见后,制定出《数字遗产保护宪章》,它说:"注意到信息和创造性表达方式方面的这些资源的生产、传播、使用和保存越来越多地采用数字化的形式,从而产生了一种新的遗产,意识到利用这些遗产将为人类知识的创造、交流和共享提供更多的

---

① 《数字遗产保护宪章》,《中国档案》2004 年第 2 期。
② 洪一梅等:《电子文书的维护:新知识与新抉择》,见 http://www.unesco.org/webworld/ifap/meeting.shtml。

机会,认识到这种数字遗产正濒临消失的危险",所以借助宪章的形式制定有关原则。

该宪章共分 12 条,涉及数字遗产的范围、使用数字遗产的权利、防止其消失的行动和必要措施、联合国教科文组织的作用等。

二

从以上遗产新类型的生成和定型过程,可以辨识我们人类蕴含其中的新思维,大致可归纳为四点:

第一,不断地拓展遗产的类型,丰富、完善遗产的概念系统,并从整体性、均衡性的角度把握作为对象世界的遗产,进而思考和追求人类生活的本质。

及至 20 世纪七八十年代,有关遗产种类的表述已林林总总,如:古迹,历史古迹,古迹遗址(monuments and sites),建筑或建筑群,遗址,历史地区,历史园林,考古遗产,建筑遗产,艺术遗产,历史遗产,文化财产……但尽管如此,新的遗产类型,尤其是具有范畴意义的新概念如前述文化景观、工业遗产、遗产廊道、无形遗产、档案文献遗产、数字遗产,仍然应运而生,从而在近十多年里引来了新一轮的"遗产概念的爆炸"[1]。其结果是构造出一个相对完整的遗产概念系统,覆盖有形与无形两界,跨越文化与自然并将两者交融的"结晶"[2]作进一步的细分,填补或突出以往可移动遗产、不可移动遗产分类中的空白或遭忽略者,并增加综合型遗产的门类。遗产作为对象世界(反映于概念体系)的整体性(完整性)

---

[1] "爆炸"一语,出自法国学者皮埃尔·诺拉(Pierre Nora)1997 年撰写的文章《一种正当其时的思想——法国对遗产的认识过程》一文,载《信使》(*The UNESCO Courier*)中文版 1997 年第 12 期,龙治芳译。参见杨志刚:《试谈"遗产"概念及相关观念的变化》,载复旦大学文物与博物馆学系编:《文化遗产研究集刊》第 2 辑,上海古籍出版社,2001 年。

[2] 《世界遗产公约》第一条所云"自然与人类的共同结晶"。

初现。

对于遗产整体性的把握，还体现在经过调整的保护策略及方法方面。比如，强调遗产单体与群体之间的关系，文化遗产与自然遗产的共生、共存、均衡①以及互动，有形遗产与无形遗产之间的协配，遗产本体与其环境之间的相互依存。此外，整体性的要义，还在于所谓保护不应再是一种孤立或封闭的行为，而应纳入社会与文明的发展之中加以考量。甚至，列入世界遗产名录的不同地区和国家的遗产，在数量上、类型上也有必要保持一种平衡的比例②，以显示出均衡的立场与观点。

遗产事业中整体性意识的增强，意味着人类正试图从支离破碎的遗产对象和遗产保护的行为中走出。究其动因，应与在变动不居、急速向前、发展失衡的现代社会中，努力追寻和恢复生活世界的完整性，深刻认识和把握生活的意义与本质有关。

其二，基于对人性的深入思考，越来越强调遗产领域的原真性和多样性，希望借此建设和保持一个适宜于人类居住的条件，从而培育并提升人类优良的本性。

古希腊哲人尝言：人是有文化的动物。其实人类还具有植物性，文化(culture)的词源学分析十分清楚地揭示了这一点。所以人(人类)需要培育，就好比庄稼需要灌溉和栽培。中国古谚"十年树木，百年树人"，更形象而透彻地说明了其内在的相似和关联。现代遗产事业，通过对原真性、多样性的阐述和高度重视，越来越显示出对人的关怀，和可对人加以"培育"的意义。不妨来读一读

---

① 在世界遗产的评选过程中，就一直尽量使列入名录的文化遗产和自然遗产的数量合理地平衡。此外还尽可能地彰显遗产具体对象所具备的自然与文化双重因素，例如中国泰山 1987 年先是被评为自然遗产，次年又被命名为文化与自然双重遗产。
② 2000 年第二十四届世界遗产大会(澳大利亚凯恩斯)所作《凯恩斯决定》，和第二十八届大会(中国苏州)所作补充决定，显示出类似的努力。

有关的国际文件——

1972年联合国颁布的《人类环境宣言》开宗明义地指出:"人类既是他的环境的创造物,又是他的环境的创造者。环境给予人以维持生存的东西,并给他提供了在智力、道德、社会和精神等方面获得发展的机会。……人类环境的两个方面,即天然和人为的两个方面,对于人类的幸福和对于享受基本人权,甚至生存权利本身,都是必不可少的。"①

1986年联合国教科文组织通过题为《世界文化发展十年(1988—1997年)》的报告,提出了对未来十年文化发展的战略构想。报告将其战略思想的根本点归结为:"凡涉及文化行动……任何不考虑某个特定人群的自然和文化环境的项目就有失败的危险。"报告还申明,这个提法的目的在于"在经济和技术发展中将文化和人的价值恢复到中心的位置上"②。

联合国教科文组织《关于在国家一级保护文化和自然遗产的建议》更指出:"在生活条件加速变化的社会中,为人保存与其相称的生活环境,使之在其中接触到大自然和先辈遗留的文明见证,这对人的平衡和发展十分重要。为此,应该使文化遗产和自然遗产在社会生活中发挥积极的作用,并把当代成就、昔日价值和自然之美纳入一个整体规划加以考虑。"③

遗产的原真性④关乎人类的"记忆",生物和文化的多样性理论力图维护人类的"根脉"。原真性、多样性好比是"土壤"中的成

---

① 参见拙文《试谈"遗产"概念及相关观念的变化》,载《文化遗产研究集刊》第2辑。
② 联合国教科文组织编:《世界文化发展十年实用指南(1988—1997)》,第14页。
③ 《国际保护文化遗产法律文件汇编》,第88页。译文略有改动。
④ 《奈良文件》提出设计的原真性、材料的原真性、工艺的原真性、地点环境的原真性。从此,原真性很快成为世界遗产遴选中对文化遗产的核心标准之一。修订后的《操作指南》规定:文化遗产项目除了满足原六项价值标准的一或二项之外,还必须满足对文化遗产真实性的检验,和是否有必要的法律或传统的管理体制保证文化遗产得到妥善保护。

分,为栽培、滋养人类所不可或缺。因而,世界遗产的遴选固然以稀缺性(甚至唯一性)为其条件,但尽可能地让遗产的谱系呈现多元和丰富多彩,却又是该项目始终坚持的另一主张。

这就可以理解为何不可移动遗产的类型会越来越丰富(其意义不仅仅在于让更多的人类创造物、大自然杰作或文化与自然互动的结晶,甚至如梯田,得以呈现于公众的视野,为其提供审美资源),而同时非物质遗产、档案文献遗产、数字遗产也在短短几年内纷纷走入了世界遗产项目。

其三,从发展和规划的角度,动态地评估和审视遗产的价值与意义,将人类过往的遗存、遗迹,与我们当下的处境和未来的发展相结合,一并考量。在这方面,工业遗产、遗产廊道提供了很好的思考问题的角度。

其四,遗产领域的探索,包含着对人类发展道路或模式的思考与选择。围绕遗产,关涉的其实不单单是人类的"记忆",还有如何从中找寻一套最优化发展方案的努力。其中还有如下一些问题:世界遗产遴选中的诸多考量,如录选城市的标准;遗产的共享问题,包括全民的,与代际的;中国大陆生态博物馆的实践与困惑。

结语

在世界遗产项目凯歌猛进的同时,负面的现象也逐渐伴生。以中国大陆而言,例如,不少世界遗产地或多或少都收到过来自媒体或专家、公众的批评质疑,原因往往是过度地开发与利用、商业化冲击和建设性破坏。许多当地政府对申报世界遗产充满积极性,一旦金字招牌到手,也就会意味着大功告成、一劳永逸,乃至滋生任凭坐吃山空的心态。世界遗产的申报、规划及管理中,局部利益、眼前利益也时常作祟,缺乏眼光、作为不当,绝不少见。又例如,最近两年对非物质文化遗产保护的热情空前高涨[①],然而何谓非物质文化遗产、非物质文化遗产又当何为,诸如此类的一些基本问题并没有得到厘清,从而引出的问题多多。再如,尽管遗产保护的整体性取向已广为人知,但如何真正落实,又如何体现可持续发展的要求,仍然困难重重。这一切,绝非简单地从管理与操作层面可全然解决的,而有必要回归问题的本源。本文即试图从一个侧面考察世界遗产项目推进的过程及所蕴含的新思维,以对当下世界遗产的规划与管理有所助益。回到生活本质,回到人性,着眼于发展,并真正站到可持续的立场上,是作者对如何进一步推进世界遗产工作的一个期待。

（本文是作者2007年6月参加台湾大学"海峡两岸世界遗产规划与管理机制研讨会"所提交的论文,以研讨会工作文本刊印）

[①] 短短的两年里就发布了几个重要的文件,如《国务院办公厅关于加强我国非物质文化遗产保护工作的意见》（国办发〔2005〕18号）、《文化部办公厅关于开展非物质文化遗产普查工作的通知》（办社图发〔2005〕21号文）,《国务院关于加强文化遗产保护的通知》（2005年12月22日）也有大量内容针对非物质遗产的保护。此外,在第一个文化遗产日（2006年6月10日）到来之际,公布了第一批国家级非物质遗产的名录,计518项。此后各地又紧锣密鼓地开展地方性名录的制定以及预备清单的拟定工作。

保护世界遗产：思想和行动

一项由联合国教科文组织牵头、旨在保护和拯救世界文化与自然遗产的活动，正在全球范围推进。世界上的大多数国家都已参与到这一活动之中，中国也不例外。本文试图就这一活动的兴起背景、运作方式和发展态势，以及中国对此作出的回应和由此所产生的影响，作一简要的介绍和评析。

一

第二次世界大战以后，高速发展的经济建设浪潮，迅猛地改变着人类生存的自然环境和人文历史环境。于是，如何珍惜和保护文化与自然遗产，使之免遭劫难，让人类子孙万代得以共享其珍贵价值的讨论，就日益高涨，并不断地付诸各种具体的行动。另一方面，通过国际合作共同保护人类遗产的意识也在逐渐增强。而联合国的诞生及它在国际事务中地位、作用的提升，则为国际合作行动的实施提供了可能和便利。在联合国教育、科学及文化组织（UNESCO）的倡导下，一项具有广泛和深远意义的保护遗产的国际活动，便蔚然兴起。

一般认为，1960年因埃及修建阿斯旺大坝而决定拆迁并重建阿布辛拜勒神庙，是直接推动这项国际活动展开的一个里程碑式的大事件。当时拟议中建造的这个埃及大水库，将使地处谷地的古埃及文明的瑰宝——阿布辛拜勒神庙遭受灭顶之灾。为此，国际社会和埃及人民给予了高度关注。最后，由联合国教科文组织发起，耗资 8 000 万美元，前后花费二十年，成功地将阿布辛拜勒神庙易地重新组建。这笔庞大的资金，有一半来自大约 50 个国家的捐款，从而显示出各国共同承担责任以保存著名遗址的重大意义。此举还引出了其他一系列的国际保护运动，如保护意大利的威尼斯、巴基斯坦的莫亨朱达罗、印度尼西亚的婆罗浮屠，等等。

为了联系和促进各国政府和公众在全球范围内采取合作拯救行动，1972 年 11 月 16 日，联合国教科文组织在巴黎举行的第 17 届会议上提出并通过了《保护世界文化和自然遗产公约》（简称《世界遗产公约》或"72年公约"）。该公约于 1975 年 12 月 17 日生效。其宗旨为："依照现代科学方法建立一个永久性的有效制度，共同保护具有杰出和普遍价值的文化和自然遗产。"具体内容包括：

缔约国须制定全面的规划方案，通过采取必要的法律、科学、行政和财政步骤，以确定、保存、保护本国的文化和自然遗产；

在充分尊重遗产所在国的主权和所有权的条件下，缔约国承认此类遗产是世界遗产的一部分，整个国际社会有责任互相协助、合作保护；

在联合国教科文组织内，建立一个专门负责保护世界遗产的政府间委员会，作为实施该公约的协调领导机构，名为"世界遗产委员会"，各缔约国向该委员会提供该国的遗产目录，并由该委员会发行《世界遗产名录》和《濒危世界遗产名录》；

设立世界遗产基金，主要来源是各缔约国的固定缴款（向教科文组织缴纳会费的 1%）和其他自愿捐款，用于各种方式的国际援助和技术合作，包括保护研究、咨询服务、人员培训和提供设备等；

任何缔约国都可为其列举的遗产要求国际援助；

缔约国应通过一切手段，特别是教育和宣传计划，努力增强本国人民对世界遗产的赞赏和尊重，并使人们了解接受援助保护的遗产的重要性和国际援助的作用。

为了落实1972年《保护世界文化和自然遗产公约》，联合国教科文组织于1976年成立了世界遗产委员会。委员会由公约签署国选举出的21个国家的代表组成，每届任期六年，每两年改选三分之一。委员会每年召开一次全体会议，时间定在12月；每年举行两次委员会主席团会议。全体会议担负的任务有：

（1）确定世界遗产项目，即遴选那些堪称具有杰出和普遍价值的文化和自然遗产。委员会在履行职责时得到了国际古迹遗址理事会(ICOMOS)和国际保护自然和自然资源联盟(IUCN)的帮助，这两个组织仔细审查各国的提名，并起草评价报告。

（2）管理世界遗产基金，审查基金账目，讨论和决定对提出申请的国家给予技术和财政援助。

（3）对已列入《世界遗产名录》的遗产项目的保护和管理情况进行评估。

至1992年，为了适应头绪日益繁多的工作局面，在世界遗产委员会下又组建了世界遗产中心，负责委员会的日常事务。目前，参与领导、筹划和合作开展世界遗产保护工作的重要机构、组织还有：联合国教科文组织秘书处下的文化遗产处和生态科学处，国际文化财产保护与修复研究中心(ICCROM)[①]，国际博物馆协会(ICOM)等。

需要说明的是，虽然所谓"世界遗产"(world heritage)，因其被认定是具有"杰出和普遍的价值"而不同于各国其他的遗产，但任何一个国家一旦签署了《世界遗产公约》，都必须保证不仅要保

[①] 国际文化财产保护与修复研究中心(ICCROM)以及前文提到的国际古迹遗址理事会(ICOMOS)、国际保护自然和自然资源联盟(IUCN)，都是国际上权威的专业机构。它们是不隶属于教科文组织却参与教科文组织世界遗产工作的三大咨询机构。

护位于其境内的世界遗产,还要保护其他的国家遗产。

到1998年12月,"72年公约"的缔约国已达154个,有582项文化和自然遗产列入《世界遗产名录》,其中文化遗产445项,自然遗产117项,文化与自然双重遗产20项。《世界遗产公约》及其他相关的公约、规章,为保护人类的珍贵遗产,促进其管理水平的改善与提高,发挥了积极的推动作用。

二

"遗产"这个概念,以往经常仅被狭义地理解为直系亲属留给子孙后代的财产。而"世界遗产"指的却是人类共同继承的文化与自然财产。通过编纂世界遗产名录,可以对世界上极其丰富多彩的遗产做出估量,使地球上每一处世界遗产都能更好地为人类做出贡献。

由于世界遗产名录是按类别和地区排列,并且追求尽可能的全面性并具有连贯性,所以它还反映出各种文化的相互依存性和时空生态系统的互补性。

《世界遗产公约》的一大特点是,在一份单一的文件中把自然保护与文化财产、人文历史环境的保护联系了起来。世界遗产分文化遗产、自然遗产和文化与自然双重遗产三种类型。把保护文化遗产和自然遗产的工作结合起来的想法源于美国。1965年,在华盛顿特区召开的一次白宫会议呼吁建立"世界遗产信托基金",以促进国际合作,"为了全世界公民的现在和将来"去保护"世界杰出的自然风景区和历史遗址"[①]。1968年,国际保护自然和自然资源联盟向其成员提出了类似的建议。1972年,这些建议被提交给了在瑞典斯德哥尔摩举行的联合国人类环境会议。最后,经有关

---

① 引自《何为世界遗产》,《信使》(*The UNESCO Courier*)1997年第12期。

方面商定,形成了《保护世界文化和自然遗产公约》的文本,并在联合国教科文组织大会通过。

在联合国教科文组织的有关文件中,有时使用"文化遗产""自然遗产",有时使用"文化财产""自然财产"①。"(文化或自然)遗产""(文化或自然)财产"在内涵上有所不同,据笔者的体会,前者突出的是与某片地区联系在一起并构成一个整体的遗址、遗存,而后者则包括了可以单体形式存在的遗留物。但两者的界限似乎又并不十分明朗,所以它们经常交替使用。它们的具体释义,可参见联合国教科文组织《信使》(*The UNESCO Courier*)杂志 1997 年第 12 期所作的一个说明,现摘录于此:

"文化遗产"(cultural heritage)指的是具有历史、美学、考古、科学、文化人类学或人类学价值的古迹、建筑群和遗址。"自然遗产"(natural heritage)则指突出的自然、生态和地理结构,濒危动植物品种的生境,以及具有科学、保存或美学价值的地区。

"文化财产"(cultural property)应当:

(1) 是代表人类创造性才能的杰作,或

(2) 展示一段时期内或在世界的一个文化区域内的人类价值准则的重要更替情况,或在建筑或工艺、纪念性艺术、城市规划或景观设计方面的发展情况,或

(3) 为一种文化传统或一种目前尚存活或已消失的文明提供独一无二的或至少是非凡的证明,或

(4) 是一种能说明人类历史的一个重要阶段或多个重要阶段的建筑物或建筑整体或工艺整体或景观的杰出范例,或

(5) 是一个代表着一种或多种文化的传统人类居住区或土地

---

① 例如,1954 年通过的《武装冲突情况下保护文化财产公约》(简称"海牙公约")和 1970 年通过的《关于禁止和防止非法进出口文化财产和非法转让其所有权的方法的公约》(简称"70 年公约"),就是使用了"文化财产"的概念。

利用模式的杰出范例,尤其是当它在不可逆转的变化的影响下业已变得脆弱不堪的时候,或

(6) 与事件或现有传统,与思想或信仰,或与具有突出的普遍意义的艺术作品和文学作品,有直接或有形的联系(此标准仅用于特殊情况,以及与其他标准同时使用)。

"自然财产"(natural property)应当:

(1) 是代表地球历史重要阶段的,包括生命的记录、地形形成方面不断发展的重要地质过程,或重要地貌或地文特征的杰出范例,或

(2) 是在陆地、淡水、沿海和海洋的生态系统和动植物群落的进化和发展方面代表着不断发展的重要的生态和生物过程的杰出范例,或

(3) 包含有极致的自然奇观或具有奇异的自然美和美学意义的地区,或

(4) 包含有能在原处就地保存包括从科学或保存的角度看具有突出的普遍价值的那些受到威胁的物种在内的生物多样性的最重要和最引人注目的自然生境。

此外,经常使用的相关概念还有"文化遗址"(cultural sites)、"自然遗址"(natural sites)。不过很清楚,"遗址"包含在"遗产""财产"之内,或者说,前者可由后者所涵盖。

把文化遗产和自然遗产结合起来开展保护工作,是一个极其深刻的思想。表面上看,文化遗产和自然遗产似乎没有或甚少有共同之处。其实不然。大自然与人类的文化实乃相辅相成的。首先,人类的活动离不开特定的环境,各民族的文化特性都是在各自所处的生活环境中形成。其次,那些壮观的大自然遗址,曾经或继续在为人类的生存发展提供优越的条件,从中我们既可找寻到先辈的活动遗迹,亦可再度汲取生活的灵感和勇气,获得各种精神

上的滋养。再次，纵观历史，人类正是在不断克服人与环境间的矛盾，协调人与环境的相互关系的过程中，赢得进步的动力的。因此，开展对世界遗产的保护，体现了现代人对人与自然关系的一种新的独到的把握，是现代"文化生态学"思想的一种延伸和扩展。

UNESCO 世界遗产标志图案

《世界遗产公约》和世界文化与自然遗产有一个标志性的图案（见左图）。该图案寓示了文化遗产与自然遗产（文化财产与自然财产）之间相互依存的关系。中央的正方形系人类创造的形状，圆圈代表大自然，两者紧密相连。图案呈圆形，又代表着全世界，同时还象征着要进行保护。

三

世界遗产的保护是一个连续的、不间断的过程。遴选入《世界遗产名录》的遗址，不享有"终身权利"。如果一个遗址不能一如既往地做好保护工作而致使失修或遭损坏，或某项开发计划有可能使该遗址丧失原先得以跻身世界遗产的特质（这些都意味着该遗址所在的国家不能履行其对《世界遗产公约》所承担的义务），那么它就面临着被从《世界遗产名录》中除名的危险。因此，列入名录不单是一份荣耀，还是一份增强了的责任。

世界遗产委员会还制定出了预警机制，以特别关注和以紧急行动的方式拯救那些已进入世界遗产名录却又开始遭受到破坏威胁的遗址。一旦发现遗址受到威胁，任何个人、非政府组织或其他团体都可向世界遗产委员会报警。世界遗产委员会即展开调查，若情况属实且已达到足够严重的程度，该遗址将被收入《濒危世界遗产名录》，从而受到特别的"关照"。如果发生爆发战争等紧急情况,委员会可自行将某遗址列入《濒危世界遗产名录》,以唤起各方面的注意。至 1997 年,共有 22 处遭到极端威胁而需要对之采取特别保护行动的遗址被列入了这个名录。

世界遗产基金每年收到的款项大抵在 300 万美元上下。由于世界遗产委员会所要承担的任务繁重而庞杂,所以,这个数目的资金绝不算充裕。其中的一部分,只能由世界遗产委员会按申请项目的紧急程度予以划拨。也正因此,那些最受威胁的遗址,包括已成为濒危世界遗产的遗址,在国际援助方面,可以得到优先考虑。但是,并非所有要求援助的申请都能获得满足。世界遗产委员会有着一套严格的审查制度,以确保各种援助计划的合理、可行和有效。

四

我国人大常委会于 1985 年 11 月批准接受《保护世界文化和自然遗产公约》。同年 12 月 22 日我国正式加入该公约。1986 年,国家文物局参照世界遗产委员会制定的世界文化遗产的有关标准,经推荐并征求专家意见,向联合国教科文组织提交了包括长城在内的 28 项遗产作为"中华人民共和国预备名单"。1987 年,明清故宫、周口店北京猿人遗址、长城、秦始皇陵及兵马俑坑、敦煌莫高窟和泰山等六项首次被世界遗产委员会通过列入《世界遗产名录》。至今,我国列入名录的遗产已达 21 处,它们是:

文化遗产(C):

(1) 明清故宫(1987 年批准)

(2) 周口店北京猿人遗址(1987 年)

(3) 长城(1987 年)

(4) 秦始皇陵及兵马俑坑(1987 年)

(5) 敦煌莫高窟(1987 年)

(6) 河北避暑山庄及周围寺庙(外八庙)(1994 年)

(7) 西藏布达拉宫(1994 年)

(8) 山东孔庙、孔林及孔府(1994 年)

(9) 湖北武当山古建筑群(1994 年)

(10) 庐山(1995 年)

(11) 苏州古典园林(1997 年)

(12) 山西平遥古城(1997 年)

(13) 云南丽江古城(1997 年)

(14) 北京颐和园(1998 年)

(15) 北京天坛(1998 年)

自然遗产(N)：

(1) 湖南武陵源(1992 年)

(2) 四川九寨沟(1992 年)

(3) 四川黄龙(1992 年)

文化和自然双重遗产(C+N)

(1) 泰山(1987 年)

(2) 黄山(1990 年)

(3) 峨眉山-乐山大佛(1996 年)

我国还根据联合国的有关规定和要求，做好对世界遗产的监测和调研工作。1994 年，中国首次邀请世界遗产中心和国际古迹遗址理事会的专家来华，对长城、明清故宫、敦煌莫高窟、秦始皇陵及兵马俑坑、周口店北京猿人遗址五处遗产的保护管理状况，进行监测考察。1997 年底至 1998 年 3 月，国家文物局又应世界遗产委员会的要求，组织完成了有关河北避暑山庄及周围寺庙(外八庙)、山东孔庙、孔林及孔府，湖北武当山古建筑群，西藏布达拉宫四项遗产的保护状况的定期报告。

目前，我国世界文化遗产的申报、保护工作，主要由文博部门担当。世界遗产工作成为我国文物保护事业的一个重要组成部分。《中国文物博物馆事业"九五"计划及2010年远景目标纲要》明确提出,我国将继续申报世界文化遗产项目;至2010年,计划再申报20余处。最近国务院机构改革后,也明确将指导世界文化遗产的申报工作,列为国家文物局的主要职责之一。按照设想,我国将建立世界文化遗产监测管理制度;成立世界遗产保护协会和中国遗产委员会,以统一协调全国的世界遗产工作;设立世界遗产工作专项基金,用于国内外交流、人才培训等活动。

自然,世界遗产工作又是一个牵涉到方方面面的系统工程,需要社会各界共同努力方能做好。这是一项代表着一个国家、民族文明素质和综合水平的事业。从某种意义上讲,考察一个民族的文化,可以从了解其世界遗产入手。世界遗产本身反映了这个民族的过去,而世界遗产的管理、保护,则浓缩地体现了今天的各种现实状况。中国加入《世界遗产公约》和进行世界遗产的申报、管理,既是向世人积极地宣传我们祖国的优秀文化,展示她在人类文明史上所占有的重要地位,同时也是在树立当代中国的光辉形象。

五

中国自开展世界遗产工作以来,取得了丰硕的成果。这不仅体现在已有21处著名的遗产列入了世界遗产名录,在数量上与印度并列世界第四,更重要的是,它带来了一连串综合的社会效应,加快了我国对外开放、走向世界的步伐。下面主要从文博工作的角度,谈一谈开展世界遗产工作对中国文博事业所产生的积极意义和深远影响。兹举三点:

(一)有力地推动了各地的文物保护工作。

为了申报世界遗产,各地文物管理部门纷纷制定比较完善的管理制度和发展规划,并在当地政府和各部门的支持、配合下,使之落实到位。由于社会各界达成了共识、形成了合力,一些长期困扰文物保护工作的老大难问题得以解决。比如,由于历史的原因,原先许多遗产周围的环境风貌很差,违章建筑充斥,脏乱差现象严重。通过申报世界遗产和进行综合治理,遗产周围的环境风貌得到净化和极大的改善,许多久拖不决的顽症终被克服。以河北承德避暑山庄为例,在实施申报以后,"省和承德市政府适时开展了大张旗鼓的宣传,形成浓厚的争创氛围,利用报刊、广播、电视等新闻工具和各种社会传媒,大造声势,广泛动员……各拆迁单位和个人以申报为重,以大局为重,积极配合全市统一安排,按时完成拆迁任务。避暑山庄内外,景点周围共拆迁现代建筑 31 处,清运建筑垃圾 5 万立方米,回填土方 6 000 立方米,清理宫墙沿线临建 123 个,撤调商业摊位 152 个,清理与景点不协调的展览 2 个……"[①]又如,北京市为整治天坛、颐和园内外环境,先后拆除违章建筑 1 万多平方米,迁出两园内的一些长期占用单位;在曲阜孔庙进行申报期间,搬迁孔庙东侧阙里街商业摊点 280 个。

申报成功以后,那些世界遗产所在的单位又紧紧抓住机遇,巩固成果,力争更上一层楼。仍以避暑山庄为例,在列入世界名录以后,当地制定颁布了《关于进一步加强避暑山庄及周围寺庙保护工作的决定》,拟出了新的整修规划,还采纳联合国专家的意见继续解决仍存在的问题,加快抢修的实际运作。从 1995 年到 1997 年,共投入 1 481 万元,用于古建园林的整修。同时,进一步做好基础性保护工作,加大安全保卫工作的力度,加强专业人员的培养管理,并制定了新的环境治理的目标[②]。

(二)更新和充实了对文物和文物保护工作的认识。

---

① 据河北省文物局:《奋力拼搏,抢抓机遇,不断深化对世界文化遗产的科学管理》,《文物工作》1998 年第 2 期。
② 同上。

首先,扩大了"文物"的内涵。在传统观念中,"文物"即"古董"("骨董")、"古玩"。① 这种对文物的极为狭隘的理解,导致了我们对许多珍贵历史遗产的熟视无睹、视而不见,和随之而来的无情破坏。像古城,作为一个整体,在相当长的一段时间里,它被排除在保护对象的范围之外,未加以妥善地规划、保存和管理②。"世界遗产"概念的引入,有助于我们树立"大文物"的观念,即意识到文物不仅仅是指那些一件件的器物,还包括一群群、一片片的遗址、遗存,和一个特定的地区。

其次,强化了文物保护的环境意识。当文物被视同一件件器物的时候,文物是可以随意移动、孤立存在的。而当文物是指某一群、某一片遗址、遗存,或某一个地区时,文物就不能离开周围的环境,它们只有在具体的环境中才能完整地显现其珍贵的价值和真正的魅力。世界遗产的工作十分注重环境要素,"物＋环境"是其评估遗产(财产)的价值的一条重要原则。受此影响,近年来我国的文物保护工作也开始注重环境因素的重要性,强调与具体环境紧密联系在一起的文物的整体性。上述申报世界遗产的各个地方大力进行环境风貌的净化和整治,便是一个显例。

再则,对文物工作的意义有了新的理解。以往我们过于突出和强调文物工作的政治意义和意识形态方面的作用,而对其文化上的意义则明显地认识不足。经由与国际社会的接触和交往,经

---

① 虽然在《中华人民共和国文物保护法》中,"文物"的界定是比较宽泛的,但由于历史的原因,长期以来在许多人的日常意识中,"文物"就是指古人遗留下来的器物,特别是可供收藏、赏玩的珍奇之物。
② 老北京的城墙被扒了,旧都的风貌和光彩在日益消逝。西安古城也遭到了严重破坏。它们本可在世界文化遗产中占有一席之地的,像国外许多古城(如意大利佛罗伦萨历史中心、罗马历史中心、叙利亚大马士革古城、土耳其的伊斯坦布尔历史区等)那样,但今天它们只能选择其中的若干遗址去申报世界遗产。反倒是平遥、丽江,作为古城,地位虽远不如北京、西安等七大古都,却因地处偏远之地,免遭劫运,幸获青睐,列入世界遗产名录。

由引入有关"世界遗产"的概念和思想,我们已逐步地看到了文物工作其实关乎人的全面发展和民族素质的提高。这种观念上的重大改变,将为文博工作在下一个世纪实现新的飞跃,提供重要的基础。

(三)在社会上普及和推广了世界遗产的知识,提高了公众的文物保护意识。

与世界发达国家相比,中国的教育水准和民众的文化素养还有待提高,这是滞阻中国文博事业发展的根本性因素之一。近年来各地为开展和落实世界遗产工作,在宣传上下了大力气。许多地方充分发挥政府职能作用和各种群众团体作用,积极举办宣传月、宣传周、知识竞赛、讲座等活动,向公众特别是青少年宣讲文化和自然遗产的知识,开展文物法规的教育,帮助他们牢固地树立起文物保护的意识。

申报成功以后,许多地方仍然重视宣传普及工作,以各种措施进一步增强公众保护文物、抵制违反文物法规现象的自觉性。事实证明,那些参加申报或经过努力已列入世界遗产名录的单位和地区,文物保护的积极性得到普遍激发,公众参与保护、管理的意识有明显的提高。

当然,在看到成绩的同时,我们还必须清醒地认识到,世界遗产的保护工作在我国起步晚,经验不足,与世界上其他一些国家相比还存在很大的距离。即使是已经通过审查、列入名录的,也仍面临着一个如何做好后续工作、保持应有水准的考验。国际上有许多经验和通行的原则还需要我们去进一步了解和理解。尤其是当下,国内急功近利和建设性破坏的现象十分严重,加之总体上法制观念依然薄弱,部分管理人员的素质低下,世界遗产工作隐患不少。有关部门必须切实地加强这一方面的研究,寻找良策,或对症下药,或未雨绸缪。

最后,以 1988 年《信使》上一篇题为《人类共同继承的财产》(A Legacy For All)的文章中的一段话,来结束本文:

> 每个民族的文化遗产都是这个民族各方面创造才能的表现,同时也显示出一种神秘的连续性,把这个民族以往创造的一切和将来可能创造的一切联系了起来。保护这些遗产是一个具有生命力和创造力的民族的固有活动。①

(原载复旦大学文物与博物馆学系编:《文化遗产研究集刊》第 1 辑,上海古籍出版社 2000 年版)

---

① 该文作者是时任联合国教科文组织总干事的费德里科·马约尔·扎拉戈扎。

中国世界遗产事业发展历程回眸
——关于三个阶段的划分及其特点

上月 7 日，经联合国教科文组织世界遗产委员会投票决定，《世界遗产名录》新增包括中国"福建土楼"和"江西三清山"在内的 27 处遗产地。至此，被列入《世界遗产名录》的世界遗产，全球已达 878 处，其中中国 37 项，位居第三。中国世界遗产事业所取得的巨大成绩，表现在方方面面，有目共睹。本文拟就中国世界遗产事业的发展历程作一回眸，重点是划分三个阶段并概括其特点，其中时间节点是：1985 年，1998、1999 年左右，2005 年 12 月；通过对事业演化轨迹的梳理，给当下有所定位，并辨明前行的方向。

中国的世界遗产事业发轫于 20 世纪 80 年代中期。1985 年 3 月，著名学者、全国政协委员侯仁之、阳含熙、郑孝燮、罗哲文在中国人民政治协商会议第六届全国委员会会议上，提交了第 663 号提案，提出我国应尽早加入联合国教科文组织的《世界遗产公约》，"并准备参加世界遗产委员会，以利于我国重大文化和自然遗产的保存和保护，加强我国在国际文化合作事业中的地位"（《中国世界遗产年鉴(2004)》，中华书局，2004 年，第 11 页）。一般认为，此举拉开了中国世界遗产事业的序幕。

当年 11 月，全国人大审议批准中国加入《世界遗产公约》。次年，国家文物局向联合国教科文组织递交了内含长城、明清故宫等 28 项文化遗产内容的《中华人民共和国世界遗产预备名单》。经过努力,1987年底,长城、明清故宫、秦始皇陵及兵马俑坑、敦煌莫高窟、周口店北京猿人遗址(这5项作为文化遗产)、泰山(作为文化与自然双重遗产)列入《世界遗产名录》。

从1985年到20世纪末,中国世界遗产事业走过了第一阶段,可概括为"萌发与草创期"。其特点是:实现零的突破并不断地持续积累,在学习、探索中总结经验、扩大影响,专家、政府和具体管理部门尝试互动、整合力量,并与国际社会在接触中展开交流与合作。1998—1999年前后,世界遗产事业在中国酝酿起一系列新的变化,从而步入第二个发展阶段,并延续至2005年底。这个阶段可概括为"深化与演进期"。这里就发生于1998年、1999年前后的变化略加陈述。

在狭义的"世界遗产"范围,1998年1月,中国文物学会世界遗产研究委员会在苏州举行筹备大会,这既意味着"世界遗产"已成为一个相对稳定并且极其重要的研究类型,也昭示了中国的世界遗产事业已经初步成形。此后,2002年国家文物局设立世界遗产处,文化部、国家文物局、国家计委等九部委又联合发出《关于加强和改善世界遗产保护管理工作的意见》,体现出努力从体制和机制上加强对世界遗产事业管理的新动向。

宽泛地看,1997年,联合国教科文组织确定了第一批共38项文献遗产列入《世界记忆名录》(The Memory of the World Register),中国音乐研究院保存的传统音乐录音档案置身其中。2000年4月,文化部启动"人类口述和非物质遗产代表作"(Masterpieces of the Oral and Intangible Heritage of Humanity)的申报、评估工作。2001年5月,中国的昆曲艺术入选第一批"人类口述和非物质遗产代表作"榜单。这些属于广义的"世界级"遗产。

值得关注的还有教育、研究等层面发生的一系列事情。例如:

1998年12月,北京大学世界遗产研究中心宣告成立,此乃中国第一个世界遗产专业研究机构,它的成立被视为"标志着中国的世界遗产研究进入了一个新的阶段"(《中国世界遗产年鉴2004》,第12页)。复旦大学在1998年、1999年开始筹划成立文化遗产研究中心,规划课程设置,讨论出版《文化遗产研究集刊》。在"深化与演进期",中国还诞生了一批遗产研究机构,诸如南京大学文化与自然遗产研究所、中央美术学院非物质文化遗产研究中心等。《中国文物报》则在2002年11月1日推出了《遗产周刊》,成为及时反映遗产事业动向的一个重要窗口。

"深化与演进期"在2004年、2005年迎来了事业发展的一个高峰。代表性事件有:(1)第28届世界遗产大会于2004年6—7月间在苏州召开。(2)国际古迹遗址理事会第15次大会2005年10月在西安举行,其间发表了《西安宣言——保护历史建筑、古遗址和历史地区的环境》。(3)在无形遗产领域,2003年10月联合国教科文组织通过《保护非物质文化遗产公约》,次年,我国即正式加入该公约。2005年3月26日发布《国务院办公厅关于加强我国非物质文化遗产保护工作的意见》,紧接着6月9日,文化部办公厅又下发《关于开展非物质文化遗产普查工作的通知》。

这第二阶段的特点是:世界遗产的各项工作不断深化,范围也持续扩大,国际化程度越来越高;由具体的、单项的、个案的"工作",比如若干世界遗产地的申报、评选、管理,演进为整体性的"事业",加强"事业"角度的总体部署、规划、研究及宣传、教育。中国世界遗产事业基本成形。

2005年12月22日,《国务院关于加强文化遗产保护的通知》问世,揭开了中国文化遗产事业的新一页,中国的世界遗产事业也因此迈入第三阶段,笔者概括其为"全面推展期"。目前我们正处在这个阶段的展开过程中。这个阶段的特点,也是大家所真诚期待的目标,是中国的世界遗产事业将逐步走向成熟。成熟的标志至少应该包括两点:一是如何在充分实现国际化(或全球化)的基础上,提炼出符合当代文明通则的中国经验,并贡献于世界。笔者注意到,《中国文物报》近来正讨论如何构建有中国特色的文化遗产理论体系,此间体现出回应事业持续发展要求并积极地给予引领的自觉意识。二是消除和克服目前工作中存在的各种弊病,比如:重申报、轻管理,后续工作遭遇忽视;急功近利,片面追求经济效益,过度地开发利用;过多地追求"政绩"的显示度,缺少真正的社会和文化关怀。在 2006 年 12 月举行的全国世界文化遗产工作会议上,时任文化部部长孙家正曾对上述不良和有害倾向提出严厉批评:"如果我们的认识仅仅停留在这样的一个层面,那就谈不上真正的文化的自觉,而是一种功利主义掩盖下的更加有害的文化愚昧!"(参见《中国文物报》2006 年 12 月 27 日)祛除愚昧,成为本阶段事业发展的重中之重。

回眸 20 多年来,以加入、履行、实施《世界遗产公约》及《保护非物质文化遗产公约》、"世界记忆工程"为主轴,中国世界遗产事业由无到有,由小到大,由点到面,由少数业内人士的介入到唤起全民的关注,其影响和意义不断扩大,体制和措施不断壮大与加强,助推了当代中国文明的进步,迄今已酿出浩荡之势,且有更为波澜壮阔之前景和辉煌成果可作进一步的期盼。

(原载《中国文物报》2008 年 8 月 8 日)

探寻切合于文博工作的
"遗产"概念

　　指称历史文化财富的"文化遗产"概念，正愈益频繁地出现在媒体和各种文章、著作中，与此相应，"遗产"概念的内涵也得到极大地拓展。最近的半年里至少有两件事产生了重大的影响，有待于我们进行深入的思考：一是 2002 年 9 月，联合国教科文组织在土耳其伊斯坦布尔召开以"无形文化遗产——文化多样性的体现"为主题的圆桌会议。次月，国际博协亚太地区委员会等方面在上海举行"博物馆与无形遗产国际学术讨论会"。二是"中国民间文化遗产抢救工程"正式启动，将出版书籍，制作音像制品，建立图文资料数据库，搜集相关实物，并向联合国教科文组织申报一批人类口头和非物质遗产代表作等。这两件事都表明了"遗产"概念正实实在在地扩展着，一是突破了"物态化"的框限，进入"无形"的领域；二是走出了精致文化、雅文化的束缚，扩大到民间民俗文化。

　　这股迅猛崛起的"文化遗产热"，给文博事业的发展既带来机遇也构成挑战。所谓"挑战"，包含多方面的含义，本文关注的是，是否应该、又将如何来确定一个对应于文博工作的"遗产"概念。"遗产"概念的拓展自然是好事，但对文博行业来讲，如果对这个概念的庞杂内涵不加以审慎的甄别，全盘挪用，就很容易失去工作重点，陷入迷茫。在去年 10 月上海的"博物馆与无形遗产国际学术讨论会"期间，和此前此后笔者在课堂内外与学生的讨论中，都可感受到类似的担心。

即以"文化遗产"而论,其涉及的面十分广泛。毛泽东曾有一句名言:"从孔夫子到孙中山,我们应当给以总结,承继这一份珍贵的遗产。"如果将这样一种意义上的"遗产",都划归文博工作的范围之内,那对文博事业来讲,就绝非幸事,而只会使其失去正确的方向和应有的行业特点。同样,对于保护无形遗产或民间文化遗产,博物馆等相关部门理当负有神圣的职责,就此而言,上海的"博物馆与无形遗产国际学术讨论会"不仅是适逢其时,而且具有开风气的功效,意义显著。但是我们又必须清醒地看到,并不是所有的无形遗产或民间文化遗产,都适合于成为博物馆工作的直接对象。例如孔夫子的思想或孙中山的思想,就不是博物馆工作的直接对象。它们是思想史或哲学史的研究对象。对此若缺乏正确的认识,博物馆工作就难免陷入混乱。

当今之时,一方面是"遗产"概念的扩展,另一方面则亟须从各领域、各行业的各自立场出发,在使用"遗产"概念时对其适用的内涵给予限定。至少对文博行业来讲,大而无当的"遗产"概念并没有多大的益处,而引起思想混乱的可能却不小,所以必须明确限定其内涵。笔者在6—7年前开始倡导"定位于文化遗产的研究",然而在"遗产"概念已如燎原之势、铺天盖地而来的时下,更深切地感到,应对这个概念的内涵加以甄别和梳理,尽快确立切合于文博行业的"遗产"概念。

这其实是涉及了一个重大的也是前沿性的理论课题。相信通过这方面的理论探索,可以更好地指导我们的现实工作,使之方向更明确,也更具有操作性。这里谈一点粗浅的看法,希望能引起大家的关心和进一步的商讨。

作为文博工作或文博研究对象的"遗产",应该具有某种载体。它可以是物态化的载体,如:青铜器或陶瓷器,石窟寺或墓葬,建筑群或历史街区,历史文化名城或名镇、名村、名山。也可以是作为某些表现形式的非物态的载体,如:仪式,演艺,技艺,一定的文学或娱乐样式,某些特定的场景等。前者是本行业内通常意义上的遗产,即有形的、物质类的文化遗产;后者属于非物质类的无形遗产。文博工作或文博研究必须紧紧抓住这些载体。所谓"保护为主,抢救第一",首要的就是保护和抢救这些载体。载体消亡了,文博工作所重视的"遗产"也就失去了。

再回到"孔夫子的思想"话题上来。作为思想本身,孔子思想不是文博工作的直接对象。然而体现孔子思想的载体,包括物态化的和非物态化的,诸如孔庙和相关的礼器、书本、祭仪、乐舞、服饰、建筑、婚丧葬俗等,却可以成为本行业必须面对的"遗产"。以往常说,文物研究要透"物"见"人",所谓"人"盖指社会文化的种种内涵和信息,包括制度、规范和纯粹的思想、观念。现在加入无形遗产的内容后,似乎可改说为:透过载体以见"人"。借助并透过一定的载体开展工作,是文博行业的本质特征之一。

这个载体,可笼统地称之为"有意味的形式"。它有点接近于英国哲学家波普尔(Popper)所阐述的"世界 3",却又不完全等同。如何从哲学的层面进一步加以提炼和概括,还有待努力。

从认知的角度看,对应于文博工作的遗产,应具备"可视"或"可听"的基本条件。例如孔子思想本身,不具备"可视"或"可听"的条件,不应纳入文博工作的遗产范围。但文庙和相关的礼器、书籍、祭仪、乐舞、服饰、建筑、婚丧葬俗等,具有可视性或可听性,就可以作为遗产进入文博工作的视野。可视性或可听性源于载体(表现形式)。比较而言,可视性又是第一位的,可听性属第二位的。这样的概括,正与博物馆的个性相吻合——对公众而言,博物馆是一个"看"或辅以"听"的场所。

歌德曾言:"生命之树常青,而理论是灰色的。"今天,现实世界的变动对文化遗产理论的研究,提出了新的极其严峻的要求。理论若能不滞后于现实并能有效地指导现实,那理论也可能会是葱翠碧绿的。

(原载《中国文物报》2003 年 3 月 28 日)

文化遗产研究与"文化遗产学"

傅兵先生的《文化遗产学：试说一门新兴学科的雏形》（载《中国文物报》2003年5月30日）一文，说出了包括笔者在内的一些人心中的一个美好愿望。这个愿望基于如下的事实判断：围绕或伴随"文化遗产"这个概念而引发的在观念、行为、制度、管理、伦理诸方面的变化，正实实在在并且深刻地影响着当代中国；文化遗产保护正在成为全社会共同关心的问题，并且需要提升到当代国策和文化发展战略的高度加以审视；由此反映到学术研究领域，将催生出一门相应的学科，或可名为"文化遗产学"。故而，笔者想在傅文的基础上进一步展开讨论，希望将对这一问题的思考引向深入。

一、未来的"文化遗产学"应该是一门涵盖面甚广、学科交叉性很强的学问

我们试图构建的"文化遗产学"，很难简单地定位于人文学科或社会科学或管理科学，而是将这三个层面的若干内涵与特点融为一体。举例来说，当人们关注文化遗产本体的时候，必须深入挖掘包含其中的"人类价值和精神表现"（参见《大不列颠百科全书》"humanities"词条），或加以"综合和欣赏"（参见［美］伯纳德·巴伯：《科学与社会秩序》，顾昕等译，生活·读书·新知三联书店，1991年），这就属于人文学科的内容。当人们关注文化遗产事业的时候，则需将其置于社会结构和社会关系之中进行探讨，那就体

现出社会科学的取向。而当人们从管理的角度思考和解决有关文化遗产的种种问题时,则又进入了管理科学。自然,运用技术手段来研究和保护文化遗产,强调文理结合,也已成为趋势。因此,未来的"文化遗产学"涵盖面甚广,交叉性很强,这是它的学科特点之一。

正鉴于此,笔者认为傅文将"文化遗产学"界说为"职业性学科",或"实践性、管理性和经营性的科学",似可商榷。文化遗产的问题固然有很强的行业(职业)色彩,但由于文化遗产是属于全民的资源,其价值为人类所共享,由文化遗产所生成和提供的知识已构成人类知识体系中一些最基础性的成分,文化遗产事业与人民大众的生活也越来越贴近,因此,如果形成了一个"文化遗产学",那它一定是既包含又超越于"管理性"和"经营性"之上的,一定有相当大比重的内容是超越"职业性"的。也正是出于这样的考虑,笔者曾著文呼吁尽快将文化遗产教育纳入现代国民教育体系(参见《文化遗产研究集刊》第3辑)。

二、文化遗产研究的核心问题是追求理论创新和制度创新、学术创新

现下的中国文化遗产研究,必须保持比较鲜明的实践品性,这是由我们所处的时代和所面临的客观局势所决定的。然而,越是强调实践性,就越是要重视理论创新,这正如十六大报告所指出的:"世界在变化,我国改革开放和现代化建设在前进,人民群众的伟大实践在发展,迫切要求我们党以马克思主义的理论勇气,总结实践的新经验,借鉴当代人类文明的有益成果,在理论上不断扩展新视野,作出新的概括。"一百多年前,恩格斯早就谆谆告诫:"一个民族想要站到科学的最高峰,就一刻也不能没有理论思维。"(《反杜林论》)中国作为一个文化遗产的资源大国,若想进一步成为文化遗产研究和保护的强国,则在相关领域里的具有一定高度的理

论建树,是必不可少的。况且,今日我国的文物保护形势严峻、问题丛结,大家都深感理论探索的重要性,希望我们的理论工作能够与时俱进,更有效地指导实际工作。最近国家文物局单霁翔同志也多次强调,要以理论创新促进文物工作创新。我想,建构一门"文化遗产学",正是这种理论创新的时代要求所赋予我们的一项任务。

文化遗产的理论创新,包含两个层面的内容:一是通过理论创新推动制度创新和工作创新;二是通过理论创新寻求学术创新。前者会较多地关注社会性的管理工作,后者则往往体现在一些具体研究领域(如艺术史、考古学、博物馆学)的学术工作中。虽有所区别,但两者并不完全割裂。

三、要重视研究当代学科生长的规律和环境,为文化遗产研究的拓展创造条件

当代学科发展的特点或规律之一,是不再以传统的知识类型(如文、史、哲、数、理、化)划分学科,而是由所面临的问题或对象来形成学科,如生命科学、环境科学、信息科学(就此而言,它们都具有"综合性"的特点)。同样,所谓的"文化遗产学"也是立足于"问题"和"对象"的基础上。这正是"文化遗产学"存在和成长的理由之一。

然而这些年来,我一直慎言"文化遗产学",而多讲"文化遗产研究"。原因主要有两点:一是"文化遗产学"尚在襁褓和构想之中,且不说学科体系,即使一般性的发凡起例的工作都几乎付诸阙如。二是目前学界存在严重的浮躁弊病,动辄冠以"某某学",不切实际的名号满天飞。倡导"文化遗产研究",有助于言说者和接受者都以平常的心态一起来促进学术的积累,完成高楼大厦的奠基工作。

既然文化遗产研究与我们面临的问题有关,那么问题的"突出性"或对问题的重视程度,就与这门学问(学科)的发育直接相关了。生命科学、环境科学、信息科学等之所以在近来得以快速发展,与其在国家科学、经济发展战略中所处的地位有关。所以如果要有意识地拓展文化遗产研究,还得关注和营造学科构建的环境。

学科构建的环境还包括研究对象的整合程度。这种整合除了在知识层面进行外(这属于学科构建的内在要求),还应该体现在教学体系、研究体制和管理系统中。设想一下,如果我国的高校中已设立了若干文化遗产系或文化遗产学院,如果研究机构中也有了若干文化遗产研究所或文化遗产研究中心,又如果在政府的机构设置中已有了一个类似"文化遗产委员会"的机构来总揽和协调文化遗产的事务,那么,文化遗产研究的学科构建就将处在一个完全不同的境地。

路漫漫其修远,但我们将为之努力。

(原载《中国文物报》2003 年 9 月 12 日)

无形遗产：话语背后的思想脉络

"无形遗产"(intangible heritage)是一个新近引入的名词,尽管中国抢救和保护无形遗产的工作并不始自今日。围绕这个新名词,中国的文化界和博物馆界正酝酿或已着手推出许多重要的举措。然而不容忽视的是,目前有关无形遗产的讨论中,概念不明、话语不清的现象时有所见。本文拟对一些相关的基本概念进行讨论,并通过这些概念对话语背后的某些思想脉络,试作梳理。我们从国际社会如何启动无形遗产的事业说起。

一、从"无形文化财"到 1989 年的建议案

1972 年《保护世界文化和自然遗产公约》颁布以后,如何推动无形遗产保护的讨论开始兴起。在此过程中,日本的"无形文化财"概念及其相关的保护措施产生了比较大的影响。按日本的《文化财保护法》(最初颁布于 1950 年),文化财中包括无形文化财和无形民俗文化财,这是世界上第一个在国家的文化遗产保护基本法中明确提出保护无形遗产的。据日本学者河野靖先生的研究,国际社会的反响是逐步产生的:首先是 1977 年,在遗产保护方面的《联合国教科文组织第一次中期计划(1977—1983 年)》中,提出了文化遗产由有形与无形两部分组成,"无形遗产"的思想雏形初现。五年后,情况发生进一步的改变。上述《第二次中期计划(1984—1989 年)》大大拓展了"无形文化遗产"的内涵,并将其与

有形文化遗产的保护一并给予规划。河野靖认为,国际上曾使用 nonphysical cultural heritage 来表述"无形文化遗产",后发觉不妥,遂改用日本用来指称"无形文化财"的对译词：intangible cultural heritage。

1989 年,联合国教科文组织提出了第一个涉及无形遗产保护的公开性文件,即由第 25 届成员国大会通过的《保护传统和民间文化的建议案》(Recommendation on Safeguarding of Traditional Culture and Folklore)。该建议案呼吁,应加强对 folklore 的重视和保护。该词的本义是民间传说,然而这里应做广义的理解,即传统和大众的文化。它们具有重要的、独特的精神价值,却又极其脆弱,面临着消亡的威胁。建议案为以后的无形遗产保护工作提供了一个总体框架,分 7 个方面：

（1）界定(definition)。指出 folklore 的形式包括语言、文学、音乐、舞蹈、游戏、神话、仪式、习俗、手工艺、建造术及其他艺术形式。它们的标准和价值主要靠口头相传。

（2）确认(identification)。即搜集、编目,形成系统的记录。

（3）保存(conservation)。用有形的形态将其保存下来并能得到利用,如建立档案库,建造博物馆或博物馆中用以展示传统和大众文化的专区。

（4）保护(preservation)。指保护这些传统本身,及其传播者。

（5）传播(dissemination)。通过展示活动、节日、影片、讨论班、训练课程、研讨会等各种形式,或借助出版、电视、广播等媒体,促进大众对 folklore 的了解和认识。

（6）保护(protection)。这里特指对与 folklore 相关的智力成果在现今法制社会中各种权利的保护。

（7）国际合作(international co-operation)。通过国家之间各种形式的合作,促进对 folklore 的保护。

二、"口头遗产""非物质遗产"及其具体形式

在1989年的建议案基础上,联合国教科文组织展开了全球范围的无形遗产调查。至2001年5月,首次评选出第一批"人类口头和非物质遗产代表作"(Masterpieces of the Oral and Intangible Heritage of Humanity)。之所以将"口头遗产"(又译作"口述遗产")与"非物质遗产"并列连称,笔者觉得,不是因为"口头遗产"独立于"非物质遗产"之外,而是为了突出表明口耳相传对于这类遗产的传承具有极端的重要性。"口头遗产"属于"非物质遗产"的范畴,但为了予以强调,特意将其抽出并置放在"非物质遗产"概念之前。这种做法,应该说是1989年建议案的顺理成章的延续,因为该文件关注和讨论的核心是folklore,并且郑重地表明,其标准和价值主要靠口头相传。这是潜藏在"人类口头和非物质遗产代表作"这个工作术语后面的深层逻辑。

"非物质遗产"即"无形遗产",它们是中文的两种不同译法而已。"人类口头和非物质遗产代表作"的评选成功,标志着国际社会有关无形遗产的理论和实践,进入了一个新的发展阶段。需加以关注的是,在这个遴选活动中,又提出了两个关于无形遗产的新概念:(1)文化空间,(2)传统和大众的文化表达形式。"人类口头和非物质遗产代表作"所评选的,就是一些"文化空间",或"传统和大众的文化表达形式"。对这两个概念,国内还比较陌生,兹做简单介绍。

文化空间(culture space),指的是一处或几处传统和大众文化活动集中,或经常有规律举行的场所。它不同于遗址(site)。遗址是那些有着能够体现人类才能的遗迹的地方。打个比喻,遗址属于"过去时态";而文化空间则是"现在完成进行时态",即这个空间里的那些特定的文化活动仍在继续之中。在联合国教科文组织的

网页上,就强调"文化空间"是作为一个人类学的概念。2001年评选出的19项"人类口头和非物质遗产代表作"中,文化空间占了5项,如摩洛哥的杰马埃尔弗纳广场的文化空间、乌兹别克斯坦的鲍依森地区的文化空间等。

传统和大众的文化表达形式(traditional and popular forms of cultural expression),指的是语言、口头文学、音乐、舞蹈、游戏、神话、仪式、习俗、手工艺、建造术及其他艺术,它们都是用以人际沟通和交流的传统形式。19项代表作中,中国的昆曲、印度的库提亚达姆梵剧、韩国的皇家宗庙祭祖仪式及音乐等,即属此类。文化空间与传统和大众的文化表达形式既有联系,又存在差别。前者离不开后者,换言之,前者是呈现后者的一个固定或有规律的场所。但后者不一定依赖前者。就此说来,传统和大众的文化表达形式在无形遗产中更具有本质性的意义。

三、有待进一步清理的若干问题

在联合国有关组织的文件中,"无形遗产"概念往往等同于"无形文化遗产"。国内的一些文章也时常将这两个概念混同使用。但,这种理解是否真的可以成立,似有深入研究的必要。在去年上海举行的国际博物馆协会亚太地区第七次大会上,来自印度的Venugopal博士就在他的论文中讨论了有关"无形自然遗产"的问题。这从一个侧面提醒我们考虑,无形遗产是否也存在文化的和自然的两个方面。

目前,国内有关无形文化遗产保护的设想和举措,动辄即挂在"民间文化"的名下。比如推出了声势浩大的"中国民间文化遗产抢救工程";也正在修订"民族民间文化保护法",有人以为它可与《文物保护法》相呼应,形成一个完整的遗产保护的法律体系。这种工作思路当然有其合理性,意义也是显然的,然而从学理上讲,

"无形文化遗产"与"民间文化"是两个不同的概念，有必要明确地加以区分。举例来说，中国的昆曲就早已不属于民间文化，而成为不折不扣的雅文化或精英文化。因此，如果简单地定位于民间文化，那么无形遗产的保护工作就必定会出现重大的缺漏。我国应该尽快制定《无形遗产保护法》，以之与《文物保护法》相匹配，构成一个整体。

其实，即使在联合国教科文组织或国际博协的层面，有关无形遗产的某些概念和问题也有待进一步的清理。正因如此，去年10月国际博协亚太地区第七次大会在"预计效果"中就列有这样一条：为2004年国际博协全球大会制定概念框架。本文的意图在于有助于贴近国际学术前沿，同时以便于返身从我们的思考和立场出发，参与建构更为清晰的话语系统。

（原载《中国文物报》2003年6月6日）

作为遗产类型的"文化空间"及在中国的境遇

在中国过去的一百多年里,无形文化遗产所遭遇的破坏和流失,就某种意义上讲可能大大超过有形文化遗产。从主观的层面考察,这样说的依据主要有两点:(1)保护无形文化遗产的观念远远落后于保护有形文化遗产;(2)反映到立法保护的进程上,无形文化遗产要比有形文化遗产滞后几十年。中国在 1930 年就颁布了《古物保存法》,1982 年更形成了系统地保护有形文化遗产的根本性大法《文物保护法》,然而迄今为止还没有一部相对完整的针对无形遗产的国家法规[①]。从客观的角度看,现状是:经过历史的劫难和淘洗,还是有一定数量的有形文化遗产有幸保存了下来,它们或摆放在博物馆里,或作为文物保护单位得到专门的看守;相比之下,得以幸存并妥加保护的无形文化遗产就太少、太少。进而,今天无形文化遗产保护所面临的严峻形势,其生存、传承的不易和

---

① 1997 年以后,情况发生很大的变化。首先是国务院颁布了《传统工艺美术保护条例》。其后全国人大教科文卫委员会在全国范围内启动了广泛深入的相关调研,着手制定《中华人民共和国民族民间传统文化保护法》,后又改名为《中华人民共和国非物质文化遗产保护法》,现正在对草案作进一步的修改完善。2000 年 5 月,云南省颁布了中国第一部有关无形遗产保护的地方性法规《云南省民族民间传统文化保护条例》,随后一些省市相继制定了类似的地方性法规。2005 年 4 月,国务院办公厅印发《关于加强我国非物质文化遗产保护工作的意见》,提出要建立国家级和省、市、县级非物质文化遗产代表作名录,逐步形成有中国特色的非物质文化遗产分级保护制度。

脆弱，也就更甚于有形文化遗产。本文所关注的"文化空间"，就从一个侧面证明了这一点。

"文化空间"是伴随联合国教科文组织评选"人类口头和非物质遗产代表作"而确立的一种遗产类型。"代表作"（名录）将无形文化遗产分为 6 类（英文原作：associated themes）：

文化空间（Cultural Space）

传统技艺（Traditional Knowledge and Know-how）

传统口头表演（Oral Tradition）

表演艺术（Performing Art）

传统音乐（Traditional Music）

宗教和节日仪式（Ritual and Festival Event）

2001 年联合国教科文组织遴选出首批 19 项代表作，其中有 5 个文化空间，它们是：维拉·麦拉康果斯圣灵手足之情的文化空间（多米尼加），尼亚加索"苏苏-巴拉"的文化空间（几内亚），Jemaa el-fna 广场的文化空间（摩洛哥），塞梅斯基口头文化与文化空间（俄罗斯），博恩逊地区文化空间（乌兹别克斯坦）。两年后又评出第二批 28 项代表作，文化空间类的有 2 项：基努文化空间（爱沙尼亚）和 Moore 镇 Maroon 遗产。根据两年评选一次的规则，2005 年 11 月又通过了第三批代表作名录，共 43 项，其中遗产名称直接就点明属于文化空间类的有 4 个①。

在联合国教科文组织的有关文件和资料中，非物质文化遗产又往往被解说为"文化空间"和"传统和大众的文化表达形式"②。

---

① 它们是：The cultural space of Palenque de San Basilio (Colombia), The cultural space of the Bedu in Petra and Wadi Rum (Jordan), The cultural space of the Yaaral and Degal (Mali), The space of Gong culture in the Central Highland of Vietnam (Vietnam)。
② 英文为：cultural spaces and forms of popular and traditional expression。可参见联合国教科文组织编：First Proclamation of Masterpieces of the Oral and Intangible Heritage of Humanity。

基于类似的认识,2005年12月22日发布的中国《国务院关于加强文化遗产保护的通知》指出:"非物质文化遗产是指各种以非物质形态存在的与群众生活密切相关、世代相承的传统文化表现形式,包括口头传统、传统表演艺术、民俗活动和礼仪与节庆、有关自然界和宇宙的民间传统知识和实践、传统手工艺技能等以及与上述传统文化表现形式相关的文化空间。"显然,作为非物质文化遗产的文化空间,离不开一定的传统文化表现形式,就此而言,传统文化表现形式具有更本质性的意义。但为何还要突出文化空间?笔者以为,在文化空间的问题上,最充分地体现出对非物质文化遗产要尽可能采用"活态"保护的价值取向,并且折射出极为深刻的哲学和人类学的思想,所以必须予以强调。

具体地讲,文化空间是一个以集中的形式举行大众和传统文化活动的场所(如说书、仪式、交易、节日活动等场所),或是一个定期举行有关活动的场所①。这些场所凸显了具体的空间,也带入了时间意识,它使那些传统文化表现形式不脱离活的文化和活的人。那么,这些传统文化表现形式也就会是"活"的。

"文化空间"被认为是一个人类学的概念(anthropological concept),对此中国的遗产界认识不足。"文化空间"这个概念的形成,又与西方一些学术领域在20世纪七八十年代以后发生的"向空间发展"的转向,和热衷于谈论"公共空间"的思潮有关。可惜,我们在这方面也常常表现出缺乏探究的兴趣。这就决定了中国有关无形文化遗产保护的理论准备极不充分。

尽管2005年4月国务院办公厅印发的《关于加强我国非物质文化遗产保护工作的意见》,和同年12月《国务院关于加强文化遗产保护的通知》都明确提到了"文化空间",但在今年公示并最终公

---

① 引自联合国教科文组织编:First Proclamation of Masterpieces of the Oral and Intangible Heritage of Humanity。

布的第一批国家非物质文化遗产名录中,还是没有"文化空间"的一席之地①。这固然与中国近百年社会的剧烈动荡、大量的无形遗产(尤其是文化空间)惨遭毁损密不可分,也与当下的某些主观因素有关。这又集中反映了今日遗产领域隐藏的或显露的某些困窘。

(本文是2006年10月参加由文化部主办、中国艺术研究院承办的"中国非物质文化遗产保护论坛"所提交的论文提纲)

---

① 第一批国家非物质文化遗产名录分十类,它们是:民间文学,音乐,舞蹈,戏剧,曲艺,杂技和竞技,美术,手工技艺,传统医药,民俗。

管理与伦理：公共性遗产事业的一个新视点

构筑公共性遗产事业的伦理支点

我国新的文物工作方针在"保护为主，抢救第一"八字基础上，增加了"合理利用，加强管理"。国家文物局单霁翔同志在《2002年全国文物局长会议工作报告》中又进一步指出，"'加强管理'是做好文物工作的关键。"在中国公共性遗产事业的发展进程中，管理工作的重要性和提高管理水平的紧迫性，已被提到了前所未有的高度。毋庸置疑，这是今天社会进步、事业趋向成熟的一个反映。由此，管理的问题业已演化为必须正视并加以严肃探讨的课题。这又是时代所提出的挑战和所赋予我们的重任。

本文想阐述的是，加强管理，如果仅仅着眼于"管理"本身，那还远远不够。比如，隐藏在"管理"深处的，还有伦理层面的问题。离开伦理的建设，管理便可能成为无本之木，既无法落实，也无从体现。一般地讲，伦理即内在的管理，管理是外化的伦理。目前中国公共性遗产管理中所出现的许多混乱现象，其实很大程度上都肇因于伦理上的混乱。因此必须将伦理与管理结合起来考察，或者说，要在伦理的层面上，努力探寻遗产管理的支撑点。构筑公共性遗产事业的伦理支点，已成为一个基础性的同时又是实质性的、关乎全局的问题。

规范伦理学视野中的若干要点

或许今后可以形成一门"公共遗产管理伦理学",以作为伦理学的一个分支学科,专门用于探讨有关遗产保护和利用中出现的各种伦理问题。从规范伦理学的角度审视,在这个领域中,以下几项要点值得特别关注。

1. 工作伦理

重点在于建构职业道德。即文博行业的从业人员,应该恪守职业道德。如果说,中国的文博队伍曾经有过比较好的从业道德的话,那么在社会转型的过程中,在社会多样化和价值多元化的变化过程中,情况则发生了很大的变化。对此,有关方面已给予高度的警觉和重视。1997年4月,国家文物局发布了《国家文物局机关工作人员守则》和《中国文物、博物馆工作人员职业道德准则》。不到四年,即2001年12月,国家文物局又重新修订并发布了这两个文件,以进一步突出和明确文博行业职业道德的特点及内容。而近年来的不少事例则表明,文博行业的职业道德建设,可谓任重而道远。但毫无疑问的是,确立良好的工作伦理,乃遗产事业健康发展的重要基础。

2. 生活伦理

重点在于建构公民道德。下面的这条资料足以让每一位有心人体察到问题的严重性。《中国文化报》2003年7月25日以"他们践踏的不仅仅是世界遗产"为题,用图文配合的形式报道:"明孝陵申报世界文化遗产成功后,有关部门连续3天向南京市民免费开放。连日来,近30万游客涌向明孝陵,一睹世界文化遗产的风采,人数创下历史之最。然而,让人痛心的是,镜头所及到处是游客攀爬古石像的情景。历经600多年沧桑的古石像在发出痛苦的呻吟。"由于特定的文化传统,中国人在对"公共财物"的理解及行为方式方面,存在比较大的欠缺。现代史上,鲁迅、张謇等人都曾对中国社会疏于保护文化遗产,表示过揪心之痛。积弊难除,因此如何从提升社会公德的角度,加强遗产保护的伦理建设,在今天就显得分外地重要和急迫。从世界范围看,珍爱和呵护公共性遗产,已成为当代社会公共生活中的一条基本准则。假如我们忽视这方面的生活伦理,那么中国的公共性遗产事业就将缺乏应有的保障。

3. 社会伦理

这涵盖几方面的内容,包括公共行政伦理和公众参与公共事务的社会伦理。此处仅就公共行政伦理稍作展开。公共行政伦理主要指国家机构、公共管理部门和政府公务员在公共行政领域所应遵循的行为规范,它渗透在公共管理、公共行政与政府行政过程的方方面面,与前述从业人员的个人职业道德既有联系,又存在区别。其关节点,在于公共事务如何体现合理和正义。美国伦理学家蒂洛在《伦理学:理论与实践》(孟庆时等译,北京大学出版社,1985年)一书中,曾提出人道主义规范体系的五条原则:(1)生命价值原则;(2)善良原则;(3)公正原则;(4)诚实原则;(5)个人自由或平等原则。在涉及遗产保护和利用的公共行政过程中,特别是在处理社会各方在收益和代价的矛盾关系中,应引入上述原则以作为我们进行科学规划和有效操作的伦理基础。这样的社会伦理,在中国无疑属于一种"新"事物,其重要性和深刻的内蕴还有待揭橥。不过同样显然的是,对于中国遗产事业的发展,它具有价值导向的功能,意义重大。

4. 环境伦理

环境伦理萌生于20世纪40年代末,到70年代以后在欧美获得长足发展。按环境伦理的观点,人与自然之间也有道德要求,自然并非人类任意宰割的"奴隶",而应该得到尊重和敬畏。这种伦理观后来又从自然环境延伸到人文环境,"环境意识"成为推进当代公共性遗产事业发展的重要新理念。其在中国生根,是在最近几年。

今年8月8日,备受争议的张家界百龙天梯在停运十个月后,又重新开张营业。在某些被请来论证的专家眼里,这座位于世界遗产地的"拥有最高的全暴露观光电梯,最高的双层观光电梯,载重量最大、速度最快的观光电梯"(因此获得了三项"吉尼斯世界纪录"),竟然可以与法国埃菲尔铁塔相媲美。仅8月中旬,这座"世界第一梯"的日客运量最高已达6 000多人次(引自《中国经营报》2003年9月22日)。当地政府下定决心,开放"绿灯"。人们不禁要问:这种有损自然生态环境的工程,能被当今的环境伦理所允许吗?这大概已成为我们目前可以对此进行抵抗的最后防线!

制度伦理与文博行业的工作创新

近年来国内伦理学界开始关注对制度伦理的研究,这为分析、解决公共遗产事业中的相关问题,提供了一个新的理论框架。尽管大家对"制度伦理"尚未形成一致的见解,但研究和讨论中表现出的主旨基本上是相近的,概略言之有三点:一是制度伦理是依靠制度中所隐含的伦理精神和价值意义,引导并整合人们的行为,它将某种伦理精神和价值意义结构化、实体化,以此来规定人们的生活方式和实践方式,也展示了当时社会应该有的生存方式和发展方式。二是应强调道德建设中制度约束的重要性,重视对社会公共领域的伦理问题研究,重视对制度正当、合理与否的伦理评价。三是文明社会的历史跨越都是以制度伦理的不断演进为先导的,今日"制度伦理"的问题凸显,其核心所在是社会转型时期社会秩序的重建。

引入制度伦理的分析框架,将有助于推进文博行业的工作创新,特别是有利于贯彻执行"合理利用,加强管理"的基本方针。所谓"合理",其实就是要与各种正确的伦理观念相顺应、相符合;所谓"加强",其重点正在于制度伦理的建设。通过制度伦理建设,使我们所崇尚的伦理规范外化为管理,使管理成为提升道德状况、创造良好社会环境的制度安排和推动手段,从而切实地担负起"保护""抢救"和"利用"的重任。

这是中国转型期遗产事业发展的一个重要突破口。

(原载《中国文物报》2003年12月5日)

如何看待作为遗产事业功能之一的"经济"
——对《中国文化遗产事业发展报告》一个观点的讨论

以往的研究中,学人们习惯于论说"文物的价值与作用"(如李晓东《中国文物学概论》)。这一次,刘世锦主编的《中国文化遗产事业发展报告(2008)》(以下简称《报告》),则提出了"文化遗产事业的功能",并表述为"具有教育、科研、经济三大功能"(第19页)。初次接触这一表述,即产生两个联想。一是当年中国博物馆学对博物馆社会功能的阐述,其归纳是"收藏、研究、教育"三大功能。二是徐嵩龄《第三国策:论中国文化与自然遗产保护》(以下简称《国策》)所论述的,遗产具有教育、政治、经济3类功能(第5—7页)。

在功能的主体性质方面,《报告》的遗产事业功能说与前述博物馆功能说相接近,在功能的选项上两者也有两项是一致的。而在引入"经济"这一选项上,根据《报告》的后记,可以推断《报告》是受了《国策》的影响。值得注意的是,《国策》第19页注①特地指出:"文化遗产的功能必须通过形成管理体系的文化遗产事业才能发挥。因此本书中我们在叙述时不刻意区分文化遗产的功能和文化遗产事业的功能。"

笔者以为,反映在最终的结论(即选项)上,文化遗产的功能和文化遗产事业的功能（后者属于新提法）或许是可以一致的，但是就研究来说，两者却有各自的角度和论证过程，似不能简单混同。这对于具有理论探索价值的《报告》，是一个美中不足之处。然而这并不是本文的着眼点。

本文所关注的，是如何看待作为遗产事业功能之一的"经济"；扩展开讲，是遗产和经济（或遗产学与经济学）之间的关系。阅读《报告》，在获取启发的同时，也生出疑惑，故撰文讨论、请教。又，《国策》的"经济功能"说的内涵，至少在表达上与《报告》存在一定的差异，所以本文主要是就《报告》引出讨论。

笔者的一个基本观点是：遗产事业（或遗产）的功能，固然会有很多的选项，这已有林林总总的研究成果为证，《报告》也有所论涉；但是若要提炼出"几大功能"，就不是所有选项都可以随意进入的，而需要慎重地择取。择取的对象，只能是一些特殊的选项——针对遗产或遗产事业，它们必须具有普遍的或终极的意义（像收藏、研究、教育这3项，对于博物馆就具有普遍的或终极的意义）。"经济"可以作为遗产事业功能的一个一般选项，却不能作为特殊选项，因为它不具有普遍的或终极的意义。

详细的论述需要大的篇幅，非此小文所能胜任。这里简要谈一下本人分析这个问题的思路。我们先做两个设想：（1）如果某些遗产没有或暂时没有表现出"经济"的功能，那是不是还要加以保护？（2）如果认定某些遗产具有很大的"经济"功能，是不是就该以经济的指标（或指向）来决定保护的策略和计划？我提的所谓"普遍的"和"终极的"的意义，即隐含在这两个设问之中。

两年前，经济学家张五常在其博客及其他一些场合建议开挖秦陵、乾陵，其出发点十分直白：打开它们可以给当地带来巨大的经济利益。张先生甚至算好了一笔经济账：秦陵打开后仅门票收入的现值就可达500亿。此论在网络上引发热烈的讨论，其中不乏赞成的,却没有显示被当局采纳的迹象。这说明在经济账之外,还有一些更为至高的(也就是具有普遍和终极意义的)原则,并且已经被文明社会所信守。

更需要关切的是,《报告》(可能也包括张氏)的观点与近年兴起的"遗产经济学"相关,这才是该问题面临的严峻性之所在,由此也触发笔者撰写本文。《报告》有一个"亮点",即分析文化遗产事业对国民经济的贡献,并且给出了文化遗产对国民经济贡献的测算思路和最终结果。这无疑是近年遗产研究中的一个推进,有着显著的意义。可是,任何特定范围内被证明是有效的结论,如果被不适当地引用,都会招致无效甚至错误的结果。《报告》的本意,应该是在力图凸显遗产事业的社会贡献及其重要性,可能也是善意地在为这个领域能够得到更多的理解、支持包括资金投入,展开"说服"工作。然而笔者的担忧是,在一个习惯以 GDP 为中心考核政绩的场域里,遗产经济学是否会沦为旧指标体系中的新要素?是否会给遗产事业带来新的负面冲击?

所以,必须尽快地给遗产经济学及其有效性划出"边界"。遗产经济学自有其独到的视角,一些经济学的观点比如新制度经济学(张五常就是新制度经济学创始人科斯的弟子)引入遗产问题后,也确实可给遗产研究提供一种重要的方法论。但经济学之于遗产问题的研究,非但不是万能钥匙,在很多方面还几乎是"束手无策"的。例如,遗产保护关乎人的本性,时常会进入到人类的审美、情感、意志等层面,还会遭遇社会公正包括代际公正等问题,这些大概都不是经济学所能很好面对并承担、解决的。况且,经济学的假设前提是,人都是自私自利的(偏向于哲学上的"性恶论"),而遗产保护的终极目的之一,却在于培育良好、优雅的人性。两者在学术的深层理路上自有"南辕北辙"之处。自然,指出这种学理上的扞格,并不意味着拒绝两个学科的交叉、联结,而意在提醒问题的复杂性,立论要谨慎。

笔者赞成也倡导展开遗产经济学研究,可认为在此同时必须确立其疆界意识。张五常的开挖秦陵一说,便是遗产经济学恣意横行的一个案例。而竟然得到不小的呼应,那就不能不引起警觉。

如果站在目前的认识程度上,要对公共性遗产事业的功能给出一个简明的说法,笔者倾向于概括出 3 类功能:(1)陶冶美好的人性;(2)护育适宜的生存环境;(3)促进社会发展。可以在"促进社会发展"这一项中给"经济"留出一个恰当的位置。

(原载《中国文物报》2008 年 10 月 31 日)

环境权与公共遗产保护

作为一种公共性的资源,文化和自然遗产在本质属性上就被决定了,它们必须为人类及其子孙永续共享。近几十年来,国际社会从多种角度拓展着对这一问题的认识,其中"环境权"及相关观念的建构,极大地推动了遗产保护事业的发展。笔者以为,引入、宣传并逐步培养这种环境权意识,对于改变中国遗产保护工作中诸多不容乐观的现状,将中国的文博事业推向新的更高水平,具有根本性的意义。

"环境权"概念的确立和发展

1960年,一位联邦德国的医生向"欧洲人权委员会"提出,向大海倾倒废弃物属于侵犯人权的行为。由此,围绕人类是否拥有一种对于环境的权利,和这种权利是否应追加进欧洲人权清单,引发了一场争议。12年后,在斯德哥尔摩举行的联合国人类环境会议上终于通过了《人类环境宣言》,它申明:人类拥有一种在能够过尊严和幸福的生活的环境中,享受自由、平等和充足的生活条件的基本权利,同时也负有为当代和将来世世代代保护和改善环境的神圣责任。一般认为,这是国际社会首次确认环境权。次年,维也纳欧洲环境部长会议再次肯定了环境权是"人权"的基本内容之一。

环境权是现代人权观念的一个重要拓展,它的出现和普及极大地推动了日益高涨的环境保护运动,进而深刻影响了当代政治、经济和文化的变化、发展。众所周知,环境包括自然环境(又称天然环境)与人为环境(又称人文环境)。由那位联邦德国医生引发的"环境权"问题,尚仅是针对自然环境而言的。不过,这种对于环境的单一思路很快就被改变了。从60年代开始,西方一些国家逐渐将文化遗产(Cultural Heritage)、文化财产(Cultural Property)这类人文性因素归入"环境",强调给予其优先保护的重要性,有的还以立法的形式将此原则确立下来。1970年生效的美国《国家环境政策法》(The National Environment Policy Act),虽说主要是为了保护自然环境而制定的,却也涉及了人文环境的若干问题。该法案要求社会各界运用各种方法来保护国家重要的历史、文化和民族遗产。比如,有关部门在各种工程建设中必须承担保护文物的义务,在一切基本建设实施之前都不能缺少对文物进行调查、发掘和保护的环节。

1972年颁布的《人类环境宣言》(简称《宣言》)进一步明确提出,人类的环境权涵盖自然和人文两个方面,并从这样的高度阐明了环境与人类之间互相影响、互相作用的关系。《宣言》开宗明义地指出:"人类既是他的环境的创造物,又是他的环境的创造者。环境给予人以维持生存的东西,并给他提供了在智力、道德、社会和精神等方面获得发展的机会。……人类环境的两个方面,即天然和人为的两个方面,对于人类的幸福和对于享受基本人权,甚至生存权利本身,都是必不可少的。"与《宣言》同时发表的联合国《人类环境行动计划》(简称《计划》),更着意将保护人文环境的理念付诸实践。《计划》包含109条建议,由环境评价、环境管理和支持措施三个方面的内容组成。其中第98条建议提出,应尽快缔结保护世界文化和自然遗产的国际公约。正是以此为发端,才引出了《世界遗产公约》和世界范围内保护文化和自然遗产的新局面。

作为人文环境的文化遗产

自然遗产作为一种环境存在的价值比较容易理解,而文化遗产如何作为"环境",其价值何在,似还需略加申说。这里我们试从人类本性的角度入手加以探究。

人是具有文化的生物。她之所以珍视作为人文环境内容之一的文化遗产,有两点是至关重要的。一是人类离不开文化的多样性。多样性问题是晚近以来国际学术界讨论的一个热点,尤其在"生物多样性"方面,目前已形成了许多共识(比如1992年国际社会通过了《生物多样性公约》,即《里约公约》,并引起社会的广泛关注。而"文化多样性",其实与"生物多样性"同样重要。因为,(1)从人类的历史看,正是在不同文化的长期交融和碰撞过程中,才得以产生今天的地球文明。换句话说,文化的多样性创造了今日的人类。(2)从现代人类的行为方式看,比如,今天的人们正以前所未有的兴趣、规模和方式,积极开展各种旅游和探险活动,迫切地希望接触和了解异文化或先辈留下的文化遗存,这从内心深处表现出对文化多样性的渴求。世界各地的文化遗产恰恰是"文化多样性"的一种生动体现。易言之,各国、各个地区面貌各异、形态纷杂的文化遗产,构成了一个"文化多样性"的世界。

二是人类是有记忆的,并需要不断地通过各种不同形式的"怀旧"手段,借以抚慰心灵和抒发情性。人类还将自己的记忆能力"移接"到某些物质载体上,所以大家称文化遗产是"历史的见证"。这些见证物也就理所当然地成为人类的生存条件之一。曾有一个很生动的事例,引述如下:巴西在20世纪60年代初建造了一个全新的首都——巴西里亚,当时的设计及规划在世界上获得很高的评价。但是没有料到的是,当80年代实行双休制后,问题一下子就爆发了。一到周末,人们纷纷离开这座城市,回到里约热内卢,从而留下一座空城并引发出一大堆治安及城市管理问题。当时巴西一家很有影响的报纸以"巴西里亚的人都到哪里去了?回家去了"为题,对此事作了报道。文章讲道:"巴西里亚的人说要回到老祖母那里去,在昏暗的灯光下,喝一杯自己研磨的热咖啡。"这例子说明了在人的高贵天性中,包含或潜伏着不断与先辈进行对话、沟通的欲求和冲动,此可谓精神上的"回家"。由此而言,文化遗产为人类连接过去和现在架设了桥梁,也为从今天走向明天提供了不可或缺的精神养料。故而也就可以明白,为什么一个国家对博物馆和遗产保护工作的重视程度,往往与其社会经济文化的发展水平是成正比的。

概括而言,文化遗产可以提供或者参与营造出一种适宜于人的生存和发展的人文环境。而这,对于生活在工业化进程所模塑出的、千孔一面的钢筋水泥柱子"森林"中的现代人来讲,意义尤甚。因此保护文化遗产以及自然遗产,事关能否为社会和人的发展提供一个良好的环境。这正如联合国教科文组织文件《关于在国家一级保护文化和自然遗产的建议》中所言的:"在生活条件加速变化的社会中,为人保存与其相称的生活环境,使之在其中接触到大自然和先辈遗留的文明见证,这对人的平衡和发展十分重要。为此,应该使文化遗产和自然遗产在社会生活中发挥积极的作用,并把当代成就、昔日价值和自然之美纳入一个整体规划加以考虑。"

中国:现状与对策

中国是一个遗产资源十分丰富的国家,然而由于受经济、文化等各方面总体发展水平的限制,遗产保护事业还存在着许多问题;在有些地区,这项工作开展起来甚至还困难重重。近十几年来因建设性破坏而导致遗产遭损毁的事件时有所闻,而近期披露的定海古城、山东孔庙等遭严重破坏的事例,再次让人感到触目惊心。

静心细思，深觉有必要强调"环境权"，即站到保护公民正当权益的高度来认识和推动文物保护的工作。

发达国家的经验和目前我国严酷的教训告诉我们，在"人权"观念中必须突出环境权的意识，在"环境权"概念中绝不能忽略人文环境的意识。环境权是中国公民"发展权"的一项重要内容，我国的国民教育亟待补上这一课。只有将对遗产保护的追求化作人的一种基本素质，只有当对遗产的需要已成为人的一种基本的精神需求，遗产保护的事业才能获得真正坚实的基础，《文物保护法》的实施也才有可能得到真正的保障。

这种教育既要从娃娃抓起，还务必在干部中着意强化。近年的若干事例说明，政府部门一些干部对于文化遗产保护的意识落后于群众，尤其是当他们为某些现实利益所驱动，甚至可以不惜以牺牲遗产为代价。去年底有关周庄的一则报道也反映了此点。周庄古镇因其江南水乡韵味和保存有完好的明清古建筑而闻名，已被列入世界文化遗产预备清单。为保持古镇风貌，周庄人民花费了大量的人力、财力，营造出一个独特的文化遗产保护区。然而，苏州市为发展旅游业，拟建公路穿越周庄，此举必然导致周庄的自然和人文环境遭受严重破坏。在专家和群众的强烈反对下，后来有关部门才不得不对公路的修造重作规划，一场损毁遗产的恶性事件终于被遏止了（详见上海电视台 2000 年 12 月 16 日《新闻观察》）。这一事件又反映了环境权的意识正在中国民众中逐步被唤醒。

在中国，"环境权"尚是一个新概念，人文环境保护的意识更有待普及。然而，它们关乎中国人的生存质量，关系到中国文化的未来，因此必须高度重视，通过教育、立法和严肃公正的执法，毫不懈怠地将遗产保护工作落到实处。

（原载《中国文物报》2001 年 9 月 21 日）

从环境艺术看文化遗产的保护和利用

一、引入环境艺术的观察视角

环境艺术(enviromental art)既是一门新兴的学科,又是一个反映人的生存质量的综合指标体系。著名环境艺术理论家多伯(Richard P. Dober)强调,这是"早已被传统所瞩目的艺术"。这样的事实说明,对于优美环境及美好生活的向往,源自人类的天性,并且一直为人类所努力和追求着。中国在改革开放以后,特别是伴随人们对居住环境和生存空间的不断重视,环境艺术的重要性日益凸显。一些高校设置了相关的专业;环境艺术设计及其作品不断引发讨论;某些城市明确提出以环境艺术的理念来推进城市设计和景观规划,进而打造区域文化。

然而,对环境艺术愈加重视,我们身边的环境所隐含的问题也就暴露得越明显。例如,现实中大量的人文景观缺乏文化艺术的魅力,底蕴贫瘠。而另一方面,在经济建设的大潮中,历史遗产不断遭受破坏,本土文化精神持续流失,城镇村落既有的肌理和文脉被扭曲和割裂。从而,已有的或潜在的无数景观资源(包括历史地区的整体风貌)遭遇严重侵蚀,有的甚至陷入灭顶之灾。

正是出于对上述现象的关注和思考,笔者将文化遗产的保护和利用问题,引入到环境艺术的视角中加以考察,希望借以加深对遗产和遗产事业的理解,同时也拓展对环境艺术的认识。

二、遗产保护和利用的艺术之维

环境艺术关注环境与艺术的互动,亦即环境的艺术化与艺术的环境化。文化遗产既可作为"(人文)环境"①,也可作为"艺术"。例如在很早的时候,中国人就形成了摆设古玩以美化居室的传统。而公元前1世纪左右,罗马人大量地从希腊等占领地搜求雕塑等艺术品,运送回国后,不但置放在私人住宅内,还喜欢将其陈列于公共场所,以至于后人评论说整个罗马城就像是一座博物馆。博古架上的古董也好,西方街头和广场上先人留下的雕像也好,都形象地诠释着"环境的艺术化"和"艺术的环境化",以及文化遗产在环境与艺术的互动中所具有的特殊效能。

文化遗产所具备的艺术性还表现在,即使在常人眼里不那么拥有"艺术"价值的文化遗产(假设是散落在乡村泥地中的5 000年前的一片陶片),也会因其固有的"历史"价值,而在另一个特定的环境中变得"艺术"起来,或更具有文化艺术的魅力(如将那陶片有意识地放置在书桌或博古架上,以营造出某种氛围)。这便是环境艺术的奥妙所在,从中也折射出文化遗产能够并且也有必要介入环境艺术的创造。

众所周知,并不是所有的历史遗留物都可以视为文化遗产的。那么,什么样的遗留物才称得上是"文化遗产"呢,换句话说,具备了怎样的"价值"才能成为文化遗产?从环境艺术的角度看,单单着眼于遗产本体的分析是不够的,还须结合具体的"环境"(已然的和未然的)来加以确定。如此,环境艺术也就为我们发掘文化遗产的价值提供了新的可能。进而,文化遗产的保护和利用,也就有可能不但是一项科学研究或土木工程,而同时也是一场艺术的再发

---

① 参见拙文《环境权与公共遗产保护》,《中国文物报》2001年9月21日。

现,一个艺术的创造或再创造的过程。

我们曾经很在意文化遗产在精神内涵上和文化象征性上所具有的意义。近年来,也有些人非常突出文化遗产所蕴藏的经济价值。可以预言的是,今后,人们将会越来越看重作为艺术的文化遗产,这与大家越来越注重生活质量是同步的。

美学家指出:"如果说社会意识的其他形式的教育具有局部性质的话(例如:道德形成的是道德规范,政治形成的是政治观点,哲学形成的是世界观,科学把人造就成为专家),那么艺术则对智慧和心灵产生综合性的影响。艺术的影响可以触及人的精神的任何一个角落,艺术造就完整的个性。"[①]文化遗产在艺术的维度上所具有的价值,和作为造福于人类的深厚资源,还有待我们进一步体会与开掘。

三、文化遗产的景观化

回到前文提到过的一个概念:景观资源。依照上文的逻辑,我们又不难推导出:文化遗产都是景观资源。明确这样的观点,对于提高整个社会对遗产和遗产事业的认识,祛除愚昧、无知,切实有效地保存文化遗产并加以合理地利用,想来是大为有益的。我们已见过太多这样的事例:一方面大肆毁坏着文化遗产,一方面又盲目地建造着包括仿古建筑在内的新"景观",然而这些新的建造物常常又实在是称不上景观。我们的文化因此而趋于荒芜,我们的生存环境因此而变得苍白无色。所以,提高全民族环境艺术的审美能力,是迫切的;即便在文化遗产的保护和利用这一问题上,就显示出巨大的现实意义。

按照环境艺术的要求,利用文化遗产构造人文景观(包括保护

---

① [苏]尤·鲍列夫:《美学》,冯申等译,上海译文出版社,1988年。

好已有的由文化遗产而营造出的人文景观和整体风貌),借助旧元素熔铸新文化,恐怕这是日后的遗产保护工作应予特别注意的。近年来大家开始强调,遗产工作应走出以往消极、封闭式保护的老路,采取积极、开放式的保护方法,尽可能地在合理利用的预期目标中加强保护。那么,文化遗产的景观化就是一个积极的取向,是一个能够在开放的模式中寻求保护和利用相统一的有效途径。

其实,有关的经验正在积累。近年来笔者所到之处,见到一些相关的事例,留下颇深的印象。如:在广州最繁华的商业街北京路,对有关考古遗址进行就地保护、现场展示,设计出一处名为"千年古道"的观览景点。北京路因此非但增加了一个街景,更获得了一种历史文化的底蕴。这是广州城市文化塑造中有个性的一笔。在北京,继北京古人类文化遗址博物馆在号称"中华第一街"的王府井落成后,崇文门东大街北侧,明代旧城墙的重修工程又已完工。它们以不同的形式给这座城市的民众,带来依托于历史、文化和艺术的感官享受和精神滋养。而在上海,利用虹口多伦路上别具情调的一系列历史建筑,以及昔日名人留下的文化足迹,建成了一条以文博为特色、兼具经营功能的文化街市。这条"多伦路文化名人街",也已成为上海城市景观中的一个亮点。

四、遗产事业和环境艺术可以互相促进

环境艺术涉及城市规划、建筑艺术、园林艺术、公共艺术、城市雕塑、壁画,以及室内空间艺术等。在环境艺术的许多方面,都需要有文化遗产的参与和介入;或者,直接就是以文化遗产作为其规划、设计的对象。所以环境艺术的许多内容,牵连的正是遗产的保护和利用问题。小到展柜内、博古架上的文物,大到天坛、故宫乃至长城、大运河,往往都带有保护、利用和参与环境艺术设计的双重命题。理想的境界是尽可能地将两者统一、协调起来。

遗产事业和环境艺术是可以互相促进的。环境艺术可以彰显遗产的价值，可以给遗产的保护、利用工作提供审美的尺度和理论依据，还可以给遗产事业注入活力、拓展空间。反之，遗产事业的发展和进步，也将推动环境艺术的成长和成熟。其一，环境艺术设计除了应注重功能配置、空间关系、艺术形象，还需要关注文化传承等内容。而我国环境设计目前面临的一个突出问题"是没能够处理好时间与空间的关系，缺乏历史的传承，没有个性"（中国美术家协会环境艺术设计委员会主任张绮曼语）。因此，中国遗产事业的发展，将给环境艺术设计提供丰富的资源和深厚的土壤。其二，环境艺术尚未形成完整的理论体系，反映在对某些环境艺术作品的评价上，经常是众说纷纭，缺乏标准。而从国际社会看，在如何处理文化遗产的问题上已经形成许多有效的经验和惯例，环境艺术必须从中吸取这个领域内业已取得的共识，充实自己的学说，进而提高环境艺术的水平。

（原载南京大学文化与自然遗产研究所、孝陵博物馆编：《世界遗产论坛——明清皇家陵寝专辑》，科学出版社，2004年）

民众与文化遗产：
以上海为重点的若干考察

民众与文化遗产的关系，既是体现现代"遗产"概念之精髓的关键，也是现代社会考量文明程度的一项重要指标。如是说，乃基于笔者以下的思考结果：(1)现代遗产观念的萌发，与近代公共博物馆的诞生同步。换句话说，反映在博物馆开放问题上的共享意识，构筑了现代遗产观念的一个重要基础。(2)近几十年来，"遗产"的话语在全球范围爆炸并急剧扩散，此一过程显然与联合国教科文组织世界遗产项目的推动有关，但深层地看，则与全球化趋势中现代社会一些基本理念的重新熔铸相表里。正是站在这样的立场，笔者高度赞赏将民众生活与文化遗产保护相结合的考察视角。本文以上海的实践和经验为基础，探讨民众与遗产之关系的若干问题；先从公共博物馆入手，继而将视线扩展至历史建筑和文物保护单位的保护和利用上。

中国的博物馆萌芽于上海。1868年，法国耶稣会传教士韩伯禄(Heude，又名韩德)来到上海，在城市西南角的徐家汇——那里是西方文化进入上海乃至全国的一个重要基地，创建了一座博物馆，英文名称是：Museum of Natural History。1883年建成馆舍，中文名叫"徐家汇博物院"，每日午后准人参观，不收费，也无入场券。入门后须投名片，即有人招待参观。及至1929年，该馆并入震旦大学，并迁到吕班路(现重庆南路)，改名为"震旦博物馆"。但震旦博物馆不向社会开放。1874年由英国亚洲文会北中国支会创立的上海博物院（又名亚洲文会博物院），可称为在中国出现的第二个博物馆。1886年，该馆所在的上圆明园路因此改名为博物院路（即今邻近外滩的虎丘路），可见其产生了相当的影响。正是有此背景，1895年，中国维新派建立的上海强学会提出建设博物馆，并将此立为四项要务之一。梁启超《论学会》一文也呼吁"开博物院"①。

回溯博物馆在上海的出现，是想表明这同时也是近代以来"民众与遗产"之思想的发轫。1857年秋天，上海文理学会（2年后改名为亚洲文会北中国支会）初创之时，《北华捷报》即发表评论："相信它将成为……便利公众的文化资源。"1878年，文会自己明确提出，"上海博物院……要为公众服务"。据研究，19世纪90年代，该院已天天向公众开放，包括"周一、周二下午向华人开放"②。

遗憾的是，由于各种历史原因，公共博物馆在上海的发展并不顺利，直到1949年总共才只有5—6家。除以上两家，还有警察博物馆（1935年创建，隶属于上海警察局）、上海市博物馆（1937年1月开馆）、中华医学会医史博物馆（1938年创建）和松江县教育图书博物馆（创始于1915年，1937年毁于战火）。何况开放的情况也不尽如人意。

20世纪的50年代和80—90年代，上海的博物馆有较快的发展，而今更处在大发展时期。根据1997年出版的《上海文物博物馆志》（上海社会科学院出版社），其时上海有博物馆、纪念馆34家，其他陈列室、陈列馆15家。如果数字能够说明问题，我想再举几个数字：（1）2002年，被上海市文物管理委员会认可的博物馆、纪念馆已达64座。（2）截至2007年6月底，上海的博物馆、纪念

---

① 载《时务报》1896年11月5日。
② 参见王毅：《皇家亚洲文会北中国支会研究》，上海书店出版社，2005年。

馆总数是 106 座。(3) 预计到 2010 年,上海的博物馆、纪念馆将达到 150 座。

公共博物馆的增多,固然反映了民众有更多的机会亲近遗产、共享遗产。可是"民众与遗产"的关系,又绝不是简单地能靠上述数字来体现的。比如,如果博物馆不能吸引公众,门可罗雀,或者它与民众的生活毫不相干,那就很难说博物馆真正实现了其价值、遗产已被民众所共享。从这个角度看,上海的不少博物馆,都还有待改进工作思路和运作方式,在让遗产走近(或走进)民众生活方面多下功夫。

值得关注的是,"社区博物馆"的理念在最近几年得到传播,并对博物馆工作起到了方法论的指导意义。一些博物馆自觉地改变形象、拿出措施,吸引公众走进博物馆,同时也想方设法让博物馆进入社区、校园。由于社会总体发展水平的提高,这些年公众对博物馆和遗产的兴趣也逐渐升温,当然也就提出了更高的精神需求。

基于以上变化,带有实质意义的社区博物馆开始出现。今年 5 月,我考察了位于上海浦东的高桥历史文化陈列馆,欣喜地发现"民众与遗产"这个命题在那里得到生动地诠释,我多年在博物馆学和文化遗产领域寻找的某些价值,在那里获得了注脚,得到了初步的落实。高桥位于浦东北端,是江南水乡古镇,1129 年设乡,历史悠久,文物荟萃,人才辈出。高桥历史文化陈列馆由高桥镇创建和管理,征集了 600 多件展品,95% 属真品,多数来自民间。它们不仅浓缩了高桥 870 余年的历史,反映了当地的生产生活和风土民情,而且积淀了收藏者对乡土文化的热爱,进而又激发了当地民众对社区的认同和自豪感。该馆的建筑也颇有特点,是一处傍水的民国时期砖木结构两层住宅,中西合璧,名仰贤堂,经动迁和维修后,用作展厅。该馆在今年"5·18 国际博物馆日"正式对外开放。今年国际博物馆日的主题恰好是"博物馆与共同的遗产",其中需要关注的理当包括：民众的生活与博物馆。

可以对上述话题进行补充或佐证的，是上海优秀历史建筑和文物保护单位等保护与利用的有关状况。上海已公布四批优秀历史建筑，共 632 处、2 138 幢，合计 480 多万平方米。另有 100 多处全国重点文物保护单位和市级文物保护单位；40 处市级历史文物建筑（这三个系统有交叉）。在近年的国际博物馆日和中国文化遗产日（每年 6 月的第二个周六）期间，这其中的一部分，都会按照有关部门的规定，向市民开放。比如，2004 年的国际博物馆日，上海 23 处优秀历史文物建筑免费向市民开放一天，参观人数达到 4.6 万人次。2005 年 5 月下旬的双休日，40 处老建筑免费开放两天，参观人次达 17.7 万。一些参观点人满为患的现象，在今年文化遗产日的免费开放中，同样表现得很突出。这显示了民众向往和亲近遗产的热情，也体现了民众与遗产之间客观上仍存在的"距离"。今年 4 月 5 日我在考察上海市级文物保护单位"四明公所"时，遭遇邻近某保险公司门卫阻拦的经历，更折射出许多问题。问题的核心，或许可表达为：谁的遗产？谁的遗产保护？

上海是中国较早关注"民众与遗产"之关系的地方，时至今日，这个城市有它的成功之处，然而尚有不足也是明显的。如果对中国文化遗产事业的发生、发展，建立一种文明观加以审视，则"民众与遗产"之关系就是衡量文明程度的一个重要标杆。有意识地以此引领中国文化遗产事业当下和未来的发展，将有助于确保这项事业是健康的、可持续的。

（此为 2007 年 7 月 14 日本人在日本关西大学举办的"民众的生活与文化遗产：中日韩三国对话"研讨会上的演讲提纲，原载会议工作文本）

文化遗产：新意识与新课题

《汉语大词典》将"文化遗产"定义为："人类历史遗留下来的精神财富的总和。"（汉语大词典出版社，1990年）而我们今日所谈的"文化遗产"，关涉精神和物质两方面。这一概念内涵的变化，多少与受联合国教科文组织对"文化遗产"所作界定并在世界范围遴选人类自然与文化历史遗产的影响有关。不过影响所及，其意义是广泛而又深远的，已远远超出了荐举几处中国景观列入世界遗产名录的范围。依拙见，它引发出某些新的理念，在一些相关的领域产生一种推动力。这里我想结合文博工作提一些看法。

简言之，对"文化遗产"的新的理解，有助于我们整个民族确立新的文物意识，并在此基础上推动中国文博事业进一步发展。这新的文物意识与以下三个转变（确立）有关：

（1）确立与"文化遗产"相对应的大文物概念。从词源上讲，"文物"一词最初主要指礼乐典章制度，或礼乐宝器，它们被用以明贵贱、制等级。后来其含义扩大，兼指历代相传的文献、古物。至20世纪，"文物"才逐渐地被定义为"具有历史、艺术价值的古代遗物"。可是要注意，在许多人的心目中，所谓文物（即古代遗物），往往被等同于传世的或发掘出来的某些器、物，如玉器、青铜器、钱币、书画、陶瓷以及某些古建筑之类……对此，可称之为小文物概念；大文物概念几乎是没有的，或者说很不突出，只有在谈到诸如长城等古代遗物时，才会意识到这也是"文物"。正由于对文物持着一种狭窄的认识,所以会发生那些令人为之痛惜的事情,如,在有意识地努力保护古都北京的某些文物的同时,同样作为文物的古城墙却被拆除了。从小文物概念转变到大文物概念,将拓宽我们的视野,明确我们所要研究、保护的对象。

(2)确立建立于"全民意识"基础上的法权观念。在古代中国,文物大致上被视为一种私有财产,或为皇帝、皇室据有,或为有权、有钱、有势之辈收藏、占有。近代以来,随着国人有关国家观念的转变("民权"取代"王权"),以及后来保护文物的法规出台和不断健全、完善,在官方的话语系统中,文物包括所有权归个人的私人收藏品,已毫无疑问地变成为国家文化财富的组成部分。但是,时至今日,在一些个人的意识中,文物乃国家财富这一点还十分薄弱。近年来时常耳闻的国家文物遭毁坏、流失,就在相当程度上与此有关。现在宣传文物属于文化遗产,既可强化文物乃国家财富的观念,又可进一步突出这一观念的实质,在于肯定和强调文物为全民共有,为全民共享,并需要全民共同参与加以保护。"全民意识"是我们需要认真补上一课的。

(3)确立既见"物质"又见"精神"的审视眼光。作为一种有形的文化遗产,文物在本质属性上是承荷着历史内涵、精神气韵的物质载体,接近于英国哲学家波普尔所说的世界之"3"。这就要求我们在鉴赏或研究文物时,不仅仅要从文物的角度着眼,还要深入地揭示其中积淀、包蕴的精神、文化内涵。这一点虽早已为前人所道,然而不能不看到,见"物"不见"人"、见"物"不见"精神"的现象,在今日文博界还相当普遍,亟待改进。

基于以上的认识,我们认为,文博工作面临着许多新问题、新课题。比如:

中国正以持续的高速度进行经济建设,这一方面刺激、带动了"古玩热""收藏热",对文博工作似乎带来一种福音。而另一方面,汹涌澎湃的经济开发浪潮,又对田野文物和尚隐埋在地下的各种文物,构成一种前所未有的巨大威胁。因此,如何处理好经济建设与文物保护之间的关系,就至关重要。要解决好这对矛盾,牵涉面很广,但其中有一点,是需要从提高国民素质入手,加大力度进行大文物概念和"全民意识"的宣传;

既然文物是人类的文化遗产,那么,它们就不仅仅是今人的财富,还属于子孙万代。这也就意味着在我们的研究工作中和开发、利用这些文化资源时,必须是科学的、合理的,绝不能图一时之功利、逞一时之快,而毁弃长远的价值和利益。文博工作应尽快地制定自己可持续发展的战略思想;

必须运用多学科的手段,多层面、多角度地拓展文博研究,要从自然、社会、历史、人文诸种因素的交融、结合中,认识和把握研究对象的共性和个性,由此更好地服务于社会主义精神文明建设和物质文明建设。

最后想说的是,大约二十年前,尚无"文博"一词(至少在词典上没有)。1990年出版的《汉语大词典》(第六卷),仍未收入该词。然而今天,"文博"一词不仅在文物、博物馆工作领域通行,而且已为新闻媒体和社会各界人士广为采纳。例如《解放日报》开设了"文博"专栏。小而言之,这反映了有关文博的教学、研究已形成一个相对独立的系统;大而言之,整个文博工作已提升到一个新的境界,得到一种社会共识的有力支撑。回首过去,展望未来,我们以为,今天已到了明确地确立"文化遗产"作为文博工作核心概念的地位的时候了。由此关键词出发,建构一整套理念,调整工作思路和发展方向,推动文博事业在新时代、新世纪的发展。

(这则笔谈是笔者参加复旦大学举行的有关历史文化资源的座谈会上的发言,原载《复旦学报》1997年第4期)

展望新世纪的遗产研究
——《文化遗产研究集刊》第 1 辑编后记

在 21 世纪日夜走近的跫音中,我们筹划并推出这份研究集刊。

最初确立的办刊方针中有如下几条:

超越传统的古物研究的模式,以新的思路、从新的视角拓展和深化文物博物馆学的研究;

围绕"文化遗产"这一核心概念,确立一套新的理念,由此推动中国文博事业在新时代的发展;

宏观研究和微观研究并重,具体方法不拘一格,但要注重内涵的挖掘和分析,力避纯描述性的或偏重于操作流程的记叙;

注意反映和吸收国外的研究成果,学习和借鉴国际上行之有效的各种经验、做法,以助于提升中国文博界的学术水平和管理水平。

编完第 1 辑后的现在,在更多地目睹和更深地思考了有关现象与问题之后,我们倍感长期坚持这一方针并为此而不懈努力的必要。虽然,目前呈示于世人眼前的这些文字,离预期的目标可能还存有不小的距离。

学术乃天下之公器。对于从事关涉全民公众利益和人类文化长远发展的文博学人而言,牢记此点无疑有着更深一层的蕴意。这也就意味着,任何来自学术的批评和建议,本刊都是竭诚欢迎的。我们愿与同行、同仁们一起,办好这个属于大家的园地。

(原载复旦大学文物与博物馆学系编:《文化遗产研究集刊》第1辑,上海古籍出版社,2000年,题目为新加)

回眸 2001 年
——《文化遗产研究集刊》第 3 辑编后记

刚逝去的 2001 年,有几件事值得书写;后人若追溯中国文化遗产事业的发展历程,它们不应被忽略。

(1) 博物馆工作的公益性得到重新强调。继 1998 年前后知识界出现哈贝马斯热,及"公共领域""公共哲学""公共观念""公共性"等概念的行俏,在迈入 21 世纪的时候,国人已更自觉地将观念化作行动。行业内无数篇文章都反复重申着一个原则,即"博物馆社会公益的性质规定了博物馆工作具有社会公益的特点"(见 2001 年 4 月 4 日《中国文物报》所载宋向光文)。日益唤醒的公共意识,有力地推动着文博工作者朝着代表先进文化的方向努力。时届年末,南京博物院毅然宣布,率先在全国推出"免费开放日"。数星期后,中国历史博物馆也开始实施部分免票参观的办法。此举的反响,相信是广泛而深远的。

(2) 但是,公益性原则也受到了来自另一种形式的严重挑战。2001 年,遗产保护与经济建设的矛盾空前加剧,焦点集中到了如何处理旅游开发与遗产保护的关系上。许多博物馆和文物保护单位纷纷划归旅游部门,形势堪忧。"吵"得沸沸扬扬的秦俑博物馆变相捆绑上市事件,更使闻者瞠目结舌(参阅 http://finance.sina.com.cn, 2001 年 12 月 31 日,《世界八大奇迹之一陕西"兵马俑"也要上市了》)。经济利益、地方和部门利益驱动力之大,为善良的人们所始料不及。围绕文物所有权与经营权能否分离的争执,一场更为复杂和严酷的文保阻击战拉开了大幕。好在道理总是越辩越明,真理终究会"水落石出"。然而叫人扼腕的是,文化遗产一旦被破坏,便不可再生。曲阜水洗"三孔"之鉴,难道还不让人警醒?

(3) 5月,联合国教科文组织首次评选出"人类口述和非物质遗产代表作",我国的昆曲名列榜首。7月,有关"世界遗产""文化遗产"的试题进入高考上海语文卷,它要求考生揭示其"巨大价值","并自觉地为保护这些遗产作出种种努力"。12月,云冈石窟被列为世界遗产;中国的世界遗产总数上升至28处,继续位居世界第三。同时,各地掀起新一轮申报世界遗产的热潮,媒体和出版界的世界遗产热也同样持续升温。"遗产"概念切切实实地进入千家万户。然而另一方面,周口店遗址博物馆经费拮据、窘相毕现;其他不少世界遗产地,则不同程度地暴露出过度开发或错位开发的问题。有人后悔把丽江列入了世界遗产名录,因为如今每年400万的游客,正严重破坏着当地文化与生态的平衡。世界遗产,当慎重对待。

(4) 11月2日,联合国教科文组织第31届大会通过《文化多样性宣言》,参加会议的188个会员国一致承诺采取适当措施,广泛宣传这一宣言,促进这一宣言的实施。《宣言》指出,对人类来讲,文化多样性就像生物多样性对维持生物平衡那样必不可少;文化多样性是人类的共同遗产,应从人类及子孙后代的利益考虑予以承认和肯定。在中国,文化多样性的思想首先引入文化遗产保护的领域。这一思想将在深刻影响当代文化观的同时,也使保护文化遗产的行动,建立在更为深厚的价值基础之上。

(5) 遗产保护迎来数字新时代。国家重点科技攻关项目"濒危珍贵文物信息的计算机存储与再现",在敦煌莫高窟获得重大进展。7月16日,故宫博物院国际互联网站又正式开通。"数字故宫"雏形初现,引出了人们对数字新时代的新的畅想。开通仪式上,国家文物局官员郑重表示,文物、博物馆系统资源管理的数字化建设,将在很大程度上决定文博事业未来的生存方式和发展水平。年中,教育部推出"高校数字博物馆建设项目",十余家高校入选首批名单。有关博物馆数字化的讨论渐趋热烈。

公元2001年,旧问题依然丛集,新问题还在继续出现。然而,希望之光也愈加耀眼。两年前本刊问世,目的就在于拨亮和传送这光。前路虽然曲折,但我们有信心为之坚持并努力工作下去。

(原载复旦大学文物与博物馆学系、复旦大学文化遗产研究中心编:《文化遗产研究集刊》第3辑,上海古籍出版社,2003年)

开放与理性
——对未来中国博物馆学的期待

在我心目中,"文革"后中国博物馆学的建设和发展,有几位重要的开路先锋,如梁吉生先生,还有这次参加学术笔谈的苏东海先生、甄朔南先生。你们的贡献,已使中国博物馆学生辉,也让我们后辈蒙受荣光。记得八九年前,与安兄来顺聊,他说起一定要区分博物馆研究和博物馆学研究,诚乃卓见。梁先生、苏先生、甄先生多年的论述,已催生了中国"博物馆学研究"成型。

如果要评价中国博物馆学的研究现状,接着上面的话,我觉得可以这样说:一方面已有前辈的垂范,若干后进学者的积极努力,但另一方面,总体上"博物馆学研究"的意识还不高,更远未上升到自觉的层面。具体表现,可以时下发表的本领域不少所谓专业论文为例,一大欠缺是:多表象、皮毛,多感想,多经验之谈,缺学理,缺学术规范。这严重制约了博物馆学作为一种学术和一门学科的成长。更为致命的是,安于如此现状的"专家学者"大有人在。

从研究内涵看,近十年博物馆学讨论的对象愈趋广泛,呈多元化态势,这是令人欣喜的。像生态博物馆、社区博物馆、建筑与环境、人文要求与技术标准等课题或视域的引入,极大地打开了研究者的眼界,活跃或深化了博物馆学研究的思维。理论与实践相结合的要求,也受到更多的重视。近年出现的一批成果中,有些就是直接以专题调研为基础,经过提炼而成的。这一切,又使我们对中国博物馆学的下一步发展持有乐观的心态。

开放,理性,是我对未来中国博物馆学的期待。开放,就是眼界、心胸要开阔,要树立大历史、大文化观,打通不同学科之间的区隔,同时要关注社会与现实,特别是当下业内的实践、求索,充分体察博物馆界正遭遇的前所未有的疑惑、困厄,凝聚实践者、求索者们的感悟与智慧,在此基础上锻造博物馆学研究的形式(包括方法)与内涵。理性,就是希望经由经验、具象(素材)和感想的层面,超越、上升到具有方法论、抽象思维、总体深度把握及学科规范所支撑的层面。

说到理性,还有另一层含义。举例讲,几年前,台湾从事博物馆学研究的一些学者,曾拟在"制作博物馆与博物馆制作"题目下,举行研讨会。依我的理解,博物馆制作,就是在适宜的环境条件下,按照博物馆的内在要求和规律,进行博物馆的规划、建设与发展。反之,在某些不合理的或缺乏合理性的外力作用下,"强行"或"勉强"或"扭曲"地推展博物馆建设,就是制作博物馆。当年台湾经济起飞后,一度出现博物馆建设热潮,大干快上、遍地开花,其正面的积极作用自当正确评价,而负面的效应,近十多年来已渐次表现,以至暴露无遗。可直到今天,出于政治(或党派利益)的考量而从博物馆角度加以驱动的现象,在台湾仍时有所闻。这些,令不少台湾学者痛心疾首。于是,乃有"制作博物馆"与"博物馆制作"一说及其讨论,目的是进一步唤起博物馆建设、发展所需要的理性。这种理性,不也正是今日大陆所亟需的吗?

学术理性与社会理性,在博物馆学研究中应该也必须有机统一。这是由博物馆学这门学科的对象与特性所决定的。唯其如此,博物馆学才会有大的担当,才能在学科林立的格局中找到、找准自己的"安身立命"之所,才能为其他学科所认可和尊重。诚愿由梁先生发起的这次博物馆学的学术通讯,能于此有所裨益。

（此文为笔者应邀参加由梁吉生先生主持的"笔谈博物馆学"所撰文章。参与这组笔谈的有：梁吉生、苏东海、甄朔南、杨志刚、史吉祥、宋向光、严建强。原载《中国博物馆》2008年第2期）

博物馆与中国现代化

中国博物馆事业的发展，对于中国的现代化究竟具有什么样的意义，这是关乎我们文博工作基本定位和发展方向的大问题。本文从三个互相关联的方面分别切入，试作探讨，主旨在于分析和认识中国现代化如何推动了，同时又深刻地制约着博物馆的发展，反过来博物馆的发展又对中国现代化施予了怎样的影响。

博物馆与公共观念

1927年，针对存放在历史博物馆的清朝"大内档案"的流散，及在此前前后后暴露出的种种现象，鲁迅先生指出："中国公共的东西，实在不容易保存。如果当局者是外行，他便将东西糟完，倘是内行，他便将东西偷完。而其实也并不单是对于书籍或古董。"这段略带文学色彩的话语，道明了一个很重要的症结所在——不仅是文物保护难的症结所在，而且是众多中国社会问题的共同症结所在，即缺乏公共观念，缺少维护公共利益的制度保障。

今天看来，有一点已很清楚：古代中国之所以未能自觉地跨入现代化的轨道，以后在外力的挤压下最终迈动走向现代的脚步却又依然步履蹒跚，与上述中国文化的这种先天不足有着极大的关系。这就意味着，中国现代化的推进，与公共观念的培育、滋长，和能够受容公共事务的社会制度的发育、成熟基本上同步。把近代以来中国博物馆的建设置于这样的时代背景下加以考察，当会产生新的识见。

收藏、鉴赏和研究古物，在古代中国有着悠久的历史，然而此类活动一直囿于少数人，属于帝王之家、达官贵人或某些文人雅士的"特权"，具有很强的封闭性。历史文物的价值和作用，既没有得到正确的认识，更未使广大的社会成员受益。近代博物馆的出现，使这种状况逐渐而缓慢地发生改变。与之伴随的，是公共观念的觉醒。1875年，《申报》报道了外国人在上海建立博物院一事。文中所称"公建一院"，在中国全然是一个新概念、新事物。在此背后，蕴藏着一种为中国传统文化所陌生的公共精神、公共价值。四年后，出洋考察归国的王之春，在题为《博物院》的诗中以激赏的口吻提到"民有异物献公家"。王诗中的"公家"，已注入了近代意义上的"公共"内涵，由此折射出当时的有识之士，已受国外博物馆的影响而引发观念上的变化。进入19世纪八九十年代，中国渐渐形成一股兴办博物馆的思想舆论。康有为把博物馆以及动物园、音乐院等公共设施规划进他的大同世界。上海强学会明确将建设博物馆作为其四项要务之一。康、梁重视博物馆建设，与其憧憬和追求"平等""公共"的社会理想密切相关。

遗憾的是，康、梁所已意识到的博物馆与公共价值之间的关系，却未能引起后人的充分注意，更没有将此提到理论的层面加以进一步的阐发。这是博物馆所蕴含的这层价值和意义，在以后长期遭遮蔽的一个重要因素。当然从更广的角度看，这是受特定的时代、特定的传统之局限所致。而反过来讲，这种具体反映在博物馆问题上的公共精神的遭淡化，又影响了时代的发展走向，并最终影响到博物馆自身的发展。

博物馆与市民社会

　　一般地讲,博物馆是征集、保藏、陈列和研究文物,并为公众提供知识、教育和欣赏的文化教育机构。然而更本质地看,博物馆体现的乃是建立在自由、平等、民主基础上的文化共享与文化参与。西方现代博物馆的诞生,以文艺复兴、启蒙运动提供的精神养料为其思想前提。正是为了保障人们与生俱来的权利才向每一个人开放博物馆,并将建设、扶持博物馆规定为国家应尽的义务。换言之,公共博物馆与现代市民社会(Civil Society,一作公民社会)的结构有着内在的关联。当博物馆作为一个新事物被介绍和引进中国,它所体现的现代文化意识与投射其中的市民社会的结构、特点,就不能不对国人施予积极的影响,并产生连锁的效应。这正是博物馆建设在中国近现代史上所具有的深层意蕴。

　　今天,随着社会主义市场经济的确立和法制建设的进一步深化,随着政府职能的转变以及小政府大社会管理模式的出现,博物馆终将牢固树立其作为深刻体现共享与参与原则的公共文化设施的形象。同时,博物馆行业的形态也将发生大的改观,在数量、种类、办馆模式和与公众之间的关系诸方面,发生较大的变化。这既是补上近代以来中国博物馆发展所遗留下的种种不足,也还有一个跟上时代潮流新发展的问题。此一过程,究其实是与当代中国市民社会的建构相一致的。

　　正是有鉴于此,笔者特别看重目前正在兴起的各类家庭博物馆、行业博物馆,以及近年来从国外介绍、引进的社区博物馆、生态博物馆。这方面的理论与实践,将有力地拓展中国社会的公共空间,推动市民社会的发展。现代博物馆对公共权力机构和公民道德都提出了新的要求。与博物馆联系在一起的,绝不仅仅是一些"藏品",或一般意义上的知识传授,更重要的是,它体现着一个国家公民的综合素质,反映了一个民族、一个社会的文明程度。

博物馆与公民"发展权"

很久以来,国人习惯将博物馆事业定位于上层建筑、意识形态,其实在现代社会,文博工作已越来越成为提高民族素养的一种基本需要,文博工作的成果、业绩,已越来越成为人之所以为"文化的"人的一种基本的生活前提。因此倘若继续以旧眼光来看待博物馆事业,势必阻碍它承担起现代社会所赋予的文化使命,并给其自身的发展设置障碍。

更好地分享公共性遗产的价值,由此创造更美好的生活,乃是现代人不可或缺的正当权益。今天,当务之急是要在民众中形成有关遗产保护、利用的义务和权利的观念,即认识到文化或自然遗产的价值必须为全民所共享,任何人都不能剥夺这一公民权;但同时,人们也必须相应地自觉承担起维护这些遗产不受破坏的责任。毋庸讳言,在一个经济、文化总体发展水平都不算太高的国家,这并不是一件一蹴而就的事情。然而,又恰恰是在这一点上,再一次显示出文博工作对于改造中国的重要性。因为,这种对于自身权利和义务的认识,标志着一个社会的成熟程度:它的拓进,会对整个中国的发展予以极大的推动。

可以坚信,随着中国社会温饱问题(也就是所谓"生存权"问题)的逐步解决,对博物馆的精神需求,将在公民的"发展权"中愈益凸显出来。这种"发展权"的意识,必定会把中国博物馆事业全面推向繁荣、兴旺,并引来一个民主、富强、文明的新时代。

(原载《中国文物报》2001 年 8 月 12 日)

地震与人类文化

1995年1月发生的日本阪神大地震,对许多人来说恐怕还未淡忘。记得当时地震给大阪—神户地区造成巨大的破坏和人员伤亡,引起举世关注。新旧千年交替之际,我在日本作学术交流,时逢当地正举行各式各样的活动以纪念阪神地震五周年;又恰好居住在大阪,并多次行走于神户一带,因身处当年地震的中心区,故所见、所闻尤多,感受也尤为强烈,遂引发出新的思索。

以笔者常去的博物馆、美术馆为例。早在1999年10月,兵库县立人与自然博物馆就推出了《阪神、淡路大震灾被灾状况记录写真展》(按:神户、淡路和下文提到的明石,同属兵库县),用照片重现那恰似天崩地裂的一刻,和因此出现的一幕幕令人难忘的景象。在以后的三个月里,该博物馆还每月举办一次讲座,向观众和市民宣讲震灾和震灾之后的调查与复兴等情况。11—12月间,明石市立文化博物馆特设有关震灾复兴调查的展览。自12月开始,到2000年3月,神户及周围地区的20家美术馆、博物馆(不包括前述两个)又联手行动,以"震灾以来五年"为主题,各出创意,分别筹划各种展出活动。其中芦屋市立美术博物馆的展览取名为《震灾与表现》和《美育、创造与继承》,兵库县立近代美术馆则以"震灾与美术"为标题,其他的名目还有诸如"震灾的记忆""阪神、淡路大震灾的教训"等。

这些活动为我们审视自然与人类、破坏与创造等关系,提供了新的维度。在地震发生后的那些日子里,灾民们团结协力、坚忍不拔地抗击灾难,而现在举办此类活动,又着意于"利用"灾难。从抗击到"利用",需要更高的智慧和境界。迄今为止,人类仍无法完全抵御自然界的许多灾异,然而面对灾异,人类并非束手无策、无可奈何(也正因为这一点,才会有绵长不绝的人类历史和今日的地球文明)。抗击是一种选择;"利用"也是一种选择,并属于更高一层的策略。前者主要出自被动,而后者乃是完全意义上的自主行为。

在我眼里,这类自主行为以"地震考古学"最具深长之意味。仍举例而言:在阪神地震之后不久,日本有关部门就拟定出"震灾关联发掘调查"的计划,即利用地震造成的建筑倒塌、地表裸露等"有利"条件,抓紧时机开展考古工作。像明石市,于地震的当年7月,就正式启动了这项调查。明石市该年度发现的埋葬文物的件数,猛一下子就超过了前一年的二倍。在此后的几年里,调查工作继续深入开展,不仅收获的数量继续增加,而且有比较重要的遗迹、遗物发现。前文提到的明石市立文化博物馆举办震灾复兴调查展览,其展出的就是这五年来考古调查的成果。考古工作者挖掘的是往昔的遗迹、遗物,可考古学关怀的却是当下和未来文化的积累、承继与发展。因此,将考古工作列为灾后复兴、重建大业的一项不可或缺的内容,并给予高度重视,从中体现出顽强的生命意识和强烈的创造精神。就此而论,"地震考古学"乃建立在对自然与人类、破坏与创造等问题的深刻认识和把握之上。

大自然哺育了人类,既以阳光雨露,也以雷电冰霜。只有学会如何迎着雷电冰霜行进,人类才有希望。是故,无论是本文谈到的"地震考古学"和其他对震灾的"利用"方式,抑或这里无法涉及的如前些年一度流行的"灾难片"和近些年一些学者开始探索的"灾难学",都可视为人类逐步走向成熟的标记。

(原载《文汇报》2000年10月5日)

文化遗产科学的学科建设及其"对象"问题

中国迎来首个"文化遗产日"之际,在北京地区召开的三个有关遗产的学术研讨会上,都传出了强烈希望创建"文化遗产学"的呼声。首先是6月7日,由中央民族大学中国少数民族非物质文化遗产保护与研究中心、中国民间文艺家协会、中国文化遗产保护专业委员会等举办了"中国少数民族非物质文化遗产保护暨文化遗产学学科建设学术研讨会"。会议的主题直奔"文化遗产学学科建设",十分抢眼。10日,由文化部主办、中国艺术研究院承办的"非物质文化遗产保护论坛"开幕,在此后两天半的会议中,"文化遗产学"被屡屡提及。而在中央美术学院同时举行的"中国非物质文化遗产教育传承实践研讨会"上,文化遗产相关学科建设及课程设置探讨被列为主要议题之一,会上会下,"文化遗产学"一词出现频率颇高。

试图以"文化遗产学"来确立一门新学科的名目,大概始于三年前。这两三年里,有几个事例,充分显示出一些当事人领先一步或抢占先机的"战略"意图:中央美术学院美术史系在2004年硕士生招生计划中,列入了名为"文化遗产学"的方向;社会科学文献出版社着手组织"文化遗产学丛书",并于2005年推出了该丛书的第一本——《文化遗产报告》;不久前,华中师范大学历史文化学院率先开设"文化遗产学"本科专业。不同的意见也因此而起,有影响的文章如孙华教授的《文化遗产"学"的困惑》(载《中国文化遗产》2005年第5期)。

　　笔者于1998年开始在本人执教的复旦大学开设"文化遗产研究专题"硕士生课程,同时与同仁们一起着手创办《文化遗产研究集刊》。不过一直令我犹疑不决的是,"文化遗产学"是否是一个妥切的学科名目。我更主张把我们正在构建中的学科称之以"文化遗产科学",就好比那些近几十年里出现并蓬勃生长的生命科学、环境科学、信息科学之类。这些作为学科的"科学",建立在特定的"对象""问题""领域"等基础之上,而非依赖于传统的知识类型的划分方法(参见拙文《文化遗产研究和"文化遗产学"》,《中国文物报》2003年9月12日)。《国务院关于加强文化遗产保护的通知》(以下简称《通知》)的出台,使文化遗产科学赖以存在所必需的"对象""问题""领域"愈趋明晰、明显、明确。下文就"对象"作一些论述。

　　从研究对象的层面上看,目前的文化遗产科学主要重点关注以下五个方面的内容：(1) 文化遗产本体,包括历史、现状和可能的未来。(2) 与文化遗产紧密联系在一起的环境、风貌、人类生活方式以及文化生态等。(3) 文化遗产事业,包括管理、政策、法规的有关内容。(4) 文化遗产的价值及其应用。(5) 文化遗产保护科技。文化遗产的相关学科建设,必须自觉地捕捉住这些"对象",同时提炼"问题"意识,以"领域"内的实践作为研究的出发点并反馈和作用于"领域"。

　　这又引出了另一层面的"对象"问题,即"文化遗产"究竟如何界定。这个问题关系到如何给文化遗产科学划出一个大致的边界。有边界的学科才是可能建设的,无边界的"学科"往往是大杂烩。时下,有关遗产的话语急剧膨胀和扩散,概念不清、表述不当的事例已不鲜见。在此情形下,明确本学科、本领域的"文化遗产"

就极其重要。国务院《通知》对什么是文化遗产作了一个很好的表述,这也是国内迄今为止最具权威性的对"文化遗产"的一个界说:

> 文化遗产包括物质文化遗产和非物质文化遗产。物质文化遗产是具有历史、艺术和科学价值的文物,包括古遗址、古墓葬、古建筑、石窟寺、石刻、壁画、近代现代史迹及代表性建筑等不可移动文物,历史上各时代的重要实物、艺术品、文献、手稿、图书资料等可移动文物;以及在建筑式样、分布均匀或与环境景色结合方面具有突出价值的历史文化名城(街区、村镇)。非物质文化遗产是指各种以非物质形态存在的与群众生活密切相关、世代相承的传统文化表现形式,包括口头传统、传统表演艺术、民俗活动和礼仪与节庆、有关自然界和宇宙的民间传统知识和实践、传统手工艺技能等以及与上述传统文化表现形式相关的文化空间。

我们知道,此前《辞海》和《汉语大词典》将"文化遗产"定义为:"历史上遗留下来的精神财富",或"人类历史遗留下来的精神财富的总和"。而在我们日常生活的语汇中,"遗产"和"文化遗产"更有多种不同含义的表述。比如思想性、学术性的"遗产";又比如,制度性、社会性的"遗产"[例如说某位政治人物留下的(政治)遗产]。现在必须强调的是,无论思想性、学术性遗产,抑或制度性、社会性遗产,都不是《通知》所要关注和保护的重点。《通知》所论述的文化遗产,按我的粗浅理解,是一种"可展现的公共性遗产"。这类公共性遗产具有四大性征:

(1) 具备可"视"或可"听"的要素,可以诉诸人的感官感知其存在;

(2) 或通过物质形态展现其存在,或通过非物质的各种形式得以展现或演示，其价值能够得到广泛认可，并为人类所欣赏；

（3）能够进入公众生活和公共领域，成为公共资源、公共财富，或被开发转变为公共产品；

（4）具有稀缺性、脆弱性或不可再生的特点，需要加以保护和管理。

文物属于这种"可展现的公共性遗产"。目前联合国教科文组织话语系统中的"无形遗产"（非物质遗产），也是"可展现的公共性遗产"。纯粹的思想性、学术性遗产，或制度性、社会性遗产，只有衍化成物态化的形式或所谓"文化空间""传统和大众的文化表达形式"，才能成为这一类公共性遗产。

从《辞海》《汉语大词典》到《通知》，围绕"文化遗产"释义所发生的重大变化，折射出当代文化的变动，也真切地反映了公共性遗产"领域"的初步成形。由此观之，围绕该"领域"而生发的相关学科建设的种种冲动，从本质上看，也基本是真切的，而非虚妄的。关键在于，对于这样一门新兴的学科，该如何形塑，包括对已有的若干学科如何进行交叉与整合，以凝炼出一个新的系统。2004年6月，教育部副部长章新胜在《中华遗产》发刊词中说得好：保护遗产"是20世纪人类最富历史智慧的行动之一"。文化遗产科学的学科建设，也需要拿出我们的智慧。

（原载《中国文物报》2006年8月18日）

高校博物馆学的学科特点与发展对策

20世纪80年代以来,中国的十几所高校或相继成立博物馆学专业,或添设了博物馆学的课程。从课程设置和培养模式看,高校博物馆学的发展取得了长足的进步,但形势并不容乐观,与文博事业的发展存在不小的距离。不断有研究者指出所存在的问题,概括而言主要有:缺乏长远、系统的规划;缺少体制上的保障;学科领域窄小;理论和方法贫乏;教学模式单一;与文博行业的结合程度和适应程度不高;师资队伍薄弱。

中国博物馆建设正迎来新一轮的高潮。因此,加强高校博物馆学的学科建设,使之切实担负起更大的重任,顺应时代的需求,努力体现先进文化的发展方向,已成为当务之急。

一、学科的交叉性与主体性问题

推进学科建设,首先要从把握学科的特点入手。

博物馆学的学科特点中有两点值得特别注意:一是该学科跨越理论和应用两个层面,但无论是理论抑或应用层面,都缺乏既有的方法论基础,所以必须格外注意从其他相关学科汲取资源。二是它涉及不同类型的知识,但这些方方面面的知识,若按博物馆学自身的范畴体系又难以整合,或整合度很低。由此带来的一个具体表现是,迄今为止博物馆学还远不足以构成一个大的学科门类。

借助中国的行业标准来讲就是,它非一级学科,而属于一个二级学科。甚至在目前研究生的专业体系中,它还被进一步挤压成了半个二级学科(它与考古学共同组合成一个名为"考古学与博物馆学专业"的硕士点或博士点)。从而,"交叉性强"就成了人人都能察见的显要特征。

特征是表面的,真正需要深思并把握的是内在的原因。"交叉"绝非坏事,但"交叉"中如何体现本学科的主体性却值得关注。无视主体性,学科建设有可能会成为无本之木。

现下,博物馆学或被置于"图书馆、情报与文献学"之下(据国家技术监督局1992年发布的《中华人民共和国国家标准》),或被纳入作为一级学科的历史学(同时又与同属历史学的考古学结有不解之缘)。由于博物馆学自身其实具有十分强烈的个性特点,所以如果这种个性不能在一级学科中得到正视或展现;又如果这样的学科格局,久而久之逐渐将博物馆学的个性特点遮掩起来,或造成博物馆学对大学科、优势学科的依附性和依赖性;再加上如果由于博物馆学有时处在"图情"和"历史"两个大类中摇摆不定,经常会在诸如课题申报、成果评奖等事项上被左"抛"右"弃",那么,博物馆学的茁壮成长,便无疑是一种奢望。有鉴于此,强调博物馆学的主体性,就显得分外迫切和紧要。本文呼吁所有关心博物馆学健康发展的学者和领导,都来关心与探究这一问题。

二、积极拓展博物馆学的专业内涵

博物馆学学科发展的"牛鼻子",在于把握住该学科的主体性并使之日渐成熟、彰显。不过,在具体的操作和行动中,仍然要重视学科交叉,在"交叉"的过程中不断凝炼博物馆学的主体性。这就需要很好地处理"交叉性"和"主体性"这对关系。博物馆学在理论、方法和知识储备上的"先天不足",致使它必须依托其他相关学科的优势力量。但，依托绝非依附。基本原则应该是：海纳百川，为我所用，借助并整合相关学科的有益资源，构建博物馆学的理论体系、知识体系和哲学基础。

所以，积极拓展博物馆学的专业内涵将是今后工作的一大重点。近二十年来，高校博物馆学教育一直依托历史学或考古学。由此，它才破土而出，有所成就。然而另一方面，又由于它在不同程度上表现出对历史学或考古学的过度依赖，也就形成了目前高校博物馆学面目雷同、内容单一、缺乏活力等病症。如何在历史学、考古学以及文物学之外，寻找新的学科支撑点（这还不是一般意义上的学科交叉），就值得深长思之并尽快付诸行动。笔者以为，艺术、艺术史和管理学，是有待重点拓展的方向。

在西方许多高校，博物馆学的课程往往设置在艺术系、艺术史系或艺术管理、文化遗产管理等专业内。在台湾，高校的博物馆学也被安设在艺术类学校。如台南艺术学院博物馆学研究所和南华大学美学与艺术管理研究所，就是台湾博物馆学的两个重镇。上述经验值得借鉴。其实，我们对博物馆的建筑艺术、陈列艺术、传播艺术，以及文物博物馆的管理学，正越来越多地给予注意。一些艺术类的院校，也正激发出越来越浓厚的对博物馆和文化遗产的兴趣。最近，中央美术学院成立"非物质文化遗产研究中心"，召开新中国成立以来首次以"大学教育与人类非物质文化遗产"为主题的高校教学高级研讨会，并筹办非物质遗产的展览，就明白地传达出这样一个重要的讯息。问题是，这一切还没有上升到博物馆学学科建设的高度来加以统筹规划。

就各个高校的博物馆学专业来讲，应当根据自身的情况，选择自己的发展方向和学科搭建的模式。有条件的，专业内涵的覆盖面可宽一点，历史、考古、文物、艺术、艺术史，还有管理等，都可拓展。反之，跨度就小一点。总之，给自己找一个适当的定位和入口。

三、提升专业层次,加强研究生教育

研究生教育是衡量一个学科成熟度的重要指标。中国已有好几所高校拥有了"考古学与博物馆学"的博士点。可是迄今为止,还没有一所高校招收哪怕是1名以博物馆学为培养方向的博士生。硕士生的培养工作,也是相当贫弱。据我的估计,国内以博物馆学的论文申请硕士学位的,总数大约也就在十几位。博物馆学的发展尚处在初级阶段,于此得见一斑。

由此也可以明了,中国博物馆学的发展必须突破研究生教育这一重要的"瓶颈"。通过研究生教育,可以有效地提升专业层次,拓宽研究范围,建立学术规范,完善学科体系,进而构建并凸显博物馆学的主体性。研究生的博士、硕士学位论文,既是创新的重要源泉,也是博物馆学加快自身积累的宝贵财富。研究生教育还是一种双向的互动和激励,它不仅是培养学生,有利于扩大专业队伍,还能激发指导教师不断地向更高的学术境界迈进。笔者以为,高校博物馆学专业不必都从本科生教育做起,有些可以直接就从研究生培养入手。

希望在适当的时候,在研究生的专业目录中,"博物馆学"能够与"考古学"分家,让"博物馆学"能作为一个独立、完整的二级学科展露身手。体制上的改进,必将释放出巨大的能量推动博物馆学的发展。

(原载《中国文物报》2002年12月13日)

将文化遗产教育尽快纳入国民教育体系
——2001年高考上海语文卷一道作文题引出的思考

一

2001年秋季高考上海卷语文试题有一道关于文化遗产的作文题,围绕该命题和考生的答卷,又引出了一场小小的讨论。在笔者眼里,这道作文题的出现饶有意味,它应是我国开展文化遗产教育过程中一桩值得关注的事情。此后讨论中发表的若干见解和披露的部分考生答卷,又为研讨相关问题留下了难得的素材。总之,这道作文题为我们思考如何尽快地将文化遗产教育纳入国民教育体系,提供了契机。

该作文题目是这样的:

> 近年来,我国的泰山、长城、苏州古典园林等已被评为世界历史文化遗产。越来越多的人开始意识到其中蕴藏的巨大价值,并自觉地为保护这些遗产作出种种努力。今年在上海举办的重大国际会议还将周庄等江南古镇介绍给各国来宾,作为"让世界了解中国"的有效途径。
>
> 人类文化遗产不仅有物质的,还有精神的,即"具有特殊价值的文化活动和口头文化表述形式,其中包括语言、故事、

音乐、游戏、舞蹈、风俗及各种艺术表达手段"。今年5月,我国古老的艺术品种昆曲被联合国教科文组织授予"人类口述和非物质遗产代表作"的称号。

我国的文化遗产除了世界级的,还有各级各类的,它们分布于全国各地,有的就在我们身边。你注意过这些大大小小、远远近近的文化遗产吗?请说说你对它们的了解、认识和思考,写一篇1000字左右的文章(不要写成诗歌)。题目自拟。

高考是对高中生已有知识和能力的一次系统考查,也是教育工作者对近年来奉行的教育理念、实施手段及所获成效的一种反馈和检测。"文化遗产"进入上海高考作文题,反映了这方面的教学内容已进入中学教育,并且得到了一部分教育工作者的重视和强调。中国的高考试题又向来被视作中学教育(甚至还影响到小学教育)的"指挥棒",具有导向作用,所以这道作文题的出现,还必定加大"文化遗产"在广大师生、家长心目中的地位和分量,肯定会对现有的中小学教学带来不小的积极影响。因此,这道作文命题的意义,已远远越出了写作层面上的含义。笔者所关注的正在于此。

长期以来,我们一直强调宣传教育对文化遗产保护工作的重要意义,认识到只有通过全面提高民族素质特别是保护文化遗产的自觉意识,才可能真正地把保护工作做好。目前我国文化遗产遭破坏的现象十分严重,形势严峻,宣传教育的重要性愈加突出。但如何入手抓好,一直缺少研究和规划,所以手段和力度都有限,问题多多。我们以为,有关文化遗产的宣传教育必须"从娃娃抓起",并且坚持不懈、持之以恒。如此,方能培养出热爱并懂得如何珍惜和保护文化遗产的一代新人,从而也才有可能从根本上改变不容乐观的遗产保护现状。所以,必须将文化遗产教育纳入国民教育体系，制定出一套长期、系统并且价值导向正确、目的和手段明确的，适合于中小学乃至大学的学习、教育计划。2001年高考上海卷的作文试题让笔者切实感受到，是把这一问题尽快提上议事日程的时候了。

一位点评这次高考作文的教师说："如果学生是位有心人，只要将沪教版高中语文教材《大力弘扬灿烂辉煌的中华民族文化》《心中的大佛》以及余秋雨的《沙原隐泉》有机组合起来，加上自己的认识思考，肯定也会是一篇佳作。可惜教学的时候，都是蜻蜓点水，一带而过。"①这话是针对如何作文及作文技巧问题而讲的，但其中包含有笔者关心的信息。（1）它反映了现有高中教材已涉及文化遗产的内容（暂且不论它们在多大程度上属于一种"有意识"的行为），但还不多。（2）不仅不多，甚至还没有让一些师生在意。（3）不在意的原因，当然与时下的应试风气有关，这正如该点评教师指出的，"为了应试，考什么、教什么、学什么的学风仍在蔓延"。这也就意味着，"文化遗产"不仅过去没有，而且现在许多人也未曾预想会进入高考试卷。（4）毫无疑问，这又反映了相当一部分人对"文化遗产"所持的轻视态度。以上几点，大致可以体现我国现行教育体制中文化遗产教育的一种状况。

然而，如此状况将会改变。这是笔者闻知2001年高考上海卷作文试题后的第一联想。以后看到的一些材料，更使我坚定了这一想法。兹摘引2篇文章，从中可以发现有那么一些师生其实对"文化遗产"有着相当程度的认识。这，可以构成我们试图改变现态的一个良好起点。一篇是考生的答卷，作为优秀高考作文已在报刊上登载，题目为：《传承历史文化——以人类与文化遗产的名义》。文中写道：

---

① 储国伟：《应关注社会生活，注重文化积淀》，《中文自修》2001年第9期。

举世瞩目的 APEC 国际贸易部长会议在江南古镇周庄召开,龙永图是这样解释的:我们要让世界知道,中国在改革开放的飞速发展中,仍很好地保留了民族的传统文化。的确,在这科技量子化发展的时代,历史文化遗产如同散落五洲四洋的夺目珍珠,弥足珍贵,对文化的传承也到了刻不容缓的境地……要让世界了解中国,我们就必须先了解自己,继承中国的文化,保护身边的文化遗迹,记得央视的《实话实说》曾就一棵千年古榕该不该砍作过讨论,人们都从实用主义出发认为不能保留,唯独梁从诫先生说了一句:想一想吧,它出生于李白、杜甫的年代啊。这句唯一从文化传承的角度看待千年古榕的话不尽(禁)令人深思。冯翼(骥)才先生近日也说,没有心思写小说,当里弄、胡同被"罗马花园""澳洲别墅"吞没时,他竟投身城市文物振(拯)救,还使天津的估衣街得以保存……①

另一篇是教师的评论,该文指出:

事实上,对当代任何一个民族任何一个个人而言,这都是一个必须面对的问题。"文化遗产"是联结过去、现在与未来的桥梁。前人留给了我们什么,我们又将如何面对后代?无论在东方还是西方,这几乎已经成为一个世界性话题……如何在现代化进程中珍惜和保护前人留给我们的文化财富,如何处理好传统与现代化的关系,这不仅是政府部门应该考虑的,也是每一个公民都应当深入思考的。从一所名宅,一条老街,一个古镇,一座城市到一个民族,无论它的历史是光辉灿烂,还是坎坷曲折,总可以找到一些特征性的东西成为永恒的

---

① 载《文汇报》2001 年 7 月 13 日。

记忆,成为民族文化长链中不可或缺的一环。在这个意义上,可以说对"文化遗产"的思考无异于自觉地接受一次历史的洗礼。它对每个人都将产生触动和影响……尽管现在的"了解、认识和思考"是初步的,可能显得有些稚嫩,但从此开始的关注、寻找、思辨和探究将是永久的。当"历史""传统""文化遗产"之类的话题已不再是学者的书房专利,而进入寻常百姓家的时候,我们这个社会离"高度文明"就不远了。①

二

为了进一步了解当时考生回答该试题时的思想动向,窥测目前高中阶段部分学生在学习、认识文化遗产方面已达到的程度,笔者约请了参加这次上海卷考试、现在已为高校文博专业大一学生的蒋瑶、孔德贞、张晓翔三位同学,请她们作一些回忆和思考(她们还帮助收集了有关资料)。此举的目的还在于留下一些真实的历史断片,立此存照,留待以后进一步分析、咀嚼。这里摘录几段:

> 当文化遗产这个词作为高考作文的主题出现在我眼前时,我考虑了很久才下笔,并不是因为对此没有了解,而是感慨万千,不知从何写起。最终定格在我脑海中的是北京周口店遗址,以及当年在那里工作过的学者们:裴文中、杨钟健、德日进等,以及失踪半个多世纪、可能已遭毁的北京人头骨化石和正在被破坏的遗址。
> 现在回想起来,我当时视野过于狭窄,只注重某一处的物质文化遗产,忽略了那些非物质的无形的文化遗产。我们身

---

① 上海市教育考试院高考语文命题组(周红执笔):《在渐变中求新意——2001年高考语文上海卷命题思路》,《语文学习》2001年第7—8期。

边有许多不为人注意的濒危文化遗产,如松江顾绣、无锡惠山泥人、各种地方戏曲等,它们在生活日益现代化的今天少人问津,难以生存,更不用说发扬了,这难道不是一场悲剧吗?我想,高考以此为题主要目的是引发考生对文化遗产内涵与外延、形式和价值、现状和前景等各方面进行挖掘探讨,以此激发民族凝聚力和爱国情感。但其实际意义远远超出选拔考生的初衷,根本目的在于借助大众对高考的关注,唤起人们以冷静的头脑对文化遗产进行再认识、再思考,以热诚的心灵致力于各种文化遗产的保护和传承工作。

(蒋 瑶)

当我在考场看到这个考题的时候,说实在,心里是有点窃喜的。学历史的还怕不了解文化遗产吗?闭上眼睛搜寻东西南北,确实是有很多东西可以道来。但是不知道是想求新还是怎样,满脑子想到的都是那句"人类口述和非物质遗产代表作",于是一直喜爱的京剧就担负起了"十年寒窗"的重担。

现在回想起来当时的考虑是完全不周到的(可以从分数上看出来)。文章大致如此:开头简略的阐述对于物质文化的理解与思考,重点引申到精神文化,再推及京剧艺术;中间洋洋洒洒地写了一大段,大致不过是一些迷上京剧的经过、对京剧的了解(受提示影响太大)等。想来也许是这些空泛的、无实际意义的、罗列事实的内容占据了大量字数,以致最为重要的对于这个艺术的思考没有表述清楚。再续了个不怎么有特点的结尾,不成功也是应该的。

现在想来这个内容应该是可以写好的,但是应当加强对于这个问题的思考。

比如京剧艺术的历史内涵:其丰富的知识内涵(尤其是古代历史故事以及革命故事),可否使其作为学生乃至大众了解历史的一种手段？正所谓"寓教于乐"（但怕的是真实性上不能保证，有误导之嫌，但只要去除或说明不合历史的内容应该可以被接受）。

它的文化内涵：京剧剧目从来讲的都是正义胜于邪恶、忠奸明辨等推崇人性善良面的内容，所谓"以德治国"也可以从这方面进行探索。

与其他类似文化遗产比较得出其特殊意义：如与昆曲或歌剧比较，与东方文明或西方文明比较谈它的独特性。它们各自的真实性、完整性、艺术性等。

它的发展前景：如怎样使其在我们这一代手上振兴，让更多的人接受并投入，即进入剧场甚至发展为票友；它的国内合作甚至跨国合作，现在许多外国人也热衷京剧，正可以借此机会将京剧推向世界，真正使它成为世界文化遗产；它的艺术包装和宣传，找到资金匮乏和文化需求的平衡点；它的史料挖掘与现实创新，单纯的保护起不了多大的作用，联系现实给予活力才重要等。

总之，多些思考，少些陈述，可能这样才能体现出自己的特点，同时将文章的历史和文化内涵体现出来。

此外，询问了一些同学，有的也同样地针对一处主要景点阐述自己对于文化遗产的理解，这种类型占了大多数；另一种写作方式类似报纸上的几篇范文，即罗列大江南北的各名胜古迹，对其历史内涵、生存环境和发展前景做一些抒情性的表达，但是这比较容易写得空泛或者说虚无，难以把握明确中心。我个人认为第一种显示的是对于文化遗产的某一部分的"精"的一面，第二种比较能显示知识面，即"博"的一面，两者皆有长短，就看各自发挥了。

（孔德贞）

现代人对于文化遗产的态度应该怎样？使其自生自灭，还是全盘接收？恐怕都不可取。知道戏剧界正在开展一个大规模的工程，就是将即将濒临失传的曲目录制下来。光这一点还不行，接班人的跟上尤为重要，艺术的传承需经一代代人的努力，若真等其销声匿迹再采取行动恐怕会成为千古罪人，因此自生自灭的态度最终将导致文化瑰宝的严重流失。然而光有传承而无改造，其后果也不亚于前者，原因在于不同时代的人们有着不同的审美观，不同的世界观，许多现今被认为是"伪科学"的东西或许曾使前人深信不疑，而"环肥燕瘦"也是审美观不同导致的结果。所以对文化遗产需有一个取其精华，弃其糟粕的过程。

（张晓翔）

三

文化遗产事业与一个国家的整体发展水平有着密切的关联。后者制约着前者，前者又折射出后者。"文化遗产"进入上海卷高考试题显然是一个信号，它告诉我们，在我国一些经济、文化较为发达的地区，有条件在文化遗产教育的探索方面领先一步，可以率先将文化遗产教育纳入国民教育体系。

何谓"纳入国民教育体系"？关键在于得到体制上的保障，要进课本、进课堂、进教学计划，要变随机性教育为常规教育。如何做到这一步，我以为少不了"三个落实"。（1）通过立法加以落实。以法律的形式明确规定中国国民必须接受一定形式、一定程度的文化遗产教育，并且从小学开始做起。这将涉及教育立法和文博立法两个方面。（2）通过编写教材加以落实。只有有了适宜的系列教材，才能目标明确、措施得力从而推进有序。（3）通过学校和相关部门的通力合作加以落实。遗产教育必须采用课堂学习和现场参观相结合的方式,这就需要博物馆和文物部门的倾力合作,尽可能地提供便捷的服务,并形成制度化的规则。

文化遗产教育的内容应涵盖三个层面:价值层面、知识层面、行为层面。一些参加批阅 2001 年上海卷那道"文化遗产"试题的老师,都强调了价值层面内容的重要性,这是非常正确的。他们提出:"本作文试题用黑体字强调要考生写出对文化遗产的了解、认识和思考,应是对揭示其文化蕴涵的思考,应是对揭示其价值取向的思考。"①从目前的情况看,社会上对文化遗产的态度有偏差,不少人对文物的关注偏重于知识层面而忽视价值层面。而价值观问题其实直接影响着文化遗产保护状况的好坏。所以这道试题所具有的积极意义十分明显。

价值层面、知识层面的学习和领悟,最终还须落实到行为层面。只有在行为层面予以体现,文化遗产的教育才能说真正收到了实效。一篇点评文章说得好,那道"文化遗产"的作文题既是"对考生文化含量的考查",也是"对考生德育思想容量的检测"。"珍视文化遗产,是每个炎黄子孙的天职";文化遗产教育"对于提高思想文化素质具有重要意义"②。德育的内容是随社会的进步而发展的。在今天,一个不懂得珍惜和保护文化遗产的人,其在德育的发展方面就绝非健全的。换句话说,现代公民的道德操守,包括了对保护文化遗产方面的要求。缺乏保护文化遗产意识的人,在日常生活或工作中对文化遗产不自觉加以保护的人,就算不上是合格的公民。就此而言,也必须将文化遗产教育纳入国民教育体系。而教育从来都是与整个社会的发展能动地相适应的,所以文化遗产教育的普及、推广,又必将有利于民族综合素质的提高,和中国

---

① 储国伟:《要精于思考,善于表达》,《中文自修》2001 年第 9 期。
② 储国伟:《应关注社会生活,注重文化积淀》,《中文自修》2001 年第 9 期。

整个社会的进步。

　　遗产教育如何纳入国民教育体系？这是需要我们今后认真探讨的。可以肯定的是,必须利用和开辟多种渠道,如专门设置课程或开设讲座,也可在语文、历史、地理等相关课程中增加遗产教育的内容。这里想强调一点,即可以在现有的道德修养课或思想政治课中,加入遗产教育的内容。有一篇考生的文章,就形象地说明了遗产教育与道德思想教育间的关系,其云:"我们的文化遗产是中华民族的魂。当你徜徉于天坛,遥望天穹,你便被赋予了宽厚深沉;当你走近岳飞,一股浩然正气便向你袭来;当你登上泰山而小鲁的时候,天地也便豁然开朗……"[1]遗产教育可以拓宽时下道德思想课的内涵,道德思想课可以成为遗产教育的一个有力抓手,此可收一举两得之效。

　　最后,再借助一篇考生文章中的话,来结束本文:

　　　　有人说,一个没有文化底蕴的民族是没有灵魂的。当然我们可以很骄傲地说:我们有！那么我们珍惜了吗？我们让它更加灿烂了吗？我们是否真的已交上了一份满意的答卷？[2]

（原载复旦大学文物与博物馆学系、复旦大学文化遗产研究中心编：《文化遗产研究集刊》第3辑,上海古籍出版社,2003年）

---

[1]　《文化遗产——民族的魂》,《新民晚报》2001年7月16日。
[2]　转引自储国伟：《要精于思考,善于表达》。

创建文博硕士专业学位教育

在不久前国家文物局主办的"文博教育培训研讨会"上,笔者提出应创建有中国特色的文博硕士专业学位研究生教育,引起不少与会者的兴趣。兹撰文进一步申说。

何谓专业学位教育?

按国际惯例,学位分学术性学位和职业学位两大类。职业学位(professional degree)教育在西方已走过了半个多世纪的历程,发展得十分成熟,而我国直到1988年才首次正式提出这一概念。由于国情的不同特别是用人制度的差异,国务院学位委员会在借鉴西方职业学位的经验同时,最后确定采用"专业学位"的叫法,使之既与学术性培养标准相区别,也表示与严格意义上的职业学位仍有距离。

专业学位教育进入我们的生活,是从1990年我国决定设置和试办MBA(工商管理硕士学位)开始的。虽然时间很短,却由于专业学位教育顺应了国家发展的需要,所以成长的势头非常之迅猛。目前,经国务院学位委员会批准设置的专业学位已达11个,它们是:MBA,建筑学(包括学士和硕士),法律硕士,教育硕士,工程硕士,临床医学(包括硕士和博士),口腔医学(包括硕士和博士),公共卫生硕士,公共管理硕士,农业推广硕士,兽医(包括硕士和博士)。据统计,十年来专业学位研究生招生年均增长率为68.8%,

远远超过同期全国研究生的发展速度。至 2000 年底,在职攻读专业学位的人数已达 51 362 人,年均增长率为 130％。

如何看待学术性学位和专业学位(或职业学位)的差别？试以教育学硕士和教育硕士为例。教育学硕士是教育学方面的研究型学位,培养的是教育学专业的学术性人才,包括具有相当研究能力的教师。教育硕士(简称 EDM)则是一种具有特定的教师职业背景的应用型和专业(职业)性学位,主要培养学校教学和教育管理方面的人才。前者成为科学硕士,后者则是专业硕士。

专业学位教育以"职业化"为其显著特点。何谓职业化？国外学者莫舍(Mosher)认为,职业化包含如下几层含义：(1) 有一个合乎事理并且明确的职业领域；(2) 要求受教育水平至少达到学士学位；(3) 给成员提供终身职业。福克斯(Fox)进一步阐述职业化应具备如下特征：(1) 专业知识；(2) 专业教育；(3) 能证明有特殊专业技术背景的证书；(4) 与该领域公认的取得巨大成就的专业人士保持联系；(5) 有一套监督机制,确保专业标准得以遵循；(6) 做出一项有利于整个社会的专业技术承诺。

时代呼唤面向文博行业的专业学位

中国专业学位教育发展到今天,文博行业始终缺席。虽然目前文博行业的从业人员仅 7 万人左右,在规模进而在需求上似乎与其他一些行业不能相比,但这些仅是表象。中国文博事业的现状和发展趋势决定了应该尽快设置面向文博行业的专业学位。

第一,中国是遗产大国,而遗产保护和管理的现实又是那样严峻。事业的发展离不开人,因而一大批文博专门人才缺之不可,其需求量更将日甚一日。第二,随着国民经济的发展、生活水平的提高,特别是全面小康社会的日渐到来,文博行业所包容的内涵和事项也将越来越多,行业的增扩和其在社会生活中重要性的提高,都是可以预见的必然趋势。以上两点，为以行业为依托的专业学位教育在文博领域的出现，确立了必要的基础。

第三，目前我国的文博教育培训工作已明显滞后，难以适应新时期文博事业发展的需要。如何寻找契机，改变现状，寻求突破，大家都在思考和探索。引入专业学位教育，不仅是适时的，而且可以"切中要害"，有助于理顺或解决以往文博教育培训工作中难以处理的一些关系和问题，比如：(1)岗位培训与学历教育之间的关系。专业学位教育可以使两者得到有机的结合。(2)高校文博专业教育培养中人才流失的问题（即毕业生进入其他行业）。(3)馆校之间"供需"不平衡、不对口的问题。

第四，我国文博教育培训的重点已到了向研究生层次跨越的关键性时刻，建立和发展专业学位研究生教育，将促使这一转变得以实现，并给文博专业队伍的建设带来巨大的活力。

第五，在培养方式上，专业学位教育有其独到之处。比如，它开辟了教育部门与有关主管部门联合开展在职攻读学位的渠道，实行推荐与考试相结合，培养与使用相结合。这些新模式必定会在文博系统受到同样的欢迎。

总之，为促进文博领域应用型高层次专门人才的培养，更好地适应社会的需要，笔者建议创设本行业的硕士专业学位，进而在专业学位和职业资格的衔接方面，开拓创新，与时俱进。

（原载《中国文物报》2003年2月21日）

中国文化人类学发展的构想

文化人类学自20世纪初传入中国，八十余年来，与其他学科相比较，它的发展无疑是缓慢的。至今，对于如何建立中国文化人类学的体系，在一些基本问题上，仍未形成比较明确、一致的意见。我们认为，为了推进中国文化人类学的建设和发展，有必要对此给予重视，展开讨论。本文拟参照国外文化人类学的发展情况，结合中国的有关现状，就若干问题略抒管见。

学科整合与学科的独立性

建设一门学科，首先必须把握它的学科特性。起源于欧美的文化人类学，是一门"从文化的角度研究人类的科学"，具有极强的综合性和跨学科的特点。它从无到有，从19世纪中叶初步形成到今天蔚为大观，是在不断地整合其他学科的理论和方法，输入其研究内容的过程中，获取生命力而蓬勃发展的。以泰勒和摩尔根为代表的古典进化学派，开创了运用民族志材料研究人类早期文明的传统；继之而起的传播学派，在研究中导入地理学的视野；弗洛伊德学说的兴起，使心理分析方法成为研究的重要手段；为了了解异民族文化和探寻文化的深层结构，语言被作为一种特殊的文化现象得到关注，有学者还将语言学的方法运用于深化文化人类学的研究；考古学为文化人类学探索人类历史文化提供了必不可少的知识；近几十年的发展，从面向古代转到面向现代，这又增强了与社会学的趋同之势等。总之,在历史的过程中,文化人类学从民族学、地理学、心理学、语言学、考古学、社会学及历史学、民俗学等众多学科引进了学术资源。可以说,文化人类学最典型地反映了现代科学发展的"学科整合"(又称"科际整合")特征。

但是,中国学术界缺乏学科之间的互相交流,也缺少跨学科的学术工作,这种状况对于发展文化人类学极为不利。中国文化人类学长期发展缓慢,原因是多方面的,但在学术的范围内反思,则学科之间的闭塞,对学科整合的忽略,应是一个比较重要的因素。因此,在今后的文化人类学研究中,必须注意借鉴、吸取其他有关学科的理论和方法,展开学科之间的整合工作。这就要求研究者能够具有开阔的视野,熟悉和掌握相关学科的发展状况和研究手段,分别深入到民族学、社会学、心理学、地理学、语言学、考古学、民俗学、历史学等领域,与这些学科相结合,从众多的角度和层面开展和拓宽研究,从而形成一个比较完整和丰满的文化人类学体系。

强调文化人类学的学科整合,并不意味着可以忽视文化人类学及其他有关学科的独立性。相反,只有充分肯定各学科的独立存在,才可能有学科之间的整合。这两者的关系应予很好地掌握。提出这个问题,并不仅仅着眼于学科发展的一般规律,还因为考虑到中国文化人类学的发展和学科整合,既要参照国外的经验,还应与中国的学术传统和有关学科发展的状况相适应。比如,美国的文化人类学,一般都包含考古学、语言学、民族学三个分支学科,这种学科体系就不一定适合于中国。中国的考古学、语言学、民族学都有着极其深厚的学术根基和自己的历史渊源,它们的部分研究内容可以和文化人类学嫁接,但似乎不可能完全纳入文化人类学的体系。对考古学、语言学、民族学等学科独立性的否定,势必最终带来文化人类学学科独立性的消失。这就有待在掌握学科整合与学科的独立性这一对关系中,处理好与这些相关学科的发展问题。

南北特色和发展前景

文化人类学的有关研究工作,目前中国南方是在人类学的名义下展开,而北方,则大多在民族学的旗号下进行。北方以中央民族学院民族学系和中国社会科学院民族研究所为中心,南方以厦门大学人类学系和中山大学人类学系为中心。北方设立了"中国民族学学会",协调、促进研究工作,并出版《民族学研究》等刊物;南方则成立了"中国人类学学会",出版《人类学研究》等刊物。双方同以民族和人类社会文化为研究对象,却又形成南北不同的特色和风格,究其原委,与双方或受英美或受欧洲大陆这两种不同学术体制的影响有关,也与各自长期的积累和发展取向有关。现在,一方面学术界一般都承认,"人类学和民族学在名称上有互通的意义"(林耀华语);另一方面,北方的民族学和南方的人类学学者又在不同的名称下强调和突出各自的特色。由于南方的人类学包含了体质人类学和考古学、民族学、民俗学等人文学科的研究内容,而北方的民族学虽在研究方向上比较单一,但它却有一个庞大的、学科齐全、分工明确的学术阵营作依托,双方无须沟通和交流,短期内也能自行发展、自成系统。但是,正如已有学者指出的,如果北方民族学、南方人类学任其形成两套封闭的系统,则不仅会使外界产生理解上的混乱,也会给本学科的进一步发展设置障碍。因此,双方应该积极主动地提倡开放和交流,互补长短,相得益彰,以求更好地体现南北特色的存在价值,并努力在全国范围内形成一个声气互通的整合系统。

面对上述情况,笔者以为,华东和西南地区的学人,在中国文化人类学学科建设方面,也会有较大的作为。这是因为:第一,近年来,这些地区的学人对文化人类学表现出极为高涨的热情,他们往往直接打出文化人类学的旗号,并在此名义下开展有关研究和教学工作。第二,我国文化人类学在20世纪30—40年代曾形成多元的发展局面,陈国强先生概括为北方(以中央研究院、燕京大学、清华大学、南开大学、辅仁大学为中心)、东南(以中央大学、金陵大学、厦门大学、复旦大学为中心)、南方(以中山大学、岭南大学为中心)、西南(以四川大学、云南大学为中心)四个基地,因此,现在华东和西南地区的学人有着以往的积累和基础可以凭借。第三,他们处在北方民族学和南方人类学之间,其实是位于极有利的两种学术体系的交叉和缓冲地带,能够较少束缚,以开放的态度审视学科发展的大势,不拘执一端,充分地品味南北两个系统的长短得失,然后吸收、融汇,通过对民族学、考古学、历史学、民俗学诸学科的整合,建构一个文化人类学体系,并逐渐向南、北渗透,最终在全国形成一个比较统一的系统。事实上,这一趋向的端倪已经有所显露,比如,1989年中国大陆推出的新中国成立以来第一部文化人类学通论性著作,就是由四川学者童恩正撰著、在上海人民出版社出版的《文化人类学》。当然,这将是一个比较长久的过程,需要付出艰辛的劳动。

两翼并举:田野工作和理论建构

田野工作和理论建构是文化人类学的两翼。纵观西方文化人类学,虽然不同学派、不同个人对这两个方面的工作有所偏重,但总体上看,实地考察人类社会,和进行理论的分析、研究,构建理论框架,是这一门科学的两个有机的组成部分,不可或缺。这就是说,文化人类学的研究方法要求人们广泛深入地展开田野(社会)调查,并对所获得的经验材料进行理论阐释。换句话说,文化人类学强调的是在理论光芒烛照下的实证研究。

目前的中国学术界，或轻视理论建构，或轻视田野工作，两种现象都存在。因此，有必要加强田野工作和理论建构两翼并举的意识。但是，如果说在进行田野工作的同时忽略了理论建构，牵涉到的是研究水准问题，这还可以在今后逐渐加以提高；那么，片面追求所谓的理论建构，忽视最基本的田野工作，这种做法就潜伏着致命的缺陷，亟待纠正。

在最近几年对于西方文化人类学的引进和介绍中，人们就往往偏重或局限于理论也即所谓"文化学"的那部分，而忽略了实证研究的精神，从而给人一种感觉，好像西方文化人类学理论是一种纯粹的观念性的东西，是一种纯概念和逻辑的推演结果。殊不知，现代西方所谓的"文化学"大师（如克罗伯、怀特），大多是经过长期田野工作的文化人类学家，他们的文化观都是在事实对象的研究过程中逐渐概括、升华出来的，虽然最后表现为一种理论模式，却都附着于各种具体实在的文化事象，不是悬空的"玄学"。文化人类学的独到之处，正在于它是从实际调查中发现问题、解释问题；如果抛弃了这点，就丧失了文化人类学的生命。引进、移植功能主义、结构主义等西方文化人类学的各种理论、学说，或者再加以重组、拼合，搭建什么新的"理论体系"，可以起到知识积累的作用，但不可能由此而建立起中国文化人类学的体系。中国现代学术史上，也曾出现过若干个"文化学"体系，但由于是凭空的玄想，几乎都昙花一现；而林惠祥等学者留下的那些实证研究成果，今天则成了宝贵的财富，倍受后学珍视。中国文化人类学只有从最基本的田野工作做起，在对第一手经验材料的搜集、整理和解析过程中，生根开花，发展自己的理论和流派优势，并逐渐走向成熟。舍此别无他途。

最后提一下，由于世界文化人类学研究潮流，已从探索异文化转向本土文化，因而中国文化人类学将以中华民族的文化事象为其主要研究对象,同时展开跨文化的比较。中国文化人类学将在研究内容、理论体系和学科整合的方式等方面,形成自己的民族特色。

(原载《文汇报》1991年3月20日)

走向结合的影视与人文研究

　　影视技术改变着人类的生活方式,也改变着人文学科的研究样式。
　　今天,当多媒体技术迅速发展、有识之士正加紧构造"网络社会"之时,重新审视影视与人文研究的结合,更有特别重要的意义——因为,按笔者之见,"看得见""全息化"将是信息时代到来以后,许多人文学科发展的一个必然趋向;运用影视手段,同时凭借电脑技术的发展,社会、人文研究将在形式和内涵两方面发生重大变化,并进而获得新的生命力。
　　本文首先介绍在西方已有约一百年发展历史的影视人类学,希望能从中得到借鉴和启示。然后回顾新中国成立以来中国的若干情况,并在此基础上,对影视与人文研究相结合的前景及有关问题,加以讨论。

一

　　电影摄像机诞生不久,西方的一些人类学家即用它来收集民族、民俗资料。1895 年,雷诺尔特在巴黎民族展览会上拍摄了非洲沃洛夫民族妇女表演的制陶术;1901 年,斯宾塞拍摄了澳大利亚土著居民的袋鼠舞和祭雨仪式。这是目前所能追溯的影视与人文研究结缘的最初的几个事例。二十多年后,美国的弗莱厄蒂拍摄了纪实性影片《北方的纳努克》,真实记录了地处北极的哈德逊海湾一家爱斯基摩人的生存状况；科珀和肖德萨克追随并摄录了巴赫蒂亚人赶着牲畜穿越雪山向草地迁徙的全过程，制作成《草原》。这两部片子具有鲜明的风格，被称誉为"真正取得成就"的影片。此后，影视学与人类学的结合越来越多、越来越活跃，并最终形成一门交叉性质的新学科：影视人类学(Visual Anthropology)。

20世纪70年代以后，影视人类学的研究机构和传播系统在西方的一些国家纷纷建立。有关工作人员和研究者成立了自己的国际学术组织——国际影视人类学会(CVA)；在一些国家和地区，如美国、加拿大和欧洲，还建立了分会。国际性的影视人类学会议和电影节频繁举行，比如，每五年召开一次的国际人类学民族学大会设有国际影视人类学会议专场。又比如，在美国，既有每年举行一次的影视人类学年会暨影视人类学电影电视节，还有同样一年一度的玛格丽特·米德电影节。后者创立于1977年，以美国著名女人类学家、影视人类学的先驱者米德的名字命名。米德电影节的评委会几乎每年都要评审来自各国的数百部内容各异、手法不同的人类学影视片，然后选择佳作加以公映。

人类学影视片以其形象性、动态性、连续性等特点，真实地记录各种文化现象并使之能超越时空局限再现出来。它生动明了，引人入胜，开辟了人文研究的新领域、新境界。兴起于19世纪下半叶的人类学，无疑属于近一个世纪以来最富活力、最具创造性的学科之一。它的理论和方法曾对史学等其他学科产生极为深刻的影响，为此，有人形容为"人类学的殖民化"。人类学最先采用影视手段，并且迄今为止仍唯有它与影视学结合而形成一门新的、成熟的交叉学科（西方曾有人提出"影视历史学"，最近国内也有学者注意到这一问题。但"影视历史学"远未形成体系），这又说明一门学科的生机和活力，是与它善于创新联系在一起的。而今，"可视""可闻"已成为信息交往中愈益普遍的要求，于是对于处在正酝酿新的突破和转变态势中的人文研究,影视人类学就有着"春江水暖鸭先知"的意味。它昭示和呼唤着一个新的学术纪元的到来。

二

影视人类学的理论迟至20世纪80年代下半叶才被介绍进中国。不过,影视人类学的实践活动,或者说以电影技术手段参与人类学、民族学的工作,收集少数民族的影像资料,却在50年代末期就已开始。据一项研究表明,从50年代末至1977年,我国共摄制了21部民族志影片,如《永宁纳西族的阿注婚姻》《丽江纳西族的文化艺术》等。这些影片或着眼于揭示少数民族的社会形态,或就其文化艺术、生活方式作专题介绍。它们为后人留下了极其难得的活生生的民族资料。特别是有些少数民族,处在急剧的社会变迁之中,其原生形态正迅速地演化乃至消亡,这些资料就好比是"抢救"下来的,弥足珍贵。虽然,若与中国拥有众多民族又各有悠久历史的国情相比,上述工作显得过于单薄、很不相称,而且,它们又都缺乏必要的学术思想作指导和支撑,以至于今天看来存在较多的缺憾,但是,这毕竟揭开了新中国影视与人文研究相结合的第一页。

20世纪70年代后期以来,一方面涌现了不少的民族电影片,另一方面伴随电视事业的崛起,又出现了大量的民族电视片。然而,这一时期的不少民族题材的影视片,都存在一个倾向:在内容上,满足于撷取生活表层的一些事象;在风格上,走风情片的道路;在追求上,缺少学术方面的动力,而有着过多的娱乐性的要求。这也就是说,它们既无意与国外正红火的影视人类学接轨,又与60年代前后的中国民族志影片分道而行。当然,有深度的佳作还是有的,像广西电影制片厂拍摄的《白裤瑶》、云南社会科学院拍摄的《生的狂欢》,它们显示了中国知识界在运用影视手段记述和阐发民族文化方面所取得的进步。更为重要的是,有那么一小部分学人钟情于影视人类学,组建了专门的研究机构。他们正默默地、艰苦地作着学术上的积累。

正当影视人类学在中国蹒跚而行的时候,另一类带有学术品性的片子——到目前为止,主要是电视片——则如异军突起,闪亮登场。这一类型的片子,在 80 年代初已经崭露头角,其中获得广泛好评的,有《话说长江》。但它蔚为大观,却是在最近几年,粗略地看,它可区分为:大型的综合片,如《邓小平》《香港沧桑》;专题片,如上海电视台"纪录片编辑室"栏目拍摄的那些以反映、揭示和阐述社会人文现象为宗旨的片子;教学片,如北京大学制作的介绍中国传统文化的系列片。这些片子,或者诉诸音像声画,将学术研究普及化、通俗化;或者运用影视的语汇和手段,对社会人文现象进行叙述、思考和探索。较好地将学术性与艺术性、知识性与观赏性融于一体,是它们的共同点。由此,我们看到了一个新的交叉学科正在孕育而生。需要一提的是,这个尚在母腹中躁动的胎儿,不是影视学与某个单项学科(如人类学或历史学)结合的产物,而是影视学与整个人文学科的知识进行嫁接的结果;较之影视人类学或影视历史学,它具有多向度的特点,具有更大的包容性和表现力,更强烈地表现出当代学术发展的"科际整合"的特点。为此,可姑名之曰"影视人文学"。

三

影视技术的普及、推广,不仅为人文研究有意识地采用影视手段提供了可能,而且还于"不经意"之中每时每刻都为人文研究留下大量的影视资料;这些非文字性的资料日后将成为研究者的重要"文献",从而,这又将进一步促使前述的可能转变为现实。基于此,可以推想,影视人文学以及影视历史学等,已离我们并不遥远。

影视人文学将与影视人类学、影视历史学等相砥相砺，互相促进，共同繁荣，引出中国学术的一片新的灿烂星空。

无论影视人文学，还是影视人类学、影视历史学，都是影视学与相关的人文学科的有机结合。对它们来说，影视不仅仅作为一个辅助手段，而获得本体的意义。如何从理论上探讨、把握影视与人文研究结合的独特规律，建立相应的理论体系，已成为当务之急。这里，我们借鉴、参照影视人类学的理论和实践，同时结合《邓小平》《香港沧桑》等电视片的成功经验，提出人文学术影视片的两条基本原则：

（1）真实性。人文学术影视片的基调必须是纪实的。它可以引用文学作品，但其本身绝不是文学创作（非虚构的）。它形成自己独特的艺术表现手法，然而它的内容根植于事实，非由艺术想象力所构造，并反对由艺术想象力作不恰当的加工。笔者不赞同国内外一些学者基于电影故事片讨论影视历史学的立场。就影视历史学或影视人类学而言，它们在本质上仍属于实证研究。影视人文学的情况可能复杂一些，但以事实为基础这一点，却是共同的。

（2）整体性。人文学术影视片必须完整地记录事物的原貌。这当然不意味要对现实生活做等长度的拍摄，而是指在作必要的选择和剪裁时，不能割裂、歪曲生活实态。它力求在完整的背景下再现人物、环境、事件的整体性，真实地揭示人物、环境、事件之间及其与整体背景之间的内在关联。

影视与人文研究的结合势在必行。遗憾的是，这一问题目前尚未引起影视界与人文科学界朋友应有的关注，但愿本文能起一个抛砖引玉的作用。

（原载《文汇报》1997 年 9 月 30 日）

文物管理的制度史与制度提升研究

——王运良《中国"文物保护单位"制度研究》序

一

早在1949年9月,经上海市军事管制委员会批准,成立上海市古代文物管理委员会,此即上海市文物管理委员会的发端。军管委、文管委,一"武"、一"文","文""武"并举,喻示了正在孕育而生的新中国置文物保护与管理于重要的地位。今年正好迎来解放七十周年,也是上海解放七十周年,追溯文物管理的旧事,更显出鉴往知今的意味。

仅1950年一年,中央人民政府政务院就发布了多项保护文物的法令和指示,如:《禁止珍贵文物图书出口暂行办法》,规定古迹、珍贵文物、图书及稀有生物保护办法并颁发《古文化遗址及古墓葬之调查发掘暂行办法》,关于征集革命文物的命令,关于保护文物建筑的指示。到1951年5月7日,中央人民政府文化部、内务部共同颁令,制定了《关于管理名胜古迹职权分工的规定》《关于地方文物名胜古迹的保护管理办法》《地方文物管理委员会暂行组织通则》,中华人民共和国文物保护体制初步形成。这些事实表明,自共和国诞生于襁褓之中,文物管理已然成为国家建设的一个重要方面。

从解放战争后期到新中国成立前三十年,新中国文物管理的制度建构,既对民国时期有所借鉴和延续,更有超越、发展,其中吸收了国外的一些做法,特别是受到苏联的影响。在极"左"思潮的影响下,文物保护又常常举步维艰,甚至深受冲击,造成惨痛的劫难。改革开放以后,痛定思痛,加大文物保护的力度,积极推动法制化建设。同时睁眼看世界,不同文明之间的互学互鉴逐步蔚成风尚,国际遗产界的诸多规范和方法为国内同行有所择从。另一方面,快速的经济发展、城乡建设和市场化、商品化的大潮,又给文物保护造成另一种前所未有的伤痛。就在这样的社会环境下,在各种挑战和考验之中,我国文物管理的制度建设始终"在路上",不断加强、健全和提升。

本篇序文首先点出"新中国文物管理的制度建构",是因为王运良的博士论文《中国"文物保护单位"制度研究》的选题意义,必须从这里揭开。

二

将"文物""保护""单位"三个词合为一个概念"文物保护单位",首见于1956年4月发布的《国务院关于在农业生产建设中保护文物的通知》。这个文件要求:"必须在全国范围内对历史和革命文物遗迹进行普查调查工作。各省、自治区、直辖市文化局应该首先就已知的重要古文化遗址、古墓葬地区和重要革命遗迹、纪念建筑物、古建筑、碑碣等,在本通知到达后两个月内提出保护单位名单。……被确定的文物保护单位,由文化部进行登记,颁发执照,交由当地人民委员会负责保管。各地农业生产合作社对本社范围内的文物保护单位负有保护责任。"

经过五年的摸索与推广,到1961年,国务院下发《文物保护管理暂行条例》,规定:各级文化行政部门应当陆续选择重要的革命遗址、纪念建筑物、古建筑、石窟寺、石刻、古文化遗址、古墓葬等,根据它们的价值大小,按程序确定为县(市)级或者省(自治区、直辖市)级文物保护单位;文化部应当在省(自治区、直辖市)级文物保护单位中,选择具有重大历史、艺术、科学价值的文物保护单位,分批报国务院核定公布,作为全国重点文物保护单位。至此,文物保护单位的管理体制初步确立。与这个《暂行条例》同时公布的还有第一批全国重点文物保护单位名单,共计 180 处。

"文物保护单位"的概念及相关制度的形成,提高了我国对不可移动文物开展保护的总体水平。如果从"词"与"物"的对应关系上讲,"文物保护单位"在文物属性上对应于不可移动文物,所指涉的对象涵盖古文化遗址、古墓葬、古建筑、石窟寺和石刻等。在中国,对于不可移动文物与可移动文物不同属性之间的明晰分野,迟至 2002 年才在法律层面予以落实,那就是第九届全国人大常委会第三十次会议修订通过的、首次公布于 1982 年的《中华人民共和国文物保护法》(以下简称《文物保护法》)。1982 年《文物保护法》第二章标题为"文物保护单位",而到了 2002 年,除了法律规定进一步深化、细化,标题也改为"不可移动文物"。至此,不可移动文物与可移动文物两大块面之间切割清楚了。

对于 1956 年《国务院关于在农业生产建设中保护文物的通知》经历过怎样的酝酿,又为何择用"文物保护单位"这样的表述(王运良指出是受了苏联的影响),目前尚缺乏资料。可以判断的是,"文物保护单位"作为一个集合名词(接近于"古迹""史迹"等用法)[1],可以统摄各种类别的不可移动文物。其出现不但体现了认知与逻辑思维方面的跃进,改变了此前以《古物保存法》(1930 年)

---

[1] 解放前夕梁思成曾主持编写《全国重要建筑文物简目》,此处的"重要建筑文物",其意大体就指不可移动文物,然而那时却没有这样的名称(自然也没有"可移动文物"之说)。他还将这种不可移动文物以"单位"来编列号数。我倾向于认为,"文物保护单位"之名是从这里生发出来的。

为代表的"古物"分类中的某些"混沌"状态①,也由此在现实操作层面建立了一个专门针对不可移动文物的保护体系。从1930年到1956年(计26年),再到1982年(也是26年),进而到2002年(又过了20年),中国对不可移动文物的管理好比"拾级而上",在制度建构的过程中渐趋成熟。时至2013年,国务院公布第七批全国文物保护单位1 943处,至此国保单位总数已达4 296处,成为国家文化软实力的一个重要部分。运良的书稿关注这一过程,并首次进行了系统梳理和分析。

三

1956年至1966年的约十年间,各地各级文物保护单位相继公布并得到重视和建设,构建起全国统一的管理体制,为已确立等级的不可移动文物初步筑起了一道保护屏障。这是我国历史上的第一次!它蕴含着中国由传统社会迈向现代公民社会和法治社会,逐步实现转型的深层意义,也是文化强国的重要一步。在中国近代化、现代化的进程中,采用博物馆的方式来保护和利用可移动文物,相比于在不可移动文物领域找到合适的管理制度,步子显得要快一点。也就是说,不可移动文物保护制度的确立,相对迟缓一点,而其背后的原因,尚有待探究。

因为有这十年的工作基础,所以在后来的"文化大革命"十年中,文物既遭受空前的破坏,也得到一定的庇护,体现出某种程度上制度的保障作用。最鲜明的事例,就是当时已经公布的180处全国重点文物保护单位历经曲折,很多都受到损坏,但最后几乎没有被彻底毁掉的。

---

① 就此李晓东在《民国文物法规史评》中曾予评点,谓:"在分类中显得有关古物种类不够清晰,影响其科学性和价值。"(文物出版社,2013年,第126页)

1982年,"历史文化名城"概念正式提出。此后名城、名镇、名村以及历史街区的保护逐步形成一个相对独立的体系。1985年,我国加入联合国教科文组织的《保护世界文化和自然遗产公约》,经过持续的努力,现已成为全球拥有世界遗产总数排名第二的大国。从"大文物"概念的角度看,这些遗产类型极大地丰富了不可移动文物的内涵和类别。但是,各级文物保护单位依然是上述遗产综合体中价值密度最高的部分,占据着十分突出的地位。从管理制度讲,文物保护单位以"四有"为核心的管理模式,与其他遗产类型的管理要求互相影响,互为借鉴。

　　面对20世纪80年代以后社会环境和行业内部的急速变化,运良觉察到现行文物保护单位制度上的不足,并就完善这一制度提出构想。凭着以往工作中的切身感受,加上大量有针对性的调研,广为搜集资料,他触及了现状与问题的复杂和棘手,更萌生了"制度新设计"的勇气。

四

　　运良于2004年考入复旦大学文物与博物馆学系,潜心攻读硕士学位。尔后取得硕博连读资格,继续深造,并于2009年获博士学位。其间我是他的指导老师,比较了解他的心思与追求。他于郑州大学历史系本科毕业后,一直在地方文物管理部门工作,积累了基层实务的丰富经验,同时热爱钻研,不断提高学养,丰富理论知识。负笈求学沪上,他更加注重理论联系实际,关注中国文化遗产领域的现状与问题,并积极拓宽视野,审察国际上的发展趋势和先进的经验与做法,努力为我国的文物保护寻找提升之策。最终,他聚焦于文物保护单位,对相关制度进行系统梳理,对存在的问题甚至仍在继续恶化的一些状况,提出改进的思考与建议,以制度史和制度提升的视角,完成其博士论文。在论文答辩前后,围绕这个研究方向，他发表了一系列论文，形成一家之言，丰富了对中国文物保护单位这个研究对象的论述，拓展、加深了总体认识。

在其治学过程中，得到前辈学者罗哲文、谢辰生、李晓东等先生的指导和帮助。通过向老先生们讨教，运良进一步树立了投身于文物事业的信念，前辈的言传身教也使他增添了克服各种困难的动力。而这几位专家曾参与文物保护单位这一制度的草创、建立与改进，其心得的传授，相互间的切磋交流，又使运良获得一种"继往开来"的使命感。

2002年，习近平同志在担任福建省省长的任上，曾为《福建古厝》一书作序，指出："现在有些地方名城保护、古建筑的保护出现一些问题，根源就在于只顾眼前的一些经济利益，随意改变文物管理体制，将原为文物部门管理的文物保护单位移交别的部门管理。殊不知古建筑的保护，传统街区的保护，任何文物保护单位、文物保护点的保护，都需有专门业务知识和掌握国家文物法规政策才能保护好。"在2019年迎来中国文化和自然遗产日（每年6月的第二个星期六）之际，《人民日报》重新刊发这篇关于文化遗产保护的重要文章，以倡导热爱文化、珍惜文化的情怀，促进更好地传承文明，增强文明自信。习近平同志的文章特别强调了文物保护单位的重要性，这也更加坚定了文物工作者的理想信念。

运良毕业后已在河南大学文物与博物馆学系任教十年，他初心不变，勤奋地耕耘在文博教学与科研领域。现在他将这部博士论文整理出版，我借此机会希望他根据新的变化和新的发展形势，按照新时代治国理政的总体要求，进一步深化研究，为我国不可移动文物的保护与利用如何更科学、更合理、更有成效，做出更大的业绩。

（原载王运良：《中国"文物保护单位"制度研究》，郑州大学出版社，2019年）

博物馆艺术史体系的超越与跨越
——《壁上观——细读山西古代壁画》序

上海博物馆是一座以中国古代艺术为主的博物馆,这个定位与其藏品基础和常设陈列的体系都很贴近,或者说是对后两者比较准确的反映。但是假如引入发展的观点,问题就来了:这样的定位是必须的、必然的、必定的吗?一个月前,上海博物馆东馆开工当日,有感于开工活动的报道,馆内一位青年学人在微信朋友圈发声,表示应该用一百年的时间完成一项伟业,将上海博物馆建设成世界顶级的世界古代艺术博物馆,使国人不出国门即可遍览世界艺术。我欣赏此类充满理想、激情的憧憬,遂在微信中用表情包跟了一下,送上三个翘起的大拇指。

这里,我不想就是否以及如何从中国古代艺术的到世界古代艺术的博物馆定位转变,径直展开讨论。我愿继续强调,即使保持在中国古代艺术博物馆这个维度上,引入发展的眼光同样重要。恰好,东馆建设为讨论上海博物馆的发展问题提供了必要的场域,还有急迫的时间要求。我可以就此谈一些粗浅的看法,进而交代本书的缘起。

2015年4月上海博物馆东馆建设提上议事日程,经过一段时间的研讨,馆内逐步形成一个共识:东馆将构建以中国古代文化主题为核心的展陈体系,以中国历史上的文化现象为切入点,打破展品的门类限制,横向构建体系,举办反映中国重要历史文化内涵的主题性陈列展览，让文物说话，讲中国故事。我以为，这一愿景的提出，是基于对上海博物馆现有艺术史体系的反思；而其实现的程度，一定意义上取决于未来三五年对这既存体系自我超越的能力。

20世纪90年代，伴随上海博物馆人民广场馆舍的全面建成开放，一个以扎实的器物学研究为基础，经过反复打造、面貌一新的博物馆艺术史体系惊艳登场，奠定了上海博物馆引领全国、享誉海外的极高地位，也在很长时间内独树一帜、独领风骚。然而二十年后再加审视，特别是置身于博物馆发展的新趋势、新格局中分析，理应清醒地看到现状的不足，比如上海博物馆的藏品在门类上远未覆盖中国古代艺术各个领域，优势与强项集中在青铜、陶瓷、书画及工艺等部门。与此对应，研究队伍亦呈大体同样的结构分布。因为这种结构，造成对于中国古代艺术的通观研究，或注重宏通、强调整体的意识，相对欠缺。另一方面，一些专业领域鲜少涉足，留有空白。所以，当东馆展陈方案提出要横向构建体系、进行文化主题演绎，在保持、发扬固有优势的同时，如何取长补短，就成为一大挑战。

主题演绎，注重触类旁通、融会贯通。讲好中国故事，还需要有所对照和比较，这样才会具体、形象、生动，才能入木三分、传之久远。"比较"具有多层含义，这里想突出的是国际视野中的比较、跨文化的比较，这在不少学科都早已展开，并取得相应的成果。中国古代艺术（总体的或分领域的）的本质特点、演进规律、体系构造，各种影响与交流、融合的问题，其在人类文明史上独特的地位、价值、贡献之类，都需要在更开阔宏大的比较视野中揭橥和呈现。这些能力依然是上海博物馆亟须补强的，又特别需要借助学科建设以臻功效。前不久《大英博物馆百物展：浓缩的世界史》取得轰动效应，其台前幕后的原因尚在进一步总结；如撇除上海博物馆共同精心策划设计、强力组织、高效运营的因素不论,这个特展所反映的包容上下两百万年、涵盖人类历史上各个主要文明的新颖整体史观,和在其背后支撑的大英博物馆"百科全书式"的收藏,正是其魅力所在! 此中的启悟可谓深长。

手上这本《壁上观——细读山西古代壁画》收录了21篇有关壁画的研究文章。它们多数"结胎"自上海博物馆同名系列讲座"壁上观——中国壁画·山西篇"(2015年9月至2016年3月),由讲座人就演讲记录稿经后续撰著、凝练、充实而成。2015年8月,作为活动策划的预研究环节,上海博物馆、山西博物院、复旦大学三方专家,共同组织了对山西境内壁画的实地考察。2017年11月底,《山西博物院藏古代壁画艺术展》又将在上海博物馆开幕,12月底相关的研讨会亦将如期举行。这构成了围绕壁画(目前集中于中国古代壁画)主题涉及展览、学术研究与社教活动的一个系列;或者准确地说,是一组围绕壁画的系列活动的发端。为什么要组织这样的系列活动? 又为什么选择壁画? 在引出博物馆艺术史体系的讨论之后,我可以来略举其中的理由。

壁画原属于不可移动文物的组成部分,进入博物馆(除就地改建的遗址博物馆之外)之前被改变为可移动文物,这种双重的文物属性赋予壁画在博物馆展陈中非同一般的表现力——例如它既是绘画作品,又是背景、场景,在情景塑造方面极具张力。它跨越礼俗,既可登庙堂之高,也可处江湖之远;有些体现礼制的思想与规范,有些反映活泼的民间生活及信仰;佛教、道教兴起后,又成为这两种宗教宣讲推广的重要载体与手段。此种内涵的丰富性,给博物馆的解读、阐释、演绎、再现提供了极大的空间和可能。从艺术特性上讲,如何从文化史的大框架中做进一步的分析、把握、探寻,又如何从人类不同地区的壁画样态中进行比较、观照、省察,博物馆大有可为,作用无可替代。私心以为,这都可变成一种"酵素",

为博物馆艺术史体系的自我超越增添催化的"活性"。此类酶的催化作用,相信当下也不独为上海博物馆所需要。

我还认为,上述自我超越,有可能转化成向着世界性收藏的博物馆转型跨越的第一步。《大英博物馆百物展》带来的火爆,预示了"百科全书式"博物馆一经直抵人心,便会激起观众对中国博物馆全球性收藏的热忱。这种对于美好未来的向往与追求,又会进一步释放出动力,从而促使那位青年人提到的百年伟业之真正开启。至于究竟是选择卢浮宫博物馆、大都会博物馆那一路偏向比较纯粹的"艺术史"体系,还是像大英博物馆那种"百科全书式"的,完全是退居其次的问题。

本书付梓之际,写下以上感想,权作序文。最后感谢所有参与的单位与专家!特别感谢山西博物院石金鸣院长和复旦大学葛兆光教授、李星明教授,大家共同携手推动。博物馆与博物馆之间,博物馆与高校、科研机构之间协同合作的大好前景正在洞开。拜其成效所赐,这本《壁上观——细读山西古代壁画》不仅在壁画的专业方向有所掘进或拓展,而且对艺术史的整体提升也带来启示与裨益。

(上海博物馆编:《壁上观——细读山西古代壁画》,北京大学出版社,2017年)

山光物态弄春晖
——《上海博物馆文化交流成果汇编》第1辑序

任职上海博物馆一年多,我脑海里一直萦绕着这样那样的问题。

比如,作为中国古代艺术博物馆——精准地讲,是作为"以中国古代艺术为主的博物馆",上海博物馆在陈列展览和社会教育方面,该如何探索前行之路,与时俱进,再创辉煌。在2015年末馆领导班子的民主生活会上,我曾就此着重缕析出三个思考题:

(1) 如何在人类历史和发展的大背景下,更传神地展现中国文物,讲述中国故事。

(2) 如何在以中国古代艺术为主的展陈体系中,有机地融入现当代艺术。

(3) 如何运用数字化和互动、体验等手段,将博物馆营造为充满艺术情趣和创新魅力的学习中心。

很高兴,馆里有不少同事和我一起思考着类似的问题。特别是在外出培训、考察人员的成果交流会上,常听到经过思量和整理的有关心得,配以PPT,形象生动;镜鉴他人的经验,寻找契合本馆情况的工作目标及路径。这样的交流会,我争取每次都参与其中,而且经常可以聚精会神地聆听三个小时以上。对同事们的讨论勇气及闪现的思想火花,我与有荣焉!对年轻人展露的锐气,我更觉欣喜!

成果交流会由上海博物馆文化交流办公室、人事处、团委联合主办，已历多年，活跃了本馆学术和工作的交流气氛，搭设了研究事业发展一个很好的平台。本文集收文 29 篇，大体上按交流的时间排序编次，从 2010 年跨越到 2013 年。作者大都曾在交流会上汇报讨论过，在此基础上再加以扩充提高，形成文稿。它们记录了上海博物馆对外交流的一段历史，也凝聚了同事们学习、考察归来的思考结晶。

自 1840 年前后林则徐编译《四洲志》，将 museum 翻译为"博物馆"，这样一种外来的文化现象和公共服务机构传入中国已经 170 多年。然而作为舶来品，博物馆如何在中国大地生根开花、茁壮成长，又如何跟随时代脚步，实现可持续的发展，这两个问题摆在我们面前，要回答得好，仍都不轻松！推进中国博物馆的国际化，在交流中取长补短，在人类发展的大趋势中剖析、把握和定位，就愈显重要。

今年初我曾给上海博物馆的志愿者做过一次讲座，谈谈本馆的过去、现在和未来。考虑到尽管身为馆长，但受本人能力和一般认识规律的局限，深恐也只能介绍一些表象而不能洞见本质，并且只知其一而不知全貌，因此定题为"横看成岭侧成峰"。我是很希望自己能按照苏轼提醒的，跳到山外看"庐山真面目"。

不过，如果将全球博物馆视作一座连绵的大山，逗留山中，"入云深处"，也是探得真知真经的重要法门。唐人张旭的那首诗作《山行留客》，同样深堪回味：

> 山光物态弄春晖，
> 莫为轻阴便拟归。
> 纵使晴明无雨色，
> 入云深处亦沾衣。

是故，将本汇编文集题名为《山光物态弄春晖》。本次收录出版的当是第 1 辑。

（原载上海博物馆编：《山光物态弄春晖：上海博物馆文化交流成果汇编》第 1 辑，上海书画出版社，2016 年）

博物馆与文明交流互鉴
——《上海博物馆文化交流成果汇编》第 2 辑序

改革开放后,上海博物馆率先大步迈出对外文化交流的步伐,成为国内最早与境外同行开展学术研讨、展览交流和人员交往的博物馆之一。翻检馆史,20 世纪 70 年代末以来,有关的精彩华章接连不断,对外交流合作的领域不断扩大,内涵持续深化,从破冰到形成惯例再到不断提升,都走在了时代的前列。四十余年来,上海博物馆与世界各地博物馆及相关文化机构展开了频繁、深入的合作交流,结出硕果,促进了博物馆事业的繁荣和发展,也为助力文明交流互鉴做出应有的贡献。其中的一些细节,将在今年 5·18 国际博物馆日,也是适值五四运动一百周年之际,以"乘风起新帆,四海结比邻——上海博物馆对外文化交流 40 年成果回顾"的展览形式,在"五四运动"的发祥地——北大沙滩,借"红楼橱窗"向公众展示。

作为改革开放的重要举措,对外文化交流给上海博物馆注入活力,也成为内部管理中推动事业发展不可缺少的"引擎"之一,进而构成了上海博物馆的一项"核心竞争力"。近年馆内在讨论博物馆"核心竞争力"这个话题时,众人每每提及。

在这样的博物馆发展理念引领下,馆员出访归来后举行的专题报告会,借此向全馆公开交流、汇报各自的成果与思考,就在坚持中不断延续,不但作为一种有效的工作机制,还逐步积淀为一个

"品牌"。我曾寄语如何通过增强三个方面的效应,即交流平台的效应、创新示范的效应、知识溢出的效应,以更好地打造这个"品牌"。

两年前,已将2010年至2013年间交流会上的发言整理稿,集为《山光物态弄春晖:上海博物馆文化交流成果汇编》第1辑出版。今次,再将2014年至2016年间的27篇发言整理稿合编为第二辑,定名为《博物馆与文明交流互鉴》,交出版社刊印。

近年来,中国国家领导人大力倡导"多彩、平等、包容"的新型文明观,强调文明因交流而多彩,因互鉴而丰富;文明交流互鉴,是推动人类文明进步和世界和平发展的重要动力。博物馆人有幸参与到这个发展进程之中,并发挥独特的作用。

建构人类命运共同体是一个宏大的愿景,因为类似本书记录的点滴工作和经久努力,使她变得具体、具象、富于质感,甚至触手可及。

(原载上海博物馆编:《博物馆与文明交流互鉴:上海博物馆文化交流成果汇编》第2辑,上海书画出版社,2019年)

沉潜弘毅,走向未来
——"上海博物馆学人文丛"代序

极简地说,博物馆是这样一种机构:她以文物(遗产)的典藏、保护、研究为基础,以展览为核心公共产品,以教育传播和赋能社会、提升文明为追求。她是一个公益性的服务窗口,也是文教和科研部门。

众多的博物馆中有这么一类——我称之为"研究型"博物馆,其特点是,研究工作占据着极其重要的地位,成为博物馆进步的重要驱动力。

上海博物馆六十七载的发展历程,不断地实现创新和超越,在世界范围内成就了很高的美誉度。这与她作为研究型博物馆的恒久努力,密不可分。

编辑上海博物馆"学人文丛",旨在从一个侧面呈现本馆的学术积累、传承发展和创新突破。汇集学者个人的研究成果,从资深的专家着手编纂,渐次扩大到中青年;既是检阅和阶段性总结,也是力量的汇聚与薪火传递。这个系统的出版项目,将从 2019 年《孙慰祖玺印封泥与篆刻研究文选》的率先面世而正式起步,迈向未来。

国际博物馆协会(ICOM)第二十五届大会召开在即,一度准备在京都开会时付诸投票表决的一则博物馆新定义,引发出空前的国际大论战。对于博物馆的理解和认识,博物馆人对自身机构的定位，从来没有像今天这般多样与多元，甚至已趋向于隐晦和复杂化。但是，众声喧哗（或许这已是普遍的现象）之中，是否也会激荡出新的清醒，从而重新理性、精准、平实地认清问题？

本文开篇的话，算不上对当下论战的针对性回应，而在于平实地指出博物馆的专业重点，指出其承担的具体工作及目标，进而在此基础上，强调研究对于博物馆创新驱动的重要性。然而目前遭逢的这层特定环境，又确实有助于说明坚守、沉潜、弘毅，对于博物馆研究工作和建设研究型博物馆是何等重要。

世上的事物大抵都有"万变不离其宗"的根本，博物馆亦如是。本丛书的刊印，除了作为博物馆学术成果的结集、展示，还想表明一种立场与姿态。期待丛书真实展现博物馆学人在学术追求上的沉潜弘毅，并与新老学人们共同走向未来。

（"上海博物馆学人文丛"由上海古籍出版社从2019年起出版）

守先待后　反本开新
——"上海博物馆藏品研究大系"总序

最近的半个多世纪里,国际学术界关注"文明"问题、研究"文明史"的热情,始终不减。汤因比的巨著《历史研究》论述了20余个文明的兴起与衰落,流传广泛,带来持久的声誉。及至近年,大英博物馆组织、策划"大英博物馆百物展"在全球各地巡展,其以追溯人类200万年历史、涵盖五大洲曾经出现的主要文明为叙事框架,吸引了无数观众追捧。学术界、知识界以及学校普及教育的互动,加上博物馆自身的努力作为,正使博物馆成为学习、探究"文明"和"文明史"的重要场所。

一种文明的发生与持续发展,依赖天时、地利,更与其内在的生命力、创新力及韧性相关。中华文明绵延五千年,成就人类历史上唯一的奇观。此间的连续性或延续性,特别地体现在中国的语言文字、物质文化、血缘与家族、思想与习俗以及典章制度等方面。这为人类文明研究提供了极其难得的个案。

物质文化因其直观、具体、形象的特点,在当下的文明研究中愈发获得青睐。博物馆因为最重视物质文化,所以成为欣赏世界各文明进而展开互学、互鉴的重要课堂。

在社会知识欲求发生转变的同时,博物馆对自身的工作也不断进行反省与调整。博物馆人不再满足于简单地存储文物,而是加大对藏品的整理、考辨与综合研究,努力将一件件特定时空背景下产生并留存至今的历史遗物,"归位"于物质文化的演变脉络中,摄取更丰富的信息,挖掘更深厚的内涵;同时,依托展陈及其他教育传播方式,呈现于公众。加强藏品的整理研究,及时刊发公布,已成为博物馆提升综合实力的一项基础性工作,也是满足公众对博物馆种种新期待的重要法门。

进入新世纪之交,上海博物馆启动了馆藏研究大系的撰著和出版。陆续问世的有:《中国古代封泥》(孙慰祖)、《中国古代纸钞》(周祥)、《明代官窑瓷器》(陆明华)、《中国古代玉器》(张尉)、《中国古砚》(华慈祥)、《清代雍正—宣统官窑瓷器》(周丽丽),以及最新的这本《明清竹刻》(施远)。

截至2019年底,上海博物馆藏品总量计1 020 220件/套,上等级的文物就达144 142件/套,涵盖青铜、陶瓷、书法、绘画、甲骨、玉器、印章、造像、碑刻、钱币、竹木、牙骨、漆器、家具、织品、刺绣等众多门类。本套藏品研究大系即按照中国古代艺术品的分类为大框架,再依据材质、年代、功用、艺术与制作特点等细分,凸显上海博物馆的收藏特色,也贴合并展现专家的长项与优势。所有担纲人均为本馆研究人员。相信经过几代上海博物馆学人的努力,这个大系一定蔚为大观,在本馆非凡的实物收藏基础上,再打造出一个堪称匹配的文化资源宝库。

前辈学者尝言,"板凳要坐十年冷"(范文澜),寥寥数字道出人文研究之不易,学问之道离不开涓滴成河。这份专业的执守,于个体讲,与其兴趣和天性禀赋有关;于机构讲,与其功能和专业分工有关。而于国家、民族讲,则关乎文化的传承与发展,文明的接续与开新。在中华文明继往开来、全面实现民族复兴的路途上,需要无数像本研究大系这样的"铺路石"。

一百多年前,维新志士、学人谭嗣同在写给老师的信中讲:"守先待后,皆有分任之责。"(《上欧阳瓣薑师书》)彼时,在救国济世的先驱眼里,博物馆是帮助国家自强自立的利器。今日,博物馆打开更为宏阔的人类文明的视野,向历史的深处开掘资源,在现代发展中致力于创造性转化,淬炼磅礴之力,助推"凤凰涅槃"梦想的实现。

("上海博物馆藏品研究大系"2000年起由上海人民出版社出版,2019年起改由上海书画出版社出版)

领受馈赠，回报社会
——"上海博物馆典藏丛刊"前言

上海博物馆拥有 102 万件/套文物，其中列为一、二、三级品的珍贵文物 14 余万件/套。在馆内十余个专题陈列及相关展室中，以中国古代为主的艺术品争奇斗艳、美不胜收，尤其是青铜、陶瓷、书画三大系列，体系之完整、展品之精粹，在全球独领风骚。由此它常被称为中国文物界的"半壁江山"、"包罗万象"的中国古代艺术宝库。

在近七十年的时间里，上海博物馆从无到有、从小到大，从在老上海跑马总会大楼与上海图书馆合署办公，到目前已呼之欲出的"一体两馆多点"新格局，丰富优质的典藏始终是办馆和发展的基础。本馆文物的来源，有调拨、捐赠、收购、交换、考古发掘，还有拣选、抢救于废品回收站、冶炼厂等场所，渠道很多。2019 己亥猪年到来之际，上海博物馆举办了"猪丰卣满"迎新展，在大厅登场的主角是一件传自商代晚期的青铜卣——其古老和造型独特、工艺精湛，存世唯一。它历经沧桑和磨难，1964 年由上海博物馆的专家慧眼识宝，在一家冶炼厂被发现，由此改变了即将作为废铜回炉的命运。又经过约半个世纪的等待，修复师以高超的技艺妙手回春，使这件国宝展露新姿，重新"活"起来。类似的传奇，件件桩桩，道出馆藏来之不易、聚之艰难。

上海博物馆的典藏有相当一部分来自受赠。20 世纪 90 年代建成的人民广场馆舍内,有三面镌有重要捐赠人姓名的纪念墙,以表彰慷慨捐助上海博物馆的海内外人士。几年前中央电视台拍摄《国家宝藏》,曾特意对当年苏州潘达于女史捐赠大克鼎、大盂鼎的义举,予以礼敬,弘扬传播其高风亮节。

我们珍惜并感恩。

感恩五千年的中华文明史,感恩中华文化的创造者、传承者、守护者。上海博物馆的典藏,得之于中华大地及其绵长历史的丰厚馈赠。

感恩的真谛何在？是在领受馈赠的同时,更好地回报观众,回报人民,回报社会。自上海博物馆诞生之日起,它就高度重视博物馆的开放和各种资料、信息的公布,努力遵循和实现博物馆的公共性及与大众共享的核心价值。

为迎接和筹划 2022 年上海博物馆七十周年馆庆,几年前馆方着手酝酿"上海博物馆典藏丛刊"出版计划,进一步加快文物资源与读者、观众的分享,推动"让文物活起来"。本丛刊以选编各类文物图录为基础,与专题研究或简述、综述相结合。希望以这种形式,将庋藏的文物,特别是以往没有或较少有机会与公众见面的精品,亮相于世,化身千万,供大家研究、教育、欣赏。

列入第一批出版计划的,有"楹联"部分和"碑帖"部分。本馆书画部刘一闻先生担纲编撰了《上海博物馆藏楹联》,从馆藏 454 件楹联中精选 289 件,辑为上、下两册。以《从楹联艺术看清代书法》和《从上海博物馆藏楹联看清代书法演变之迹》"述要"两篇,分置于上、下两册之首,系统论述了楹联的出现、发展、形制、内容,其与清代书法艺术演变及成就的关联等诸多问题。一闻先生关注本选题前后历时二十余年,这次以总计五万余字的"述要"展开深入细致的探讨,把该专题研究推到新的高度和广度。"楹联"部分成为"上海博物馆典藏丛刊"这项大工程的"先行者"。

上海博物馆馆藏碑帖量多质精。2003年本馆购藏北宋拓《淳化阁帖》（四卷），并为之举办特展，名动一时。2019年，上海博物馆与上海图书馆等机构合作，联合主办"墨彩斑斓　石鼓齐鸣——石鼓文善本新春大展"，再次展示本馆碑帖收藏的厚重实力。惜乎，这一门类的藏品披露极少，公众更缺乏了解。三年前上海博物馆着手组织、策划，采取与上海书画出版社项目合作的推进方式，启动对馆藏碑帖的整理、出版。在排摸家底、厘定体例、整合专家队伍的基础上，如今，不仅"碑帖"部分第一辑的编纂基本告竣，后面几辑也已大致排定目录。

适值21世纪第三个十年来临，审视当下，展望未来，博物馆要更强调"动、静结合""动、静相宜"——一方面让文物"活"起来，另一方面让专家"沉"下去；一方面让工作"动"起来，另一方面让科研"静"下去。我们要创造适宜的环境和氛围，促进事业发展，同时也推动本丛刊在未来十年不断做大做强，惠及广大读者和观众，回报社会。

（"上海博物馆典藏丛刊"由上海书画出版社2020年起出版）

大道如砥　行者无疆
——《马承源翰墨金石作品》序

　　20世纪90年代,上海博物馆落户人民大道,由此赢得自身崛起,并带动中国博物馆界向着现代化事业绚丽转型,诚乃城市文化发展中神来之笔。神力源于天时,也来自地利、人和。天时,盖指国家和上海投身改革开放氤氲化生的运势,地利、人和则包括上海市和上海博物馆两方面的主事者们,以改革开放排头兵的勇气与胆识,同心戮力、运筹擘画、竭尽所能。这当中,马承源馆长居功厥伟。

　　二十年前,我是游离于人民大道的关切的旁观者;二十年后,我成为念兹在兹、身心在兹的守护人。没有变的,是心目中马承源馆长占据的那份厚重,那就是《诗经·小雅》吟诵的"高山仰止,景行行止"。有时,漫步于人民大道两侧,我会突然在物质与观念之间发生错乱纠缠,恍惚间将意识中的景行与实体的大道,合二为一。

　　大道之行,行者无疆。此中的真意在于:抵达,再出发;永无止境。唯如此,博物馆的事业方能可大可久,也方能告慰当年的奠基者和筑路人。

　　今年是上海博物馆建馆六十五周年,又恰逢马承源馆长九十诞辰。一年多前,受马馆长哲嗣的委托,特邀本馆书画部刘一闻先生担纲,整理研究并编辑出版马馆长的篆刻、书法作品。一闻先生倾力而为，四处寻觅，广为搜罗，再加精心排比，审慎考订，将一座充满个性的马氏艺术富矿宝藏还原再现。这本《马承源翰墨金石作品》分"印章""墨迹"两章。"印章"部分分自用印及家人印、赠友人印、诗词名句印和《诗经》篇名印四类，每一类又按刻印年份排序，共收入马馆长篆刻197方。"墨迹"部分按书体分类，并以创作时间为经，辑入马馆长的书法作品总计66件（组）。一闻先生更以巨大心力，凝神撰写了两万多言的长文《如松之盛　似兰斯馨》。文章从艺术创作的细节入手，情理交融地勾画了马馆长波澜壮阔、魅力独具的一生，真实展现了马馆长在翰墨金石创作领域的承继、创新、所达到的高度及其个性色彩。着墨的是才艺、才情、才学，闪耀的是马馆长精神与心灵的风采。一闻先生完成的不仅是一篇单纯的导读或论文，更胜似一组有魂有魄、刻画有度的精彩浮雕。

考虑到马馆长的作品流散各方，又经过岁月的淘洗，为传播讯息、扩大征集面，上海博物馆曾通过《中国文物报》《新民晚报》刊登启事，也借助馆方微信平台发文广为告知。目前结集的这本作品图录，兼具艺术性、学术性和资料性。在整个资料收集和编印过程中，承蒙馆内、馆外众多朋友的襄助，在此一并致谢！

《马承源翰墨金石作品》的面世，既是向开路人马馆长敬献心香，也是为了后来人从中汲取智慧、热忱、勇气和力量。

（原载上海博物馆编：《马承源翰墨金石作品》，上海书画出版社，2017年）

执着于上海古文化的发现与守护
——《上海考古第一人：黄宣佩传》序

读郭骥等著《上海考古第一人：黄宣佩传》，传主的形象不断浮现，并更趋丰满而真切。

黄宣佩先生是浙江宁波人，1930年出生，幼年在鄞南石桥村度过。其父在上海的轮船上担任大管轮，这使得黄先生童年时有机会进入上海生活；1938年，因父亲工作变动，又举家迁居香港。1941年太平洋战争爆发，黄先生只得返回老家。

孩提时代的经历，拓宽了黄先生的视野，也在他的心头留下城市文明的印痕。14岁那年，黄先生又来到上海，务工、求学。几年后，他以初中优等的成绩越级考入设在崇明的江苏省立水产职业学校。黄先生的梦想，是像父亲一样当一名好船员，在大海航行。

转变发生在1952年。这年5月初，正处于失业状态的黄先生在接到区政府通知后，参加了上海市文物保管委员会的招聘考试，并顺利通过。同年上海博物馆开馆，他进入博物馆，担任书画大厅的讲解。之后，传主的故事就与上海博物馆紧紧相连。大的方面，我曾从黄先生这里，从他的同事同行那里，还有从上海博物馆馆史和上海考古历史的记述中，多多少少获知一二。唯有黄先生入职上海博物馆之前的这一段，于我而言，在读本传前，乃是一片空白。但这一段，对于完整理解黄先生的职业生涯十分重要。

本传详尽地记录了黄先生的人生历程及其在考古、文博领域的工作与成就。全书分五章,第一章"少时求索人生路",讲述黄先生22岁进入上海博物馆之前的早年经历;第二章"上海考古开创者"、第三章"文博事业领航员"、第四章"成就斐然树灯塔"、第五章"君子如玉化春风",全面回顾了黄先生投身文博考古事业,执着于上海古文化的发现与守护的事迹。下面我扼要地将黄先生献身上海考古工作的精彩人生作一简述。

1952年5月16日,黄先生第一次迈进旧上海的跑马厅大楼,这里经陈毅市长亲自选定,被改造为上海博物馆和上海市文管会以及上海图书馆的所在地。1953年,黄先生被选拔为讲解组的负责人。次年,又被选调参加由文化部文物局、中国科学院考古研究所和北京大学联合举办的第三期考古人员培训班。1956年,上海博物馆成立考古组,隶属研究部,黄先生任组长;后来其又任历史部副主任、考古部主任。上海博物馆考古工作起步时,在上海市所辖范围内,除1935年发现的金山县戚家墩遗址外,还没有其他古代遗址发现,同行间甚至流传柏油马路上有多少"古"可"考"的玩笑话。然而黄先生不为所动,对上海考古工作的前景充满信心。

1959年底至1960年初,黄先生主持对马桥遗址的发掘,这是上海第一次真正意义上的考古发掘。经过两个多月的奋战,考古队在地层中发现良渚文化、马桥文化(当时尚未定性与命名)、吴越文化的地层关系。经过后期的进一步研究,对这批遗存形成更科学、更系统的认识,遂将其命名为"马桥文化",得到国内同行的认同。马桥文化的发现为上海西部地区成陆年代的研究提供了重要依据,也证明了四五千年前上海已有人类居住生活。

1957年,黄先生赴江苏省青浦县崧泽村开展田野调查,发现重要线索。不久,青浦划归上海,黄先生即主持发掘崧泽遗址。在马家浜文化层之上，发现一处新石器时代墓地，墓葬中出土了大量典型器物，经黄先生研究与考证，并及时发表考古报告，将此定名为"崧泽文化"。崧泽遗址的发掘，使得研究上海史的年代推前到距今 6 000 余年。1974—1976 年和 1994—1995 年，黄先生又两次担任领队发掘崧泽遗址，取得后续成果。

20 世纪 80 年代，黄先生主持青浦福泉山遗址的发掘，第一次从考古地层学揭示了良渚文化时期高等级墓地的构筑过程，揭开良渚文化高台贵族墓地并非利用天然土山，而是人工堆筑高台的秘密，在学界引起高度关注。受此发现的启发，良渚遗址群后来陆续发现了反山、瑶山、汇观山等著名遗址，从而开启了良渚文化研究新的阶段。

黄先生于 1979 年担任上海博物馆副馆长，主管上海文物管理委员会工作。他与各区县积极协商，多方筹措资金，加大对不可移动文物的保护。其中对上海地区现存的、因年久失修而濒临损毁的许多古塔，展开了抢救性保护工作。1992—1994 年，他主持西林塔的修缮，并对西林塔天宫、地宫进行发掘，发现玉器 400 余件，数量之多，制作之精，均极为罕见，是研究明代民间玉器的重要收获。1994 年，他主持对严重倾斜的嘉定法华塔进行抢修，发掘塔底的地宫和 6 层塔室的壁龛，清理出大量宋、元、明代文物。此外，他还主持对青浦青龙塔、万寿塔、泖塔等地面文物进行修缮，主持筹建青浦、嘉定、松江、奉贤等区县博物馆。在他的引领、指导下，上海各区县的文物保护工作得到顺利推进。

黄先生的考古学研究集中于中国南方地区的考古领域。他以开阔的视野、缜密的逻辑思维和忠实于考古材料的科学态度，对各种考古学问题进行严谨的分析和研究，站在世界及中国考古学的高度，寻找中国古代文化和社会发展的规律。他还对良渚文化玉器的用途、制作工艺、玉器变白以及玉器刻符、玉琮、玉锥形器等进行深入研究。他统计了 90 余座墓葬的出土玉器,综合器物的出土位置、纹饰、墓主性别等多方面信息进行论述,对玉钺、玉琮、玉璧、玉锥形器、玉冠形器、三叉形器、玉璜等的用途提出自己的见解。

在毕生的考古实践和研究中,黄先生领衔撰写出版了《马桥》《崧泽》《福泉山》《上海古代历史文物图录》等学术专著,发表论文 60 余篇,为后人留下丰富的学术遗产。他曾被聘为上海大学博物馆名誉馆长、上海大学文学院兼职教授。1992 年,黄先生获国务院政府特殊津贴;1993 年再获国务院颁发的"为文化艺术事业做出突出贡献"证书。

20 世纪 80 年代初笔者在复旦大学求学时,聆听过黄先生的讲课。后来在工作中也与先生有所交往,得到帮助和指教。上海博物馆地下二层略带"神秘"色彩的贵宾厅,当年就是由黄先生安排,我等上海市历史学会会员一行,得以一瞻尊容。2013 年黄先生仙逝,我因学校的其他公务未能参加告别仪式,留下遗憾,但先生温和、平静的神态早已刻入记忆的深处。

感谢上海大学出版社出版本书,同时也感谢上海文化发展基金的资助。本传作者和黄先生哲嗣嘱我作序,不敢辞命,乃翻检相关资料,爰作小文,略抒心曲,以资纪念。今年 10 月 8 日,将迎来黄先生 88 周年冥诞,诚愿本书的出版,给昔日上海考古第一人送去一份深深的思念与崇高的敬意。

青年黄宣佩曾向往大海,后来因缘际会,一生奉献给了文博考古事业。我想,考古的田野又何尝不像茫茫大海!黄先生是驶入了另一片海域,一生其实都在拥抱大海。而无论在哪一片大海航行,都需要同样的沉着和智慧。所以读了本传,我才进一步明白:记忆中黄先生温和、平静的神态,正来自对于深邃、苍茫的大海之向往。

在此也衷心祝愿上海博物馆的考古工作,在黄先生精神的指引和激励下,继续破浪前行,向着辽阔大海的深处进发。

最后感谢陈佩秋先生拨冗为本传题写书名,惠赐墨宝。

(原载郭骥等:《上海考古第一人:黄宣佩传》,上海大学出版社,2018年)

九如之愿

——《九如园吉金：朱昌言藏古代青铜器》序

　　九如园主朱昌言先生（1917—2014）是上海博物馆的老朋友，慷慨的捐助人，"上博之友"的活跃成员。上海博物馆人民广场馆舍的三楼，辟设"中国历代书法馆"，以昌言先生及其他几位捐赠人士共同冠名，借以彰显其出资装修这一展厅的义举。1994年冬，上海博物馆计划第三度收购流失香港的珍贵战国竹简时，昌言先生等再施援手，使这批楚竹书顺利回归大陆，入藏上海博物馆，留下长久的美谈。

　　昌言先生也是一位重量级的收藏家，并与上海博物馆马承源馆长、陈佩芬副馆长相交投契。受马老师、陈老师两位青铜器研究大家的影响，青铜器遂成为九如园重点蒐求的对象。《九如园吉金——朱昌言藏古代青铜器》即是集成性的汇编，收集了园主购藏的70余件青铜器，精彩纷呈，琳琅满目，蔚为大观，涵盖了三代礼器、乐器、兵器、车马器等，不仅有中原重器，也有边陲民族用器。她们件件都包含藏主的心血和热忱，弥足珍贵。

　　出版这样一部图录，在昌言先生仙去前即已形成念想，俾便奉献社会、启迪来者，而非韫椟藏珠，秘不示人。惜陈佩芬老师驾鹤归西后，此事一直延宕未定；幸赖上海朵云轩的不懈操持，这一年多来得以积极推进。记得去年某日，上海世纪出版集团张晓敏副总裁携九如园主贤婿边耀南先生同访上海博物馆，这是我与香港朱氏家人第一次接触。会面如故友重逢，交谈间获知昌言先生家属仍有意向上海博物馆捐赠馆内专家属意的珍贵青铜器，同时告知《朱昌言藏古代青铜器》一书已在编撰之中，还请出了江西省博物馆原馆长彭适凡等先生为之整理研究。

昌言先生一直是我仰慕和感念的前辈，上海博物馆的襄赞者。边先生的到来，使双方的缘分再续，情谊历久弥深。我当即应约，书成之时，撰文一篇，以表感怀。今略说五愿。

传闻，昌言先生宅子里筑有一园，别开生面。园中有一假山，山上有一亭，亭中悬一匾额，上面是董其昌书写的"九如"两字。"九如"典出《诗经·小雅·天保》，谓："如山如阜，如冈如陵，如川之方至……如月之恒，如日之升。如南山之寿……如松柏之茂。"九如，乃昌言先生毕生的心愿和其追求的至高境界，而他为保护祖国文化遗产做出的卓绝努力，对上海博物馆的拳拳情义，生动注解了这一精神之境。

2017年9月30日，一场小型的捐赠仪式在紫荆之城举行。我因有其他公务，不克赴港出席，委托上海博物馆李仲谋副馆长率专家一行，接受朱氏后人捐赠的一件青铜方觚及一件青铜钫。昌言先生生前数次赠予文物及工程设备给上海博物馆，但这次捐献由其后人玉成，意义非同一般，实现了昌言先生的一个夙愿。其中那件商代晚期的兽面纹方觚，曾受到马馆长、陈副馆长的高度青睐，好评有加，为上海博物馆所藏青铜器系列所缺。所以这也是做了一件足以告慰老领导的快心之事。两件捐赠品于次日安抵上海博物馆库房，馆方还将为此择日举办典礼，以资表彰和感谢。

本文要表达的第三愿，就是上海朵云轩编辑出版本著，了却了昌言先生和包括马馆长、陈副馆长在内的众多前辈与朋友的一桩心愿。在此要特别致谢晓敏兄，正是靠他的努力与坚持，才迎来了《九如园吉金》的问世。

第四愿是,在古汉语中,"九如"常用于祝寿,也可表示频频来临之意。在此我借用这词,衷心祝愿所有捐助、支持过上海博物馆的朋友们身体康泰,如松柏常绿,青春永葆;同时冀盼各界朋友多多光临上海博物馆。

最后,祝愿中国的文化遗产保护事业,在中华儿女的共同灌溉、努力下,如日之升,如月之恒,如川之方至……

(原载彭适凡编著:《九如园吉金:朱昌言藏古代青铜器》,上海辞书出版社,2018年)

桐花万里丹山路
——陈宁《古籍修复与装裱》序

书籍是人类知识和文化赖以传承的重要载体。中国文明源远流长，绵延不断，彪炳千秋，与古籍的保存、流传在很大程度上相为表里。古籍的保存常遭不幸，隋朝牛弘曾慨叹于"五厄"，明朝胡应麟同样为之扼腕，并增为"十厄"。兵燹人祸之外，自然损坏也使得古籍极其脆弱，不易存续，因而弥足珍贵。

从博物馆、图书馆的角度看，古籍具有文献和文物双重属性。如何克服古籍的脆弱性，尽可能地延长其物理寿命，是文物保护工作者的重要任务。上海博物馆一直肩负着这样的工作使命，几代人为此不懈努力，兢兢业业，并且非常出色，达到很高的造诣。他们的工作，让古籍延年益寿，方便读者，造福人类，同时也使得上海博物馆文物修复的门类和技艺更加丰富多样。

认识本书作者陈宁两年多了。上海博物馆设有敏求图书馆，内辟一间古籍修复工作室，现时的主人就是她。那天我是为了熟悉情况，一个人在地下二层走走看看，转到修复工作室时，陈宁正忙于工作。我发现她脸上的皮肤有点异样，一问，原来是因为过敏，过敏原正是那些漫长岁月中累积在古书中的尘螨。这次交谈时间并不长，但从陈宁的话语中，我听出了她对古籍修复工作的热爱，和她置身于这一行中深深的"感觉"。

后来，在职代会小组交流等场合，又听过陈宁的发言，对她和上海博物馆古籍修复的情况有了更多的了解。在上海博物馆修复古籍的几位老专家相继退休以后,陈宁迅速地成长起来,成为挑大梁的角色。她的师傅既有上海博物馆的,也有来自馆外的,可谓转益多师。因为对古籍修复工作的专注、投入,她在专业上不断进步,取得成绩。曾与敏求图书馆原主任顾音海先生合著出版《古籍善本》(上海文化出版社),2011年8月获得上海市古籍保护中心颁授的"第一届上海市古籍修复技能竞赛优胜奖"。眼前这部题为《古籍修复与装裱》的新作,内容翔实,图文并茂,倾注了她近年来的大量心血,也蕴含了她来自实践的许多感受和识见。相信本书的问世,将增进人们对古籍修复、装裱这一传统技艺的认识,也有助于古籍修复、装裱专业人员的技能交流和经验总结。

上海博物馆正面临人才队伍的新老交替。我期盼新的一代更快、更好地成长,"桐花万里丹山路,雏凤清于老凤声"。

(原载陈宁:《古籍修复与装裱》,浙江摄影出版社,2017年)

变革，是春风也是夏雨
——《博物馆评论》主编札记

一、变革的声音及思索

卢浮宫朗斯分馆前馆长泽维尔·德克特（Xavier Dectot）对于当时选择离开朗斯分馆，有一段动情的表白："当时我们几个人来这里开启了事业，为之投入了大量的精力……完成初步的建设任务之后，我想，也许是时候离开了，我相信只有那些有新想法的人才能领衔这个博物馆进一步发展。"（见本刊《卢浮-朗斯五年》，以下简称"本刊"）

泽维尔·德克特后来就任苏格兰国立博物馆文物保管部主任。他对"新想法"的推崇，闪现出西方博物馆行业内一种求"变"的激情。大英博物馆教育及国内事务部主任苏珊·莱克斯（Susan Raikes）则以理性的口吻说："博物馆是发展中的机体。观念、理论和实际工作一直都在随时代而变。"（见《大英博物馆的"LNP"》）这让我们理解，前不久辞职的大都会博物馆原馆长托马斯·坎贝尔（Thomas Campbell），反复直陈不仅大都会博物馆要"变"，而且所有博物馆都要"变"[1]，可谓其"道"不孤也！

英国莱斯特大学博物馆学系名誉教授苏珊·皮尔斯（Susan

---

[1] 可参见托马斯·坎贝尔 2012 年在"TED"的 15 分钟讲演，他呼吁"Breaking down the walls of the museum"，见"TED BLOG"，2012 年 3 月 1 日，Posted by: Ben Lillie。

Pearce)自豪于博物馆积极回应并参与了过去二十年人类社会的重大改变,继而从发展的观点发问:"十年、二十年后,博物馆会是什么样?"(见《时代与变革》)在国际最佳遗产利用组织主席托米斯拉夫·斯拉德约维奇·索拉(Tomislav Sladojevic Šola)看来,面对私有化、商品化、商业化还有人工智能的进逼,未来博物馆必须牢记以人文主义价值观为基础;作为公共机构,她要被大众喜爱,而首先她要爱大众(见《未来博物馆断想》)。上海博物馆馆员、2017—2018年利荣森纪念访问学人邱慧蕾在大英博物馆驻馆访学期间,悉心观察了诸多变革的细节和趋向,如:内部管理的高透明度,正越过争执和壁垒轻巧简洁地实现在每一台台式机上;有上进心的博物馆都不断在调整框架,塑造品牌,磨合运作方式,经历着实验、探索、优胜劣汰的过程,而且发展速度惊人;工作人员知识结构的多元化(见《英式切片》)。梦想着"让每个人在线上都能接触博物馆保存的文化",谷歌艺术与文化实验室项目主管皮埃尔·卡萨(Pierre Caessa)首先介绍了该项目的非营利性质,所追求的"信息共享"的目标,以及内容和技术推进,接着以"边缘人"身份提醒大家,"真正带来变革的,是技术与策展人的专业性的联通","没有策展人所做的复杂工作,技术就是毫无意义的"(见《谷歌艺术与文化》)。

　　参加本次有关"变革"话题讨论的,包括四位大家熟知的中国博物馆管理层专家,他们的意见与上述国外的动向遥相对应,显示出同中有异、异中有同。安来顺是中国博物馆协会副理事长、国际博物馆协会副主席,他从中国博物馆近二十年的快速发展切入,提出反思:"目前各方面可利用的资源条件——主要涉及人力资源、藏品资源、财政资源,是不是足以保障这样一个发展速度?"(见《远道》)上海大学副校长段勇同样站在可持续发展的高度,以其长期担任国家文物局博物馆与社会文物司司长的经验与眼光,梳理当代中国博物馆的发展及存在的问题，措辞坦诚，直面矛盾，可资镜鉴（见《当代中国博物馆》）。赵丰、陈瑞近，一是中国丝绸博物馆馆长，一是苏州博物馆馆长，均为一线主事者，其领导的博物馆在变革的路上都走得非常之精彩。聆听他俩的陈述，会增添变革的现场感（分别见《变革中的苏州博物馆》和《中国·丝绸·梦》）。

人力资源是事业发展的基础，更是推动变革的要素之一。英国莱斯特大学的马思甜（Janet Marstine）教授讲述了该校博物馆学系的办学理念、教学特点及课程设置，作者特意凸显两点：一是这个全球最早创办的博物馆学系五十年来对行业变革产生了重要影响，二是博物馆教育也需要经由变革获得活力与发展，由此才能培养出适合的学生去塑造未来博物馆（见《为博物馆而生的学院》）。北京大学考古文博学院院长杭侃从中国博物馆面临挑战的角度，论述了博物馆教育和人才培养的问题，介绍了该院教学改革的相关实践与尝试（见《博物馆与青年》）。

二、WINDOW 计划中的新"窗口"

以上提及的十二篇文章，组成了定名为"变革"的特别策划专题。这本即将诞生的《博物馆评论》，在常规栏目之外，每一期都会为读者精心准备一个专辑，邀约相关人士就某个议题集中发声。为什么在《博物馆评论》第一本率先推出"变革"这一组文章？原因并不难索解：过往五十年的国际博物馆界，思潮涌动，新意迭出，造就了今日博物馆的形态、姿势与立场。当下，面对社会环境（包括博物馆的自身境遇）的空前变化，无论在国内抑或国外，博物馆变革的脚步非但不能停顿，其遭遇的挑战、肩负的使命、有待破解的困局，更为严峻、繁重、艰难！在诸多的议题中，"变革"无疑具有压倒性的紧迫感，对展望未来、走向未来也最具引领的意义。

上海博物馆在两年半前启动了 WINDOW 计划，以此发动和组织上海博物馆东馆建设,同时彰显上海博物馆对于发展问题的思考和取向。这个计划突出六个关键词,以 WINDOW 的六个英文字母各自对应一个概念:第一个 W,代表 wisdom,即智慧;第二个 I,是 interaction,互动;第三个 N 是 new,拓新;第四个 D 是 diversity,多样;第五个 O 是 open,开放;第六个 W 是 world,即面向世界[①]。WINDOW 的本义是窗口,现在我们根据这个计划的思路,新开设一个具体的"窗口"——《博物馆评论》。

这是博物馆学方向的一个特定窗口,以博物馆学的视野、理论和注重实践的禀赋,观察瞭望,把握动向,聚焦问题,回应关切,引领思考,汇聚智识。她立足于思想和学术,担当着骑兵(这是恩格斯非常喜爱的兵种)的角色,其一大特点是紧贴大地又轻盈灵动、快捷迅猛。她致力于穿越全球博物馆的山川沃野,穿插行进在思想与学术的大道小径,发表的观点力求有穿透、醒脑之力。

当然,她一定是凝聚、展现变革与发展之智慧和共识的窗口。

三、变革是春风也是夏雨

推动变革的要素涉及:对环境的评估,选择方向和目标,制定战略及策略,激发组织的机能,配置和调整人力资源……变革是一场实践和行动,也构成一门学问。当下中国博物馆的变革之道,在于需要开启以创新为驱动的事业发展新模式。

这样的变革决定了那将是一个持续的过程,绝非一蹴而就。所以我说,变革是春风也是夏雨;要经得起时令的转换和几番消磨。

"好雨知时节,当春乃发生。"当春之舞曲奏响时,你必须敏锐、及时地应声起舞,并让变革的讯息如春雨一般,"随风潜入夜,润物

---

① 参见拙文《借力与助力,为建设卓越全球城市而努力——筹建上海博物馆东馆的思考与行动》,《上海文化年鉴 2017》,《上海文化年鉴》编辑部,2017 年。

细无声"。当变革取得相应的共识,浩荡的春风就被呼唤而出。

经历了春天,还得坚守住漫漫长夏。只有度过难熬的溽暑,经受了滂沱大雨的洗礼,方能迎来天朗气清、万象更新。陆游的《夏雨》同样描写得真切、形象:

> 连朝暑溽不可过,动地忽有东北风。
> 嵯峨云压世界碎,夭矫龙卷江湖空。
> 尘沙洗濯草木醒,沟浍激滟舟舸通。
> 更烦造物出壮观,跨海千丈垂天虹。

老话说,"行得春风,有夏雨"。夏雨之后,收获的季节一定会如期而至。

(原载杨志刚主编:《博物馆评论》,上海辞书出版社,2018年)

《移位东西》序

近半年,国外两个著名大学发布的有关人文学科的调研报告引起国内媒体的关注。一是哈佛大学发布的人文学科发展系列报告。该报告与此前美国人文与科学院的一份同类报告互为印证,揭示了一段时间以来人文学科不受"器重",遭遇"冷落",不仅学生人数急速下滑,得到的经费资助也大大缩减。二是出自牛津大学的,报告否认了人文学科正在衰退,依据1960—1989年的数据指出,哲学、历史、英语文学专业的学生数分别增长了35%、38%、39%;而且,文史哲等人文专业学生对英国经济发展做出了巨大贡献。

对这两份报告,这里不予深论,仅作为引子,点出对于"人文"的忧思和讨论似乎具有普世性。即使牛津大学基调乐观的报告,也不得不面对一种流行的说法——人文学科面临危机。

国内呢?今年是"人文精神大讨论"二十周年,二十年前的话题仍在延续,却也有新意添入。例如,文史研究院所在的复旦大学,今年早春时节,学生会的学术文化节上,邀请了四位教授纵论"碎片中的整体——学科之交中的人文精神",就把学科问题同人文精神问题结合在一起讨论。人文"学科"意识的增强,是近年值得关注的一个变化。依据本人最近几年同时在教学科研和实务部门两方面工作的观察和理解,我国"哲学社会科学"的话语体系中,人文学术的个性特点正趋于丰满和清晰,人文学科的建设得到推进。人文学科的建设,对社会的人文精神也好,对知识者的人文关怀也好,对大学的人文教育也好,或对整个国家的人文环境也好,会产生极其重要的支持和支撑作用。

　　复旦大学文史研究院刚刚走过的这六年,即置身于上述人文"学科"建设的探索中。放眼全球,引入参照和资源,建立方法和规范,是其中的重中之重。她所推出的众多成果,包括这套名为"复旦文史讲堂"的讲演集。摩挲已经出版的前5辑,给我感触最强烈的,是其呈现出来的人文学术的"学科"意识,这又特别体现于各位演讲者在各自领域内表现出的研究的旨趣、角度、方法和规范。相信在这讲堂里浸润过的听众,除开阔了视野、丰富了知识和情趣、提高了鉴赏能力,还实实在在地感受到当下人文学科的脉动。

　　本辑收录了最早在2010年5月、最晚为2011年6月的8次讲演的现场记录及问答互动稿,主讲人大都来自海外(或在海外任教),很好地体现了上述"引入参照和资源"的建设需要。取名《移位东西》,是想表明东西方之间的互观和对照,正变得越来越不可缺少。内中"移位"(displacement)一词,直接取自本辑钟鸣旦先生的讲演题目《中欧"之间"和移位》。至于"移位"的丰富意涵,那就靠读者阅读后细细品味了。

　　(原载复旦大学文史研究院、中华书局编辑部编:《移位东西》,复旦文史讲堂之六,中华书局,2014年)

《心物交融》序

自2008年出版"复旦文史讲堂"第一辑《八方来风》，接着《着壁成绘》《鼎和五味》《思接千载》《牖启户明》《移位东西》相继面世，如今奉献给读者的这册讲演集，已是本系列的第七种。

除了延续以往的基本风格和追求，本辑有个不小的特点：一半（即有四篇）的讲演题目和其内容，都着力与"物"有关，显示出对于物质文化的重视和关注；或者说，体现了基于物证材料开展或推进学术研究的一种取向。这既映射出当代人文学术转型发展中的某些动向，也与讲演主办方近年坚持的若干研究方向及努力密不可分。

这四篇分别是：从事宋元美术考古与物质文化研究的杰西卡·罗森女爵士，通过展示早期中国（公元前1000年到公元1000年）与亚洲内陆的交流，给听众打开了一个新的视野；主治中外比较史学、史学理论与史学史的王晴佳教授，以筷子和筷子文化史为题，从中抉发新意——为减少大家的"惊讶"，他对这项研究所涉的转向还特别给予了说明；郑岩教授对"阿房宫"展开辨析，既有秦代的阿房宫，历史学写作中的阿房宫，文学中的阿房宫，还有图像的阿房宫，作为废墟的阿房宫；曾蓝莹博士考察了乾嘉时期的访碑活动，并论述了由此衍生出来的文化生产中的相关问题。郑、曾两位的讲演透露出图像研究与艺术史领域的不少新讯息。

当然，此外还有四位著名学人的讲演，同样十分精彩，各擅胜场,给人启迪。

以物质遗存的发现、研究为工作特点的考古学,晚近以来一直强调要"透物见人"。可如何"透",又如何"见",无疑很有讲究。不过此种关切已影响到诸多学科领域,激起一系列的反响,确是事实。我们正身处各种学科的激荡之中。

(原载复旦大学文史研究院、中华书局编辑部编:《心物交融》,复旦文史讲堂之七,中华书局,2017年)

《图像与仪式：中国古代宗教史与艺术史的融合》序

综合性大学的艺术史该如何建设？这个学科发展上的问题需要持续地思考。引导问题的动因，来自各种需求，诸如：社会的需求，时代的需求，知识结构调整以及通识教育的需求，还有相关学科互相渗透、影响之后触发的趋新的需求。要回答这问题，离不开一个更基础性的话题——"艺术史是什么？"

艺术史是什么呢？十年前三联书店开始推出的"开放的艺术史"丛书，用"开放的"来界说和描述刻下艺术史的定位和走向。这一巧妙的表述，很传神地揭示出艺术史的一些特质，那也是艺术史想要前进而必须具备的特质。该丛书迄今已出版了约十种中国艺术史的著述，作者有雷德侯、柯律格、罗森、巫鸿、白谦慎、杨晓能、乔迅、包华石等。丛书的出版，以汇集和推介若干文本的形式，间接地给知识界回答了——至少从知识范围和研究方法的角度——"艺术史是什么"这样的问题。

在综合性大学，"艺术史是什么"可从课程设置来观察。以复旦大学为例，20世纪80年代就开设了中国书画史（后来细分为书法史、绘画史），以后逐步建设起中国建筑史、工艺史和墓葬美术的课程；同时在文物考古等的一些学科领域，还有不少专题的课程与艺术史契合。假如把艺术史的对象大致框定为：历史上的艺术作品、艺术现象及其相关的社会文化；那么这些年来艺术史的发展就呈现两大特点。一是考古文博界的大量实物资料和林林总总的图像资料，被纳入艺术史的视野，"艺术作品"的范围大大地拓宽了。二是历史学、社会学、人类学、宗教学以及文化研究的方法、角度大量的输入，大大地拓展了艺术史的厚度。这样，也就为综合性大学发展艺术史，"提供"了优厚的条件，"提出"了非同一般的使命。

2006年初夏，复旦大学邀请哈佛大学艺术与建筑史系汪悦进教授来校作艺术史的系列讲座，总标题是"中国的想象空间"。直到现在，网上仍可轻易搜到关于这次系列授课的报道，当时激起的热烈反响也由此可见一斑。为了便于了解十年前来自哈佛大学的艺术史究竟是什么样的，其取向如何，这里不妨举出汪教授当时每次讲座的具体课名："冥间想象：从妇好墓到马王堆""孝道空间与升仙想象：北魏石棺石刻线画""轮回空间：敦煌石窟图像配置""重重相叠之空间：法门寺舍利函""寻常空间的画外音：《清明上河图》""边塞与空间错位：从《捣练图》到《天山积雪图》""里里外外：紫禁城乾隆花园"等。我想，这也可以印证前述艺术史在当下发展的那两大特点。

科学研究特别是组织学术研讨会，是高校推进学科建设又一个重要的手段。2011年12月3—4日，"图像与仪式：中国古代宗教史与艺术史的融合"国际学术研讨会在复旦大学举行。主办方复旦大学文史研究院院长葛兆光教授在开幕致辞中表达了三点期待：(1) 本来研究"不落俗套"作品的艺术史多多少少也关注一点"落入俗套"的图像资料；(2) 希望"追求风格"的艺术史多多少少要关注一些"寻求背景"的文化史；(3) "注意作者"的艺术史多多少少拓展到"注意周边"的社会史。借研讨会嘉宾云集的机会，还宣布了"图像文化工作室"正式成立。时隔5年，汪悦进教授再次越洋回到母校复旦大学，参加研讨并为工作室揭牌。

本书就是该研讨会的论文集，汇集了14位学者的论文。研讨会分"仪式与图像""墓葬与美术""宗教与空间""宗教与图像"四场举行,本文集也就按此顺序编次。在这次国际学术会议上,来自不同学术背景的参会者就艺术史研究的对象、理论、方法、视野等问题,再次开展集中的交流、互动。大家形成共识,艺术史在确立自身研究路径的同时,应该在更大的人文学科背景下进行开放式的研究。

综合性大学的艺术史建设已有所积累,当更加努力。

(原载复旦大学文史研究院编:《图像与仪式:中国古代宗教史与艺术史的融合》,复旦文史专刊之十一,中华书局,2017年)

附　录

福柯：权力的探索和知识的考古

1984年6月25日，终身从事哲学和历史研究的法国学者福柯突然逝世，评论界认为这是法国思想界继萨特之后又陨落了一颗巨星。福柯其人、其思想如何，国内还鲜为人知，本文就此作一简单介绍。

米歇尔·福柯(Michel Foucault)，1926年出生于法国的普瓦底埃(Poitiers)。早年在巴黎高等师范学校学习哲学，后到欧洲许多地方讲学，曾侨居突尼斯，1970年受聘为法兰西学院教授。作为一个学者和思想家，福柯并没有把自己关在象牙塔里，而是通过各种社会活动介入现实。他担任过当时一些政治事件的调查委员，参加过关于移民工人、同性恋者、犯人等组织的协会，多次参加示威游行。这些活动与福柯的著述是紧密相连的，因为他所特别敏感的不是众说纷纭的意识形态问题，而是现实生活中的社会问题。

福柯一生著述宏富，著作被译成多种文字，影响远远超出法国。《癫狂和愚痴》《词与物》《监狱的起源》《性的历史》等书，被认为改变了当代思想史的潮流。和拉康、列维-斯特劳斯、阿尔都塞这些当代思想家不同，福柯的影响不局限于大学。福柯称自己是一个"工具商"，人们从他著作的"工具箱"里，可以获取各自"有用"的东西。因此有人用"街上的福柯"和"街上的福柯主义"，来形容福柯影响之广泛和福柯思想的"有用"。

我们可以对福柯的思想作这样一些概括：他提出权力（pouvoir）这个基本范畴，认为权力是一个由无数约束力组成的网，这个网围困住所有的人，而他的目的就是要去发现这个网，揭示人们在这个网上的各自位置。他强调历史发展的不连续性，并锐意"写现在的历史"。他反对人本主义，认为所谓"人性"是毫无意义的，但在现实问题上又竭力保卫"人权"。他提出"知识考古学"，注意"系统"和"无意识结构"，因此被认为是结构主义的代表人物之一，然而他自己否认是结构主义者。

1954年，福柯发表第一部著作《精神病和心理学》，1961年又出版了《癫狂和愚痴》。当时两书并不引人注目，仅被看作是一般的科学史著作。然而几年后，《癫狂和愚痴》在法国、美国、意大利等地产生了出乎人意料的魔力。加上1966年《词与物》的出版，福柯开始名声大噪。

《精神病和心理学》《癫狂和愚痴》两书互相补充，阐发了福柯对精神病及精神病学的理论。福柯描述了西方精神病史的四个时期：（一）中世纪后期。其时本来被隔离于社会的麻风病"消失"了，精神病逐渐取而代之，精神病人开始被隔离于社会。（二）17、18世纪。精神病人被集中到一个地方，像犯人一样被囚禁起来，福柯称之为"大禁闭"时期。（三）18世纪末到20世纪初，出现精神病院，把精神病人"关"在里面加以控制。（四）从弗洛伊德直到现在。这一时期是用精神分析法来对付精神病人。福柯并不是简单地在写一部关于精神病的历史，而是站在精神病学的对立面，反对精神病学对精神病人的控制。他认为17世纪以来欧洲流行的治疗精神病的方法，"犹如理性对精神病"的独白，拒绝与精神病人对话，剥夺他们说话的权利。

继精神病问题之后，福柯又研究了监狱。《监狱的起源》考察了西方的惩罚方式和监狱的历史，从古代刑罚中对犯人的"五马分尸"到一个现代化的监狱系统,都作了详细的描述。在这里,福柯分析了不同于以理性的名义对精神病人进行迫害的另一种形式的对犯人的迫害。他把西方惩罚方式从公开的拷打改变为近代的监禁,讽刺为"变戏法",并且其影响所及,使工厂、学校、兵营、医院等社会机构都成了与监狱相像的组织。

正如福柯自己讲的,他研究精神病和监狱的中心问题是:权力。权力,也是福柯所有作品的主题。这个权力,不是通常意义上的那个权力,而是指一种对他人起强制作用的能力和力量,是一种社会内在的权力。权力存在于大大小小的社会活动之中。权力在现实生活中是一张网,每个人都处在权力的网上。拥有权力的是"压迫者",如医生、管理人员、父母、教师,而受权力强制的,就是"被压迫者",如病人、被管理人员(比如罪犯)、子女、学生,或者是因机械化而被机器束缚住的人。在权力的网上,一个人既可以是"压迫者",又可以是"被压迫者"。福柯探讨了知识和权力的关系,认为权力和知识是"共生体"。权力可以产生知识。权力创造出了"普通个人",就又去创造"关于人的科学",如心理学、精神病学、医学、教育学、犯罪学等。而知识又能给人一种权力,把人放到权力的网上。比如你学了心理学或者精神病学,你就可以对他人施以强制。福柯认为惩罚制度是近代西方社会运用权力的一种典型形式。福柯通过对精神病、监狱以及知识、风俗等的研究,考察了其中的权力关系。但他并不认为"压迫者"就不是好人,他只是要人们了解权力的表现,了解自己在权力的网上的位置,从而各自寻找出路。

以后,福柯又在《性的历史》中进一步对权力进行探索。《性的历史》第一卷《求知的欲望》,研究了西方性道德观的演变。福柯试图用性欲来说明权力是某种很复杂的东西,它不只有抑制性,还有创造性。根据一般的传统观点,以为人有一种自然的性欲,但被社会抑制了。社会的性道德妨碍了我们性欲的自然表现。依照这种观点,性欲和权力的关系是消极的。福柯认为并不是这样。他指出,虽然自12世纪以来,所有的西方天主教徒都必须承认他们在性欲问题上犯下的罪恶和错误,但有关性欲的言论并没有彻底受到压制,甚至有一种很强烈的唆使谈论性欲的方法。比如,教徒必须向牧师忏悔,其主要内容就是关于性生活的。由于权力使我们没有什么秘密了,不断讨论和检查自身的性欲,实际上也就创造了一种性欲。但是这种性欲是不自然的。《性的历史》本来是想写五卷的,但第三卷出版后几个星期,福柯就去世了。

有人称福柯是权力思想家,他创造了微观权力、宏观权力、权力的原子物理学等无数有关权力的词汇。他的全部作品都萦绕着"权力"这个问题。福柯关于权力的学说,是对当代西方社会各种矛盾剧烈冲突的反映和揭露,是对现存资本主义制度的抨击。由此,我们可以理解福柯为什么参加社会政治活动,他的理论著述和社会政治活动的目的是一致的,都是为了揭露和反抗社会性的"不公正"。福柯这种反现实的政治态度,有它积极的一面。

福柯依次研究了精神病、医院、监狱、性欲等问题,其中贯彻了他的一个主张——写现在的历史。他把现在所存在的事物和现象作为历史的考察对象。他曾谈起他注意到了监禁这个非常奇怪的现实,但"感到震惊的是,这种做法竟被大家当作完全是理所当然的东西保存下来。……然而,我发现,它决不是理所当然的,它是漫长的历史所形成的结果,只是在19世纪初才形成的结果"[①]。因此,福柯提出要把那些现存的、普遍认为是理所当然、不需说明的事情,拿来研究和说明。他希望通过历史说明现在,让人们更了解自己,也就是更了解自己在权力的网上的位置。福柯"写现在的历

[①] 法国《快报》1984年第1722期。

史",站在现在的角度去考察历史,这种态度无疑是有积极意义的,对我们今天为什么研究历史和如何进行历史研究的思考,也具有一定的启发。

福柯强调历史的不连续性。那本轰动一时的《词与物》提出"知识型"(episteme)这个概念,意思是一个时代中决定着思想文化的认识论的结构型式,它是一种无意识结构,存在于各种文化表现的内部,各种文化表现的不同都是由于这种内部结构不同所决定的。人类历史有许多断裂,断裂的出现就是因为决定思想文化的这种深层结构发生了突变。《词与物》论述了16世纪以来欧洲出现的三种"知识型":(一)16世纪是"巫术时期",人们对于事物与表示事物的记号还没有加以区分,"物"和"词"纠缠在一起,人们按照"相似关系"的原则确定事物之间的联系,比如从核桃可以联想到人的大脑。(二)17、18世纪的"古典时期"。"词"与"物"已区分开来,人们的注意力转到知识的顺序上,而不是在物的存在上。笛卡尔发明了分析法,将"相似关系"原则摒弃,不再将核桃与大脑联系起来。(三)19世纪以来的"现代时期"。文献学、政治经济学、生物学取代了中世纪开创的三门主要学科——语法通论、财富分析法、博物学。人的认识着重于"根源"的研究,寻找起源和因果性的联系。福柯说这三个时期虽然在时间上相互接续,但在"知识型"上是截然不同的。这三个"知识型"决定了三个不同的知识时代,并带来不同的统治方式,于是就有了欧洲历史上相应的三大断裂。就这样,福柯"创造了一种不连续性的哲学——关于历史和认识论中的断裂、变更、转换的哲学。他这样做也就与根本上意味着同一性哲学的传统历史哲学对立起来"[①]。

既然历史发展是不连续的,那么,历史学家就不应该把连续性

[①] [比]布洛克曼:《结构主义》,李幼蒸译,商务印书馆,1981年,第123页。

强加于历史;既然呈现在历史学家眼前的不是事物发展的前后相继的联系,而是一种决定思想文化的深层结构的序列,那么,为了发现这种结构及其关系,就应该进行"知识的考古"。这一思想在《词与物》中提出,在《知识考古学》中加以详细发挥。所谓知识考古,即思想文化史的探索;福柯要求像地质学家发现地层一样,去发现历史上堆积起来的一层层隐蔽的结构。

需要一提的是,福柯的"不连续性"哲学是反历史主义的。否认事物发展的联系,认为历史的发展完全是偶然的,对此许多西方学者也表示不能接受,批评它意味着"理性的死亡"。但福柯的"考古学",作为一种人文科学的研究方法,还是令人饶有兴味。

在许多学者心目中,福柯的"考古学"是归入结构主义的,有的还把福柯看作是与列维-斯特劳斯结构主义人类文化学和拉康结构主义心理学相对应的、结构主义在哲学上的代表人物。结构主义是20世纪60年代紧接在存在主义之后并作为其对立面而出现的一种广泛的思潮。一般地说,结构主义方法认为:人们所认识的社会现象是杂乱没有秩序的,要达到有秩序就要掌握现象的结构。在这一点上,福柯与结构主义确有共同之处。福柯曾宣称,和萨特代表的存在主义一代不同,他们"为自己发现了另一种东西,另一种热情,即对概念和我愿称之为系统的那种东西的热情"①。系统,与结构同一意义。福柯认为,在社会存在的不同阶段上,人的知识、文化、个人行为等的基础就是系统,它决定着一系列的社会现象。比如,在精神病史的研究中,就涉及"麻风病院—精神病院"这个系统。开始是麻风病人被隔离于世,而后是精神病人填补了麻风病人的空缺。在福柯看来,这个系统是先于历史的,是不以物质世界的事物为转移的。福柯的"知识考古学",更是在探求决定

---

① [比]布洛克曼:《结构主义》,李幼蒸译,第12页。

人类思想文化的深层结构。有人将福柯和列维-斯特劳斯进行比较,认为后者力图发现的是原始社会人类理智本身以及文化的无意识结构,而前者努力寻找的是 16 世纪以来文化发展中的相应结构。

法国另一位结构主义代表人物罗兰·巴尔特,评论福柯是"第一次把结构主义运用到历史科学"。由于福柯是在历史演化中讲"系统"和"无意识结构",因此在共时性和历时性的关系上就得到了一种兼顾,即既考虑了静态结构,又没有忽视动态发展。这一点与其他结构主义形成了一种区别,因为列维-斯特劳斯等人都片面地强调静态结构。可能也正因为这个原因,福柯拒绝承认自己是结构主义者。——而本来,结构主义是一种很广泛的思潮,究竟谁可归属结构主义,并没有一致的看法。

不管是否把福柯纳入结构主义范畴,有一点是明确的,就是福柯关于系统的思想,在本质上是主观唯心主义的。他把决定事物的系统看成先于历史的,是人脑固有机制对外界的一种投射。但是,尽管如此,将结构主义把符号系统形式化和语言学形式化的方法推广到人文科学的许多领域,加深了人文科学的研究,福柯在这方面是有贡献的。而作为人文科学的研究方法,福柯可以给我们提供借鉴。

最后再谈谈福柯的论述风格。在福柯的著作里,我们看到大量的细致周密的历史事实的罗列和述说。福柯并不大书特写自己的主张和观点,而是用极为枯燥无味的笔调提出事实,让读者去发现其中的逻辑。但福柯的文笔有时极其晦涩难懂,这使他的思想不易为人了解。他的一些基本概念,如"知识型"等,含义并不明确,本人的解释前后也不一致。这样,福柯自己使他成了一个具有广泛争议的对象。

(原载《中国文化研究集刊》第 5 辑,复旦大学出版社,1987 年)

愿学新心养新德，长随新叶起新知
——就任复旦大学文史研究院院长的致辞

尊敬的两委委员、尊敬的各位来宾、尊敬的杨校长和葛老师，老师们、同学们：

此刻我站在这里，情不自禁地想起六年前文史研究院的揭牌典礼，记得那是在光华楼二楼的大报告厅，当时我是带着兴奋，也带着一点"隔岸观火"的散淡，没料想六年后这把火把我给"烧"上了。刚才杨玉良校长和葛兆光老师跟我握手的那一刻，我感觉到一股巨大的能量传递给我，我是彻底地被点燃了。如果现在是在3D或者4D影院，大家借着那眼镜一定能看到我正在燃烧。

这六年是学术史上不寻常的六年。固然，学术这些事儿，正如阮元所讲的，其盛衰"当于百年前后论升降焉"。但是葛老师所打造的文史研究院，确实是按照百年大业来擘画和经营的，而这六年的业绩以及刚才各位评鉴委员的意见，都足以证明这份大业的基础是越来越坚实。感谢杨校长和葛老师，谢谢你们对我的信任，把这副担子和文史研究院未来的三年交给我，我唯有燃烧才能表达我对这份信任的领受，才能纾解我此刻内心深处的惴惴不安和诚惶诚恐。

站在这里，我要特别感谢葛兆光老师，他把人生美好的这六年奉献给了文史研究院，谱写了中国人文学术发展中一段精彩美妙的华章。我还想表达的是，无论过去、现在和未来，葛老师他的学问、为人以及工作能力所达到的高度，都是我所仰望的。虽然他坚持从院长的岗位上卸任，而且坚持不担任名誉院长，但我想毫无疑问葛老师依然是文史研究院的精神核心，依然是众望所归的飘扬的大旗。我是觉得这副担子对我太沉、太重了，好在今天开会前，杨校长宽慰我说"有葛老师嘛"。

感谢文史研究院国际评鉴委员会和学术委员会！两个委员会的高瞻远瞩，各位委员各自独到的眼光以及同样宽广的胸怀，给文史研究院营造了适宜的成长环境。这六年记录着你们的功勋。而对于我，你们所提出的期望，我会记在心上。感谢所有今天在场和不在场的朋友，因为你们的关注、参与和陪伴，文史研究院才能一路走来，一路精彩。

今天上午的纪念会结束后，下午将举行名为"文史研究再出发"的学术讨论会，我想借此机会在此就这个话题非常简要地谈一些本人的粗浅想法，抛砖引玉，并就正于大家。

文史研究再出发，少不了三个努力：

第一要努力扩大和开掘研究所需凭借的各种资源。"凭借"两字是我从本校历史系已故周予同教授那里借用来的。1941年周先生在《五十年来中国之新史学》这篇文章中提到，"学术思想的转变，仍有待于凭借"，又说"凭借不丰，转变的路线仍无法脱离两千年来经典中心的宗派"。我借用这个词，同时扩大它所涵盖的内涵，即我们所要凭借的不仅指思想，还包括方法、视角，还包括各种研究的材料，如各种被尘封湮没的文献，各种出土的文物，人类学、民族学、社会学的田野资料。当年李济和胡适两位先生在讨论这些材料问题时，曾将此比作做学问的原料。复旦文史研究院六年的工作之所以得到广泛的肯定，原因之一就是本院注重对学问原料的开采。例如今天摆放在那里的越南、韩国的燕行文献，还有计划中进行的图像资料的收集。

第二要努力丰富我们的内心世界，增强感悟和表达能力。我为什么要强调这一点，是因为正是在这一点上，我特别敬重葛老师。其实每一个文史研究者的心中都有一幅历史与现实的画卷，根据收入这幅画卷内容的不同，以及各自不同的体验和感悟，然后就像多棱镜反射一样，而且是经过多次反复的折射，最终形成其在各自专业领域中的研究心得。假如要做纵向的比较，那我们今天在座的两代或三代学人，可能会在某些情感体验方面，在某些灵与肉所受煎熬方面，会比不上前人。例如和明清之际的知识分子相比，我们就缺少他们所经历过的那种痛苦煎熬，从而造成在某些精神维度上我们可能抵达不了他们曾经抵达的深度。但是我要说，我们所处的时代自有其波澜壮阔的种种特点，更遭遇了前所未有的巨变，还有刚才葛老师在报告里面讲到的那种"膨胀"。这就使得我们在另外一些精神维度上，甚至可能在更多的精神维度上可以走得更远，走得更高。正是基于这样一种学术与时代之关系的理解，我觉得今天的文史研究从业者应该努力滋养内心世界，去激发、淬炼出足够强大的精神力量，以及敏锐细微的感悟能力，然后在各自的研究领域有所表达，无愧于时代。从这个意义上讲，文史研究是从当下的时代再出发。

基于第二种努力，我再引出第三种努力，就是要努力秉持和追求独立的精神、独特的角度、独到的思想。在这个振兴与沉沦交织的年代，我们要让人文学术回归"为己"之学，而非"为人"之学。须如章学诚在《文史通义》中所说的，"与一代风尚所趋，不必适相合者"。这也就是这些年杨校长一直在倡导的，要以学术为魂。

将近一千年前，北宋张载作《咏芭蕉》，清人钱大昕曾抄录此诗于《十驾斋养新录》篇首，今天我移用其中的后两句作为结语："愿学新心养新德，长随新叶起新知。"

再次感谢各位光临，并诚挚地期待大家一如既往的支持和帮助。会议还要持续几天,也祝愿与会的代表精神愉快,度过一段快乐的时光。谢谢。

（本文为作者2013年6月18日致辞稿,原载《复旦大学文史研究院学术通讯》2013年第3期）

上海博物馆馆长首次详说十万平米的东馆规划：将讲两大故事

编者按：上海博物馆今后几年的重心之一是筹备位于浦东的上博东馆，上海博物馆馆长杨志刚日前接受《澎湃新闻·艺术评论》独家专访时，首次详尽解析东馆的缘起、筹备进展与规划。他表示，东馆的展陈将突出一条主线（中国古代艺术），两条辅线（分别是"一带一路"、上海与江南文化），强调做一种文化主题演绎的陈列，也就是"讲故事"。预计在2017年施工，2020年建成对外开放。

这是上海博物馆馆长杨志刚第一次接受专访畅谈筹备中的上海博物馆东馆。

作为具有世界性影响的上海博物馆，其一举一动一直备受国内外文化艺术界关注，上海博物馆今年的中心工作之一便是筹备上海博物馆东馆。今年1月24日，上海市市长杨雄在政府工作报告中表示，将增强公共文化服务能力，规划建设上海博物馆东馆、上海图书馆东馆等一批文化设施。其后，杨志刚对外透露，上海博物馆东馆将在2020年前建成，选址在

经过近一年时间，上海博物馆东馆筹备进展到底如何？将来上博两馆各自的定位与展陈具体情况到底如何？《澎湃

新闻·艺术评论》12月18日就此对杨志刚进行了独家专访。他表示，为了配合东馆建设，上海博物馆启动了一个WINDOW计划，包含六个关键词，就是WINDOW中的六个字母，东馆的展陈将突出中国古代艺术一条主线，两条辅线（分别是"一带一路"与江南文化），强调做一种文化主题演绎的陈列，是"讲故事"，"以最有群众基础的书画为例，将来人民广场的本馆可能保留像现在这样的书画简史陈列，而东馆就是对某一主题用书画呈现书画史的深度和细节"。

《澎湃新闻·艺术评论》（下简称"澎湃新闻"）：杨馆长你好，经过一年多时间，我们很想了解上海博物馆东馆筹备进展等情况，想先请您简介一下。

杨志刚：上海博物馆东馆的筹建可以追溯到2015年4月，市里在上海博物馆举行了一次调研会。在这个会上，筹建上博东馆提上议事日程。到6月27日，时任上海市委常委、浦东新区区委书记沈晓明在陆家嘴论坛上正式宣布上海博物馆要"跨江东进"，到浦东去建东馆，市委市政府这样一个决定应该是从上海市建设国际化大都市，推动上海市文化建设这个高度作出的重大举措，把建上博东馆确定为重大文化工程。从上海博物馆的角度来讲，我们觉得这样的一个决定和上博内在的发展需求是高度契合的，所以很快就上下左右形成合力，特别是浦东区委区政府，对上博东馆非常重视和支持，应该说是拿出了浦东最好的一块地。市里提到了浦东的开放、改革，经济发展上去了，但是还需要加强文化、社会、经济的整体协调发展，希望上海博物馆有一个东馆落户在浦东，这样能够促进地区整体和谐发展——这应该是上海市未来区域发展里面的一个重要战略构想。

澎湃新闻：当时市里提出这个战略构想,您有心理准备吗？

杨志刚：应该是有这个心理准备的。我到了上海博物馆以后,面临着几个问题,其中一个发展的瓶颈就是现在的上海博物馆空间很有限,每遇到节假日,我们的南北门都排起长长的队伍,我们不得已做出了每天限流 8 000 人次的规定,所以总有人被挡在门外,这已经不能满足人民群众的精神需求。这些年城市发展非常快,人民群众精神的需求发展也非常之快,快到常常出乎我们的预料。我们已经意识到,博物馆的发展应该迎头赶上,而且需要捕捉时机。市里,包括浦东新区的这样一个举措和上海博物馆内生的发展要求高度契合,这样就形成合力,一起推动东馆的筹建。

艺术评论：对上博东馆建设的新址经过了怎样的选择？

杨志刚：我们选过几个地方,在陆家嘴看过,后来到浦东民生路也去看过,最后各方一致选定了花木 10 号地块,这个地块大概是上海中心城区体量比较大又比较完整的最后一块地了。这个地方在规划中叫花木文化行政中心,一条世纪大道像轴线一样东西穿越,再往东就到了世纪公园。大道两侧分布着上海科技馆、东方艺术中心、浦东新区的行政大楼等,这块地方应该说地理环境非常优越,基础条件也相当好。

澎湃新闻：这个地块确实非常之好,而且面积大,经过一年多时间,那么现在上博东馆筹建进展程度如何？

杨志刚：我可以谈一些上海博物馆内部开展工作的情况,通过《澎湃新闻·艺术评论》向热心的公众做一些介绍：去年 4 月份开始,为了配合东馆建设,上海博物馆启动了一个名为 WINDOW 的计划,它包含六个关键词,就是 WINDOW 中的六个字母,第一个 W 是 wisdom,即智慧,我们要建一个智慧博物馆；第二个 I,是

interaction，即互动，因为今天的博物馆你不能把大门一关，自己想当然办事情，要和社会各界去互动的，这非常重要——今天的博物馆越来越强调社会责任；第三个 N 是 new，即拓新；第四个 D 是 diversity，即多样性，博物馆展示的内容古今中外都有，而且我们在世界文明大的背景下来展现中国的古代艺术；第五个 O 是 open，即开放，今天的博物馆必须是一个开放的系统，要让我们的公众走进来，成为他们终身学习的场所，博物馆也要走出去，进入社区、校园；第六个 W 是 world，即面向世界，工作目标就是要成为有世界影响力的博物馆，我们的工作目标就是要广泛地传播中国文化，要成为极具世界影响力的博物馆，为此还必须进一步推动我们的国际化，这对于提升我们的能力也是不可或缺的。这个 WINDOW 计划包含着我们的一些价值理念和价值取向。

为什么强调是窗口，大约有这么一些含义在里边：（一）博物馆是一个公共文化的窗口。（二）要像打开窗口一样把我们的眼界、胸怀、格局打开，这些都会决定东馆建成后它的"高度"有多高，没有相应的眼界、胸怀和格局，很可能就是建一个博物馆的外壳，我到上博以后，特别强调要打开眼界、心胸，打开我们的格局。我们要到国际上去找对标，要在中国国内的博物馆界找各个领域做得最好的对标，这样我们建成的东馆才会体现这个时代的高度。（三）窗口意识与"酒香"意识相对——以前有一句话叫做"酒香不怕巷子深"，这种酒香意识认定有一个好酒存在，味道可以传出去，然后吸引大家走过来。和互联网紧紧联系在一起的"窗口"意识突出的是"内容"和"连接"，并且反映的是进行时，和"酒香"作为一种完成时是不一样的，窗口之所以成为窗口，要有内容才能成为窗口，这还不够，还要有连接，有了连接，有了内容，窗口才能成为窗口，缺其中一个这窗口就不存在。（四）东馆建设有时间节点，需要有序地步步推进，这就必须明确相应的"窗口期"，我一直在提醒，过了某个窗口期，窗口就要关掉的，因而必须牢牢把握各个时间节点，把握住机会和机遇。

目前上博 WINDOW 计划已进入到 3.0。WINDOW1.0 始于去年 4 月份，那时开始启动了新馆建设的研究工作，包括在国内进行调研和实地考察，由馆领导分头带队，重点是学习、借鉴最近 10 来年新建成博物馆的经验和得失。这个工作一直持续到 9 月份。9—10 月份启动 WINDOW2.0，主要是不断地修改、完善项目建议书和启动国际招投标的准备工作，这个过程一直到今年的 2 月份。从今年 2 月份开始，我们进入 WINDOW3.0，其间的重点内容就是进一步研究、探讨东馆的展陈方案，做好国际招投标的各项工作。接下去还有 4.0、5.0。

澎湃新闻：还有几个节点我们也想了解，比如新馆建筑的设计方案以及何时真正施工？

杨志刚：目前处于国际招投标环节的深化设计阶段，有若干家国内外的设计事务所在做建筑方案的深化设计，估计到明年的 1—2 月份可能会有结果出来。动工的时间肯定是在 2017 年。

澎湃新闻：作为中国古代艺术的综合性博物馆，对于东馆，你们设计的理念是怎样的？

杨志刚：我们制定了详细而规范的项目建议书和设计任务书，我们希望设计师依据这些文本，充分发挥聪明才智和创作能动性，按照科学性、艺术性的总体要求，把上博东馆打造为一个新的文化地标，同时又能满足博物馆的各项功能。

东馆展陈：一个主线，两条辅线

澎湃新闻：你对在上海文化战略中的地位怎么理解？

杨志刚：这个就要讲到上海博物馆的发展历史——很有意思的，很多博物馆在追溯自己发展历史的时候，往往寻找的那个坐标体系是和馆舍相关的。就是说，如果馆舍是有变化的，常会以馆舍作为区分不同阶段的重要节点。上海博物馆 64 年的历史，就可以如此分为三个阶段，第一阶段是从 1952 年上海博物馆创建起，那时落户在老上海跑马总会大楼，就是现在的上海历史博物馆将要落户的地方。当初这幢大楼门前挂着两块牌子，一块是上海博物馆，一块是上海图书馆，两馆同在一个楼内。

上博 1959 年率先搬出去了，搬到河南南路，上海博物馆由此进入第二阶段，这个阶段一直到 1993 年人民广场馆开始破土动工，到 1996 年人民广场的上博正式建成开放，从那时到现在是第三个发展阶段，我们刚举行了上海博物馆新馆建成开放 20 周年的馆庆活动，在大家心目中，这是一个节点很清晰的阶段。按照馆舍来区分阶段性，体现了硬件在博物馆发展中的重要作用。确实，硬件提升可以给博物馆的全面提升提供难得的机会，以硬件的提升带动博物馆整体能力的提升，可以是一个有效的策略。现在要建东馆，是处在上海博物馆第四个发展阶段的起点，只能说是起点，万里长征刚刚开始。

澎湃新闻：那么上博东馆的展陈设计是怎样的构想？

杨志刚：我想大略可以这样概括，一条主线，两条辅线。一条主线就是中国古代艺术，我们会经过充分的研究来选一些能够有代表性、典型性意义的，能揭示中国古代艺术发生、发展的主要面貌、主要脉络及其本质特点和规律的内容，来做展览。

澎湃新闻：这里的古代艺术也是多方面的，包括书画、玉器、瓷器等？

杨志刚：是的，会在里面选一些，因为展览是要做成一个特定的体系,这跟写书还不一样,脉络需要非常清晰,还要结合我们的馆藏特点。

两条辅线,第一个辅线是"一带一路",这是一个很重要的国家战略,我们将在回应国家战略的同时来拓展上海博物馆的收藏、展示、教育、研究、文创、文化交流等各方面的能力;第二条辅线是上海及江南地区的历史文化,因为上海博物馆虽然是国家级博物馆,它不仅属于上海,还属于全国,属于全世界,但毕竟这个博物馆是以"上海"两个字来命名的,又是在江南这个地域上成长起来的,所以我们觉得她又肩负着展现上海和江南文脉的使命,我们有责任对上海和江南地区的文化有所梳理、有所刻画、有所呈现。

需要强调的是,因为上海博物馆是一个文物博物馆,它所有的展览以文物为基础。当然我们以后也会更多地、更好地借助多媒体的手段、数字化的手段、体验的方式,但是我想以文物为中心来办展览,这仍然是我们的一个很重要的原则,所以我们现在在进一步地梳理和研究我们的藏品基础,因为这些展览要用我们的藏品支撑起来的。当然我们也需要做文物征集和外借,但首先要利用好馆藏基础。

澎湃新闻:上海博物馆这么多年有没有对藏品进一步地摸家底,并像故宫那样系统地出版?

杨志刚:现在有几件工作同时在推进:一是现在是借助国家的第一次可移动文物普查,来进一步整理我们的典藏;二是通过一些策展,哪怕是一些规模不大的展览,逐步地摸清家底,比如说工艺部近年做的一些展览,如砚台、竹刻,这些都对我们梳理馆藏是积极有效的。吴湖帆鉴藏展览也是基于我们自己的收藏、研究推出的一个展览,这种展览在 2020 年东馆开馆之前还会再做,或者说是一个比较重要的内容,也是为以后东馆打基础。还有,继续在推进"上博藏品研究大系"的撰著和出版等。东馆建设也一定会带动对上博收藏的深入整理和深度研究。

澎湃新闻：主线和辅线的呈现，是常设展还是特展？

杨志刚：都有可能，现在我们是在排"菜单"，先把"菜单"拉出来。

澎湃新闻：我还有一些感想，东馆陈列古代艺术的主线肯定没有问题的，但具体到辅线，江南那一块太丰富了，包括上博藏的书画、工艺品都没有问题，但问题是"一带一路"怎样呈现？我们知道上博的丝路文物馆藏的丰富性和多样性远不及江南这一块，这个怎么解决？

杨志刚：做与"一带一路"相关的展览，确实存在藏品基础比较薄弱的地方。我们现在是希望经过最近几年的努力，看看能不能有所扭转，所以，既有做常设展的计划，也有做临展的选项。

澎湃新闻：或者是系列展与借展的方式，比如像与陕西文博界、敦煌研究院、龟兹研究院甚至国外文博机构的合作。

杨志刚：临展和常设展其实是互为补充的，最终形成一个体系。

澎湃新闻：今年年初你曾表示，东馆与本馆的展陈有区别，东馆以书画和工艺类为主，人民广场的本馆以青铜器和陶瓷器等为主，你现在提出的"一条主线、两条辅线"和年初的提法有不同吗？

杨志刚：这个一点不矛盾，是从两个不同角度谈事情。

澎湃新闻：这两个部分怎么区分？比如，如何满足很多习惯到上海博物馆本馆看展的观众的品位和习惯问题？通过东馆建设，怎么培养对上博新的观展习惯？

杨志刚：上海博物馆还是一个整体，是一个统一的架构，设有两个展馆，在"十三五"期间我们将新建成一个展馆，到了"十四五""十五五"，或许还有北馆和南馆，这是新的一种博物馆管理架构，我们要在这个方面做好探索工作，前景还是非常喜人，关键是这有利于上海的文化发展，在上海文化发展的过程中我们也拉动博物馆自身的发展。讲到东馆和本馆的特色，我们确实有这样的考虑，本馆这边可能重点是落在青铜器和陶瓷器，东馆重点落在书画和工艺类的。但这还不是东馆和本馆在展陈风格和展陈体系上最根本的区别，最根本的区别是东馆是强调做一种文化主题演绎的陈列，它是"讲故事"，跟本馆按文物材质来做分类和做陈列是不一样的。观众现在来到我们博物馆看到的是青铜馆、瓷器馆、书画馆、印章馆，这是按文物材质分的。而东馆要打破这种门类的界限，注重文化主题的演绎，展陈中可能同时有青铜器、陶瓷器、书画，也可能还有其他一些材质的文物组合在一起讲一个故事。

澎湃新闻：也就是说包括"一带一路"里的文物，包括书画，以后东馆不像现在的上博是一个常设展，都是要组织在一起讲一个主题故事的？

杨志刚：与在本馆所看到的书画陈列是不太一样的，本馆的书画常设展是按时代展开的。比如唐、宋、元、明、清，这样的展陈体系和风格，我们觉得在人民广场的本馆还可以保存。

澎湃新闻：这样好，因为人民广场是人流的最大集中地，书画有最广阔的群众基础，很多观众来看青铜器等可能是走马观花，但一幅画、一件书法可能就能看半天。

杨志刚：是的，尤其像你这样喜欢书画的。

澎湃新闻：我就代表书画界吧，很多外地的书画界朋友就担心说东馆建成后到人民广场看不到书画了，你这样一分析也就释疑了。

杨志刚：我们做过很深入的讨论，我刚才讲 WINDOW3.0 期间，从今年2月份开始，馆内对展陈内容做了广泛深入的探讨，已经举行了十来次专题研讨会。讨论中有专家提到，说以后在本馆可以看中国古代书画的简史，到了东馆，则可以看到书画史上更加丰富、更加多样、更加精彩的内容。

澎湃新闻：这样的区分挺好，也就是本馆是像现在这样的书画简史陈列，而东馆就是用某一主题对书画进行深度呈现。就我了解，上博有很多古代书画的巨制，包括长的手卷、极高的竖轴，过去在本馆是没有办法呈现的，不能看"完璧"。

杨志刚：我们现在正在加紧研究，因为这样的展览是与研究的深度紧紧联系在一起的，没有研究这种展览是做不出来的，也就是说我们期待的东馆展陈体系和风格，对策展人员提出了更高的要求，包括知识的结构、策展的能力，包括各个部门之间怎么来互相协调，这都提出了新的课题。

澎湃新闻：现在国外一些大的博物馆，很多都是研究人员通过研究来进行策展，上博吴湖帆的展览也是如此。上海博物馆以后也是想鼓励推广这一方式吗？

杨志刚：对，上海博物馆学术研究的力量非常强，拥有排在全国前列的综合实力。但我强调，要把这种实力转化为能力，实力和能力，二者是有差异的。能力是什么？能力是一种行动力，是一种创新力,是行动的,就是你要把它通过行动呈现出来,形成成果,并体现出创造性。实力是静态的,能力是动态的,就是说只有去投身到工作里面,投身到事业发展里面,实力才会变成能力,所以还是回到去年市里那次调研,我汇报的时候就说上海博物馆面临着两个挑战,硬件的提升和能力的提升。现在东馆的选址、立项已基本定了,国际招投标之后就可以进入开工的阶段,但是能力的建设、能力的提高之路还很长。

澎湃新闻:是不是可以这样说,你认为东馆面临最大的难题,并不是在硬件上,而主要是软件与人员的能力上?

杨志刚:还是能力的提升,包括队伍建设、青年人的培养。东馆加上本馆建筑面积接近 14 万平方米,放到国际上看也是大的,但是这么大的一个场馆需要有一大批的出色的工作人员才能把它真正地支撑起来,上博现在提出要建设"研究型"博物馆,这个研究型是指方方面面,不仅仅指研究人员。

东馆后续:或有南馆、北馆

澎湃新闻:上博东馆的工作千头万绪,而上博本馆即使是大修也是不闭馆的,你个人的精力分配怎么协调?

杨志刚:围绕工作的重点吧,比如说今年上海博物馆有一项很中心的工作,就是上海市第九巡视组进驻上海博物馆,这一年我们是花了很大的时间和精力来认真地进行巡视和整改的各项工作,在这个过程里我们花了很大的力气来推进制度建设和内控体系的健全和完善,应该说成效都是非常显著的。这些基本功打好了,我想对以后东馆的建设肯定是一个推动,所以本馆和东馆的工作不能截然分开,是相辅相成的,上海博物馆还是一个整体。

澎湃新闻：你刚才还提到一句，博物馆要走出去，包括今后还有南馆、北馆，像卢浮宫、蓬皮杜这些名馆也是到处在国外建设分馆，上博对于"博物馆走出去"有什么想法？

杨志刚：这个需要回到博物馆的社会责任话题上去，这二三十年，整个国际博物馆界非常突出博物馆所承担的社会责任，包括国际博协在对于博物馆的定义里，有一项一直没变的："博物馆是为社会和社会发展服务。"既然是为社会及其发展服务的，你就必须要去理解这个社会发展对博物馆提了哪些要求。像上海博物馆1996年在人民广场开馆，到现在20年，我觉得它就是一个很好的例证，在成为重要的城市文化窗口的同时，它改变了人民广场这个特定区域的精神气质，广场周边社会文化的氛围得以提升，我觉得这就是博物馆履行社会责任一个很好的例子。

上海博物馆建设东馆，为浦东的发展增添后劲，形成一种整体协调的发展，这也是我们的社会责任。上海的发展，城市化的发展空间非常大。但上海城市目前发展有它不均衡的地方，尤其是在区域上，区域和区域之间比较，比如说苏州河以北现在的文化设施就非常少，尤其是大型的文化设施。所以如果条件允许，如果市里面需要我们"跨河北上"，我想我们愿意去承担这样一种社会责任。另外，现在国际上一些知名的博物馆都建分馆，如果中国的发展确实到那个份上的时候，上海博物馆会义不容辞地承担这样一种使命。

澎湃新闻：这两年在上博的工作体会对东馆的策划还有什么启发？

杨志刚：这两年我们做了很多的探索和创新，比如亲子教育，最近在举行"郭爷爷"对小朋友的导览，非常成功。今年夏天，中福会有一个会展活动，我们也应邀参加并推出我们的亲子活动，也是现场爆满，好评如潮。在东馆我们会把现在本馆的一些薄弱的地方加以弥补，比如说我们研究观众的结构，就发现青少年、学龄儿童比例比较低，这个可能和中国古代艺术博物馆的属性有关——古代艺术的门槛比较高。但是我们觉得东馆可以做拓展工作，有些事比如素质教育、文化涵养等必须从娃娃抓起，博物馆也必须从娃娃抓起，我们设想在东馆会有一个类似于探索宫的场馆——探索宫这个名称是20世纪70年代美国的奥本海默夫妇在旧金山建的一个博物馆名称，非常强调体验和互动，是一个自然类、科技类的互动体验馆，非常成功，成了一个里程碑式的案例。后来法国，也做了类似的一个叫探索馆，我们会借用这样一个概念，其实我们看重的是他的理念，即鼓励探索（explore），以青少年喜闻乐见的、寓教于乐的形式开展博物馆的教育。但我们和美国探索宫不一样的地方是，我们想做历史人文类、艺术类或者说文明类的一种"探索"。

澎湃新闻：而且你们这个将来和旁边的上海科技馆是一个补充，一个是往前探索，一个往未来探索，这个很有意思。

杨志刚：对，我们尝试带领孩子们开启一个有关于文明、历史、艺术的"探索之旅"。这个内容还是和前面讲的一条主线、两条辅线相契合的，但在展陈的语言、运用的手段方面会形成自己的特色与特点。目前从资料上来看，人文历史类的探索宫好像这方面报道还很少，我们想做一个创新。刚才讲的是场馆的硬件提升，东馆的建设将突破本馆因为场地有限而带来的诸多束缚与不足，推动包括收藏、展示、教育、研究、文创、服务在内的各方面功能的拓展，那个时候我们再来看我们的综合实力，那很可能就大不一样了。简言之，由实力出发，将之转化为我们的能力，能力提升了以后，最终我们的整体水平也会相应地跨上一个新台阶。

澎湃新闻： 还有一个问题，大家都知道上海博物馆是古代艺术博物馆，可能主要收藏吴昌硕、齐白石、黄宾虹、傅抱石这样的艺术家的作品，基本不收藏当下的艺术，但上海本身是中国近现代艺术的策源地，从延续中国艺术、100年以后再看上海博物馆的角度考虑，以后上博的收藏，这几十年可能就断掉了，随着东馆的建设与开放，你们有没有想过将来适当收藏当下的书画、工艺等，而且我个人觉得你们的收藏应当是有艺术史眼光的，而不是像当下一些土豪与炒家只关注艺术家的职位与市场价格，你们的收藏一定是有艺术史眼光的，有中国文脉的。

杨志刚： 我深深感到上海博物馆是一个开放的系统和平台，目前的重点是在中国古代艺术，或者到现在为止我们六十几年走的道路是以中国古代艺术为主的，这个背后一个很重要的原因是与藏品基础有关。

展望"十三五"，大概这个定位不会变，但会强调三个方面，一是怎么样来更深度地展现中国古代的艺术、中国古代的文化和文明。二是要在历史的长河里来呈现中国古代的艺术，这就不排除我们会向近现代有所开拓，因为我们觉得这样会更完整、更有说服力。三是我们要思考，要运用好数字化、多媒体的手段，来营造一种更富有艺术情趣的空间和观展方式，让更多的人进博物馆后有更多的东西学习、领会、享受。今后的"十四五""十五五"，我们会不会向综合性的艺术博物馆转型发展？我觉得这要取决于很多博物馆以外的条件。

澎湃新闻： 你是2014年12月从复旦文史研究院到上博的，到现在正好两年，这两年的工作想请你简单谈一下体会。

杨志刚： 上海博物馆在我的心目中，可以用很多的比喻来形容，今天我只打一个比喻——我觉得它像一台美妙的钢琴，接下去东馆、本馆形成一种新的架构,我们要弹奏出更美妙的音乐。这两年里我到了上博以后,我在仔细琢磨、研究这台钢琴的构造,还有它的使用情况和现状,因为毕竟经历 60 多年了。我觉得还有些工作急着要做,包括这台钢琴的音准、音色,需要调整的要调,还需维护、保养,该做的都不能不做,这些方方面面工作做好了,就可以让这架钢琴慢慢调到最佳的状态,然后演奏出最美妙动听的曲子,奉献给上海人民,奉献给全国人民,奉献给全世界的观众。我愿为此努力!

(原载《东方早报·艺术评论》第 251 期,2016 年 12 月 21 日)

上博这三年

——访履新千日的上海博物馆馆长杨志刚

本报首席记者　郭泉真

这次采访,有点硬着头皮去,到最后也有点硬着心肠听。

硬着头皮去,是因为头一次对采访对象这么不了解,亦难再多了解。

他2014年12月到任上海博物馆"新掌门"之前,52年人生心路,几无一篇公开报道可寻。想找人侧面采访,起先也不知问谁。

硬着心肠听,是因这位"2017年全球最忙碌博物馆"的馆长,谈到最后嗓音已疲。

那天傍晚采访之前,他行程满满又见缝插针,中午赶去与越洋而来的芝加哥同行交流。

约他采访,16年前记的他家电话号码一拨就通。

2002年,因采写北京十三陵大修登门求教时,他的身份是复旦大学文物与博物馆学系的系主任。一位年轻教师至今印象深刻:那些年给他发工作电子邮件,杨老师往往都神速"秒回",可见他的办公节奏和"在场"时间。

2008年,他被调任复旦大学文科科研处处长,很快业绩斐然,时任分管副校长林尚立称为"历史性突破"。

高校文科重大课题立项,全国每年不过几十个,复旦往年通常就几个。他那时突破到十几个。

而且还不止一次。这个纪录，之前未有，至今难再。

所以一位曾经的复旦校办人员印象深刻：那年全校团拜会，罕见地请了这位处长上台发言。

按惯例，一年一度的这个会，向来是请三位教授，以教职人员身份，分别代表文、理（工）、医三科致辞。这一次他以管理人员身份，代表文科上台。

他被调任上博前，上级组织部门曾认真听取复旦教职员工等各方意见，约谈人数之广泛、之深入，亦慎重得令人难忘。

他坦言，自己从留校任教，到成为系主任，再到成为校文科科研处处长，后又接任葛兆光先生，在2013年成为复旦大学文史研究院院长，这一路走来，虽也一直是被调任，但到上博，自己还是"有点意外"。

他笑道，12岁因楼道大字报，而好奇于历史至今，这一路走来，又似都在为上博此行做准备。

于是便从来路说起。

复旦前传

那是1974年，当时正"批林批孔""评法批儒"。

小东门附近他家中楼道里，拾级而上，大字报铺天盖地，四面墙壁贴满。12岁的杨志刚正是求知若渴少年时，对批谁评谁懵懂无感，倒是"法家""儒家""孔子""周公"这些高频字眼，人物故事，让"历史"如命运的种子，鸟衔风吹而落，落入他的心田。

1980年，他如愿考入复旦大学历史学系，读完本科，又读硕士，后再博士。

岁月无心，而柳自成荫。

采访前，为侧面了解找到两位他的前同事，都对杨老师的工作之投入、业绩、作风，印象深刻；都很熟悉他在很长时间里，一直骑着辆"老坦克"到复旦上下班,连车型是28寸都脱口而出;却唯独,对他个人家世一无所知,"他平时和我们在一起,谈的都是工作"。

大家只是从他的温和有礼,推测这位有点神秘的好领导,想来是家风使然。

而他念念不忘的,是大学期间从周谷城先生等诸多师长身上,所受到的潜移默化。

"复旦文科大师非常多,仅仅历史学科就很多。"攻读硕士时,他的具体指导老师是朱维铮先生,当时的招生导师是原上海市文化局副局长、历史系兼职教授方行;攻读博士时,他的具体指导老师是吴浩坤先生,当时博士点的导师杨宽先生已长期定居美国。"杨宽先生对中国古代史的好几个专门领域进行了深入系统的研究,得出一些很了不起的结论。上海人民出版社正在出他的全集,第一辑就多达满满一箱子。在系统性上,杨宽超过复旦历史系的很多老先生。朱维铮先生的特点是非常敏锐,极深刻,他是看透了,讲透了。吴浩坤先生则非常扎实,从史料入手,他也是复旦文博系的创始人、首任系主任,为人非常平和,非常低调。"

杨志刚至今感念:不仅做学问受到熏陶,做人也都有影响。

而温和的杨志刚,也有人如其名、其志如刚的一面。

他的硕士论文研究宋代家礼制度,博士论文研究先秦礼文化,随后扩展而成在全国率先的专著《中国礼仪制度研究》。

20世纪的百年中国,在世纪之初的五四运动控诉"礼教吃人"点醒世人之后,在世纪中叶一度铺天盖地的"批克己复礼""打倒孔家店"之后,在即将走入新世纪的最后时段,他以鲜有人至的完整研究,破题中国"礼文化"。

日本著名汉学家吾妻重二教授在其专著中评价称:"杨志刚的研究通过礼学及礼制对儒教仪礼的发展进行了通史性的考察,是一部为数不多的可称作'中国仪礼史'的著作。"

"我觉得自己想明白了。"在杨志刚看来,"怎么把握传统与现代",这个近现代中国人的重要课题,一百年来限于种种原因,一直没有好好解决掉。被迫开放导致先天局限,五四运动背景下成长的一代,在精华与糟粕之间难以跳出历史的限定。一百年后,"文化自信",也正是又到了一个很重要的新时代节点。

他从史料研究中睁开眼睛,认定传统的东西是不可全然抛弃的,中国古文化达到这么高的高度是有其道理的,里面有好的东西,有正能量,有今后用得着的资源……"想明白了",于是坚定而无畏。

1993年,年轻教师杨志刚便在是年第三期《复旦学报》发文:《礼与传统的创造性转化》。

而促使他思考这个命题的,是在《学报》发文之前,那些年的"时代之问"。

"做一个人文学者,一定要有对时代、民族、国家的关怀。如果有,肯定会很关注外部世界的变化。因为这些变化,最后怎么回应,会体现在学术成果里。

"这当然不是指随波逐流一味逐变那种,而是人文研究一个基本的立场,这是需要的。

"研究历史的,像王国维、陈寅恪,都对时代性的变化非常敏感。越是大家,越是如此。

"书斋,和外部世界是相通的。"

进入中学就喜欢上了文史的杨志刚,从中学起长期保持着一个习惯:《人民日报》《光明日报》《解放日报》《文汇报》这四张报纸,必看。

所以文博系那位青年教师印象最深的,正是"杨老师谈学术,总有很多新的视角、新的外界信息,他对外面世界的变化很敏感、情况很熟悉"。

这种"不局限",源于周谷城先生主张的"博大精深",不囿于一个很窄的领域。

这种"通达",也源于朱维铮先生强调的"通贯",注重一个大的背景、时间线索。

所以通常会问"你做历史是做哪一段",而在杨志刚这里,不是如此。

他留校任教后,开了一门持续很长时间、一度是文史哲本科生必选,也是文博专业必修的"文化人类学"课程,目的是要从自己原先所治的思想史,拓展到社会。"思想史容易过度局限于观念,文化人类学对社会有更深层次的理解,对学问精进很有益处。"

从观念的到社会的,再到物质的(文物博物馆),从而形成一个比较完整的知识系统,最后从博物馆学的研究层面,直接进入上博实务操作。

所以杨志刚笑言,回看自己一路走来,似乎也是为上博之行做准备。

这种"不局限""通达",还受到一些外国汉学家的影响。

在复旦求学时,许多国内外的一流学者,如李学勤、庞朴、李泽厚,还有杜维明、魏斐德,都来上过课、开讲座、做交流。大约1985年,魏斐德来复旦时的一次小范围座谈,一个思想对杨志刚影响很大。

"他当时讲东西方文化思想比较,从文化发展对一个国家一个地区的巨大作用,讲到'方向'是重要的;而这方向,似有一个switch(交换机),是可以加以转变的;就像火车轨道上的扳道,一扳,火车就往另一个方向走了。"

2013年接任复旦大学文史研究院院长的就职会上,杨志刚就讲到这个观点:我们做学问,一方面为学问而学问,另一方面也感受到时代对学问的影响;我们处在传统向现代转型的这代人,怎么找到这个"接榫"的地方,这是我们应该关心的。

这里说的"接榫",就是魏斐德说的"switch"。

这种"接榫",当然不是简单拼接,而是在研究过程中,放进这种时代关怀。

如此,就能理解精研隋唐制度、写下皇皇巨著的陈寅恪,为什么要研究柳如是。

学术,一方面是清理过去,一方面也是建设当下。

所以杨志刚由衷觉得,能在上博有一段直接操作的实际经历,"未尝不是一种幸运"。

虽然,他早先的人生安排,是做一个纯粹的学者,期盼在相对安静的环境里把自己的事做好。

然而从接替蔡达峰教授担任文博系系主任开始,他一连串的"跨界之旅"就开始了。

本想只做一届,一届三年,可拖到第四年大家还是把票投给了他,就此一做八年。

2000年被正式任命为文博系系主任,大约一两年后,复旦大学年末考核开展全校各院系之间的评比,第一次的第一名,是文博系。教学、科研,都是第一。

而此时的文博系,和成熟院系比,还处于创业阶段。很多课程都还依赖外面的力量:博物馆、兄弟院校以及本校历史学系师资。

杨志刚下力气抓课程建设和队伍建设,慢慢有了成体系的从本科到硕士生、博士生的基本课程,且都是自己的老师任课。

同时,抓学科发展。一方面争取科研项目,一方面在学校支持下,申报对学科发展至为重要的博士点,虽然非常艰难,但终于在2002年闯关成功。2003年,在复旦自设博士点时,又申报成功第二个。

同时,理顺管理架构,做大系科规模和体量。教务员、教学秘书等不再依附历史学系。招生有了单独编号。教学办公场所不断增扩。

同时,争取办学资源,建立开放平台。复旦文博系从1984年起,和国家文物局合办了18届的全国文博干部培训班,被一些人士称为中国文博界的"黄埔军校",后来陕西三大馆(陕西省历史博物馆、秦兵马俑博物馆、西安碑林博物馆)的馆长,都出于此"黄埔军校"第一期。2004年,经过申报,全国省级文物局局长培训班、全国省级博物馆馆长培训班,落在了复旦文博系。又从教育部争取到数字化博物馆立项,2005年复旦百年校庆时,为学校委托代管的复旦大学博物馆,新建成"于右任书法陈列馆",馆名为时任国务院总理温家宝所题。

……

共同走过的人,说起他那些年都是一个字:忙。

及至2008年被调任文科科研处后,又何以能争取到前所未有的立项数?

杨志刚说来都很实在:我对文科的基本情况比较了解,对核心、骨干科研力量了解比较清楚,容易对接,路由器效应更顺畅;申报前的"排兵布阵"非常重要,就借助专家力量一起研讨;通过专家委员会,发挥教授治学的作用,有些决策就比较让人信服。

而杨志刚自己印象最深刻的,倒是有一次教育部的重大课题立项,复旦初选入围了6个,6个课题组赴京面试当场汇报,结果却是颗粒无收。"唉呀!当时我和葛洪波副处长一起去的,从汇报场地到北京机场,这一路上,两个人相对无语。所以也不是都顺的。"

本也想就做一任,三年后也提出过。

一直到2013年上半年,学校才将杨志刚调至文史研究院任院长。再一年半后转上博。

就任文史研究院院长的现场演讲，他的开场白风趣而赤忱："此刻我站在这里，情不自禁地想起六年前文史研究院的揭牌典礼，记得那是在光华楼二楼的大报告厅，当时我是带着兴奋，也带着一点'隔岸观火'的散淡，没料想六年后这把火把我给'烧'上了。刚才杨校长和葛老师跟我握手的那一刻，我感觉到一股巨大的能量传递给我，我是彻底地被点燃了。如果现在是在 3D 或者 4D 影院，大家借着眼镜一定看到我正在燃烧。"

回看每一次调任，都和到上博一样，"有点意外"，但这"不是个人的事情。组织上定了，就没有理由不把事情干好"。

虽然，刚到上博，先是干部热忱直言，再是员工直言以告。

上博新篇

杨志刚深知，吐露心声的背后，是深深的热爱与期望。

如今《国家宝藏》热播后被呼"男神"的他，当时承载了馆内外多少人的视线聚焦。

而他担忧的，是馆里弥漫的另外一种错觉：总觉得我们还是天下第一。

毫无疑问，上博是一座有着六十多年历史的博物馆，底蕴非常深厚，在整个中国博物馆界堪称引领者，马承源馆长的地位非常高，"众多前人为我们创下了辉煌"。

然而比照新形势，"跨界"的杨志刚既是行家里手，又旁观者清。

到馆不久他为志愿者做过两次讲座，第一次讲座题目就叫"横看成岭侧成峰"："我们很多事是身在山中，看不清山的全貌，从而带来局限。如果能意识到这一点，跳到山外，回过头来看山，头脑可能会更加清醒一点。"

正因对情况很熟悉、够专业、看得清，杨志刚那年 12 月到上博，1月就在赴京出差的航班上，用简洁的八个字概括了自己的办馆理念：守正、开新、协同、引领。正好不久媒体群访，有记者问起新馆长的新理念，从此广为人知。

但在馆内部，杨志刚上任之初心心念念在几个场合反复谈的，是结合"两学一做"落到实处，明确提出了"两转一超"。

——转意识、转观念、弯道超车。

——不仅对标国际，上博需要超车；即便对标国内，和几家同行比，今天的上博也需要超车了。

这些话，激荡一池春水。

"这个世界变化太快。博物馆行业也是。各逞英豪。大家都有招数，都在绞尽脑汁。"

在这种时势下，"上博如果静下来，很可怕"。

所以杨志刚当时分析上博缺的三个"新"，第一个就是新意识、新观念。

第二是新动能。当年马馆长那批人已陆续退出一线，新老交替，青黄不接。

第三是新体制、机制。内部管理需要更多适应新环境、支撑新战略的创新和建树。

中国博物馆业，这些年飞速发展。

2002年一次全国性文博教育研讨会，还总结过全国博物馆从业人员的"几多几少"，好似养老赋闲处。

这十来年，这种局面，彻底打破。

博物馆的展览也发生很大变化：不再是简单摆出来、挂上去就行的事情了。

杨志刚初到上博，有人善意开玩笑说："这下要比在学校省力了。"不少人的既有印象里，博物馆不就是摆摆文物、搞搞展览吗？

杨志刚心底很清楚：仅仅策展这一件事，要把观众放在心里，里头就有大学问,很专业!

历史性的根本变化,还发生在博物馆的自身定位、发展动力上。

过去,主要是收藏、研究。今后,在继续抓好收藏、研究的基础上,还要突出为社会服务。

在杨志刚大力倡导的观念意识大转变中,上博教育部工作人员对一幕感触很深:美国大都会博物馆里,最气派的办公室,是教育部门。

从最早侧重于文物典藏,到后来侧重于学术研究,而今在国际博物馆的主要功能排序里,是社会教育排在第一。

从美国同行的例子看,博物馆对所在地文化认同的构建,也有重要作用。

国际博物馆协会每年会发布一个国际博物馆日的主题,杨志刚记得 2010 年在中国举办的那一届主题是"博物馆:致力于社会和谐"。"把历年这些国际博物馆日的主题梳理出来,就可以比较系统地理解什么是现代博物馆应当承担的社会责任。例如:如何为社会变革和创新提供动力。这是一个非常高的高度。"

"人民群众对美好生活的向往",这些年来也"发展得真是快"。

老上博的员工回忆,1959 年以后,上博在河南路时,来看的观众 70% 以上是外国人。到人民广场后,中国观众的比例明显增加。2008 年国际金融危机以后,文创商品的消费更是以国人为主了。

所以在杨志刚看来,包括上博在内的中国博物馆,目前最需要考虑的是如何提高优质公共产品的供给能力。

以往只是看个稀奇,来看一看就行了。现在人们开始更希望从展品背后学到更多知识。

而上博作为上海这座国际化大都市的文化机构,如何提供面向世界、面向全球的产品,也是新的更高要求。

对标"国际一流",今天的上博不但内部管理架构还有差距,藏品基础也还主要是中国范围。

而世界几大重要博物馆,都是全球性收藏,展出都面向全世界。

来上海,到上博,应该要能看到世界。

正是带着这些理念,杨志刚与新上博这三年来,激流勇进。

第一个年头,2015 年,他最难忘的是上博"东进"的东馆选址。第二个年头,2016 年,他最难忘的是内部流程的规范整肃。而两年苦练内功后,第三个年头,终于开始发力。

刚刚过去的 2017 年,上博东馆历经两年多推进,终于依法合规,一个程序都不落,9 月 25 日傍晚拿到桩基的施工许可证,27 日动工;上博全馆各项工作也全力开动,其中光是临时展览就多达 9 个,数量为多年之最。

更重要的是,理念、气象,已今非昔比。

比如年头的"鸿古余音:早期中国文明展",打破传统方式,不再按文物的材质、年代来展陈,而以"文字""统治""生活""信仰""葬仪"五个主题,重新统合展品,集成演绎,还大胆尝试用现代汉语来解说,反响很好。

"文化主题演绎是一种国际性的先进展陈理念,其背后有学术底蕴,目的是把握住人最新的兴奋点,来讲述展品背后的故事。"杨志刚说:将来上博东馆展陈设计的一大亮点,也在于此。

又如年中的"遗我双鲤鱼:上海博物馆藏明代吴门书画家书札精品展",负责布展的上博书画部孙丹燕副研究员和团队"很用心",花了很大力气,把这些书信的内容,全部用现代白话文转译出来,放在精美的书信原件旁边一并呈现。"这种转译很难,因为必须尽力'信达雅'。"

目的也是为了结合现代人的审美趣味,让展馆内外的文物与社会生活方式有一种呼应。

再如年末的"山西博物院藏古代壁画艺术展",就为迎一件珍品,上博开馆 21 年首度破门。工作人员在寒冷夜里,一举拆下 600 斤重的南门大玻璃。

常规性的书画陈列半年一调整,上博的负责部门也"很用心,动作非常大,效果比较好"。

而在公共服务方面最具标志意义的,还是"大英博物馆百物展"。以博物馆的辛苦程度、辛苦指数,赢取观众的满意程度和满意指数。

多少年了,2002 年"晋唐宋元明清国宝展"上博馆前的"长队优美",终于再现。

10 月 3 日,杨志刚值班,那天全馆观众高达日场 8 846 人,大英展展厅高达 4 384 人,均大大突破限流标准的 8 000 人、3 500 人。"数字一出来,我也吓一跳。"

从大英百物展第二周的 7 月初起,为应对日益增多的如潮人流,上博开始延长开放时间,早一点开放,晚一点关门。这在上博历史上并不多见。"绩效是封顶的,加班靠积极性。观众热情高涨,也激励上博员工干劲高涨。"进而,又每周新增两个夜场。

就在这样的日复一日中,杨志刚看到了这样一幕。

七八月天热时,几乎每天,都有十几人,最多一天达到 20 人的轻度中暑。"压力很大。"杨志刚到门口去看,观察统计下来,很大一部分都是 20 岁上下的女孩子,不吃早饭导致。"我好几次亲眼看见,她们的两条腿、整个身子慢慢往下沉,蹲下去,这时候我们守在现场的保安,马上上去接住,有的抱,有的抬,送进馆内专设的救助点,由专业医生治疗。一般降降温、喝点糖水,十分钟左右就能缓过来。然后问她,如果还想再看的,就进去看吧。"

最有价值的收获,是上博和大英两方面专家同台唱戏。

一起策划,一起布展,一起呈现,对外"增进友谊、增加了解",对内"强化管理、提升能力"。

练内功,要把门打开。大英百物展在世界各地巡展时,每次都有开放性的第101件展品,要求代表当地特点、体现当下的历史进程。这不啻是一道考题。上博没有关起门来自己选,而视为与社会公众构建新型互动关系的一次契机。

征集来的十个初选项中,有共享单车、智能化手机、北斗导航系统模型,也有二维码,都是有闪光的点子。于是再发布,再听观众的下一步想法。

当二维码作品设计出来后,大家的意见一下集中了。

它不但把100件展品都放进了里面,而且确实可以扫。

后来日本总领事来参观时,杨志刚跟他说:二维码是你们日本人发明的,运用最广又在中国,它代表了亚洲。

而在新闻发布会现场,大英博物馆特派的资深研究员听完这件展品介绍后,由衷地说:"上博是中国最好的博物馆。"

也有遗憾。

烈日下,看着排队的人们,"真的于心不忍"。

已经前所未有地搭建了遮阳棚、喷雾装置、铁马,但上博本馆的硬件、公共服务能力,局限太大,只能留待东馆加以解决。

大英百物展,恰是对上博这三年从正反面的一次检验。

千日之行,始于足下。

新掌门自评这三年:"还算尽心尽力。"

又不甘地补了一句:"推进速度还不是预想那么快。不过,还是稳中求进吧。"

法国前总统希拉克对上博情有独钟。

一是因为他的专业化水准非常高,尤其对于青铜器。二是因为上博青铜器的水准也非常高,各年代的标准器、典型器都有,"成系列"的只有这里有。三是因为精心营造的展览空间,展陈体现的审美趣味也比较高。

再加上"我们上博有一位颇具个性、很有魅力和作为的马馆长"。

所以希拉克来,往往一看就是一个小时。

在某种意义上,馆长,是一个馆的灵魂。2017年出版的《马承源翰墨金石作品》一书序言中,杨志刚写道:"上世纪90年代,上海博物馆落户人民大道,由此赢得自身崛起,并带动中国博物馆界向着现代化事业绚丽转型,诚乃城市文化发展中神来之笔……上海市和上海博物馆两方面的主事者们,以改革开放排头兵的勇气与胆识,同心勠力、运筹擘划、竭尽所能。这当中,马承源馆长居功厥伟。二十年前,我是游离于人民大道的关切的旁观者;二十年后,我成为念兹在兹、身心在兹的守护人。没有变的,是心目中马承源馆长占据的那份厚重,那就是《诗经·小雅》吟诵的'高山仰止,景行行止'。"

杨志刚坦言自己这么多年一直最注意的,是平衡好自己的内心世界、理解好工作内容和目标。

从本想纯粹做一名学者,到不断转岗、接连"跨界",他内心清醒而坚决:"一定要学会放弃。通吃的人,我心里认为是没有的。谁想通吃,肯定没有好下场。别的不说,身体也吃不消。在我看来,放弃的最高境界,是不后悔。"

而与此同时,每次换岗,他又都会认真思考同一个问题:为什么要把自己放在这个岗位?这个岗位的工作现在正处于什么样的时代背景之下?自己这一任的历史阶段和任务是什么?"这样,重点做什么,就心中有数。"这与他的治学,异曲同工。

在上博走过千日的杨志刚,想为今后上博留下的,或可简括为"三、二、一"。

三，就是把三个"新"进行到底，不断培育新观念、新意识，汇聚新动能，创新体制、机制。

二，就是建两座"大厦"，一座是有形的东馆，一座是无形的名山，要形成一个可以传诸久远的名山事业，这包括名展、名家（各领域、各行当的知名专家）、名著与名刊以及有品牌的社会教育和文化交流。"我从高校出来，非常清楚大学不但要有大楼，更要有大师这个道理，上博也一样。除了硬体建筑，一定要有无形的东西支撑。"

一，就是全馆一心追求一个目标定位：世界顶级的中国古代艺术博物馆。

上博东馆开工当日，有感于开工活动的报道，上博一位青年学人在微信朋友圈发声，表示应该用一百年的时间完成一项伟业，将上海博物馆建设成世界顶级的世界古代艺术博物馆，使国人不出国门即可遍览世界艺术。

欣赏此类憧憬之充满理想与激情，杨志刚在微信中送上三个翘起的大拇指。

对标世界，全球各大顶级博物馆无一例外，都是所在城市迈入世界顶级城市行列的通行证。"上博和上海，享有共同的发展方向。"追求卓越的全球城市，自然也应该有世界顶级的博物馆。"我们务虚会也讨论过，上博似乎在国内已经很好了，究竟还要不要再往前跨一步。大家一致觉得应该要。随着未来中国综合实力的鼎盛，需要世界性的博物馆，建成世界级收藏。"

千日过后，新上博的口号是：再创辉煌。

（原载《解放日报·上观新闻》2018年2月5日）

上海博物馆东馆钢结构封顶之际，听上博馆长杨志刚谈"东馆"与"名山"

本报首席记者　郭泉真

　　三年可以转瞬即逝，尤其在节奏匆匆的一年又一年里。一转眼，离 2017 年底访问上海博物馆馆长杨志刚也已千余日。三年也可密如针脚，尤其当专注于一事、静心于沉潜，一如上篇《上博这三年》文末，杨志刚说："想为今后上博留下的，或可简括为'三、二、一'。三，就是把三个'新'进行到底，不断培育新观念、新意识，汇聚新动能，创新体制、机制。二，就是建两座'大厦'，一座是有形的东馆，一座是无形的名山，要形成一个可以传诸久远的名山事业……一，就是全馆一心追求一个目标定位：世界顶级的中国古代艺术博物馆。"

　　当上博东馆在 2020 年这个特殊年份的最后一天主体钢结构封顶，透过一座博物馆的千日之旅，可以看到什么？

"到浦东去"

　　和三年前一样，采访就在杨志刚的工作现场，就近找一处能坐下来聊的地方便开始——这次是上博东馆工地现场一间大会议室桌角。三年未见，这位"2017 年全球最忙碌博物馆"的馆长，去年迎战新冠带来全球博物馆纷纷临时关闭甚至永久关闭的寒流，严格落实疫情防控要求，同时办了六场依然保持一流品质水准的特展,尽力彰显文化温暖人心之力,率2020年的上海博物馆成为"全球最早重新迎来参观者的博物馆之一"。

同步进行的,还有倒排工期、2020年底必须钢结构封顶的东馆施工。

开工至今,正好三年。但从2015年4月11日中午集体吃了顿面条那天算起,东馆已五年磨一剑。

那天上午,市领导来调研考察。座谈时杨志刚汇报:上博现在面临两大提升,一是硬件的提升,二是能力的提升。随后听到四个字:"到浦东去。"

不只上博,上图也"跨江东进"了。

这不是一两个馆的扩容迁移,而是整个城市文化的布局。

就这样,"那天上午领了任务后,我记得我们中午没休息,在馆里吃了一点面条,就坐车到浦东考察选址。从此,开始了白天晚上不断开会,定址、立项……"

"大家紧锣密鼓,日日夜夜赶。"8个多月后,2015年12月,上博东馆立项了,开始做建筑方案。两轮设计国际招投标,"很多大牌公司都来了。第二轮快结束时,出现了两家热门竞标方案,一家是同济大学青年设计师李立的方案;一家来自北京,也是比较年轻的设计师的方案,有过重大项目的经验。两个方案出来后,市里很重视,领导到上博看模型,认真讨论。最后还把模型搬到了康平路,确定了现在李立这个方案。"

2017年9月25日,拿到桩基部分的施工许可,"依法合规"。杨志刚对这个日期记得很牢,脱口而出。27日,开工。用了约10个月"七通一平",对内部包括地下空间做了不少优化,紧扣工期紧赶慢赶……一眨眼,便来到了钢结构封顶这一天,展陈方案与空间营造也早已同步筹划。三年,一千多个日日夜夜,飞快。

杨志刚最大的感触是另一个飞快——"发展实在太快":"我们

希望东馆建成以后,能够在比较长的一段时间里,不落后,领先性能够持续得久一些,所以对前瞻性的要求非常高。上博人民广场馆引领了很长一段时间,确实是比较精细、典雅。中国艺术博物馆成功的不多,上博是其中之一。我们要努力创造新经典、新奇迹。"

快在哪？对博物馆的理解上——"我们对于博物馆的理解,包括对于人在里面获得什么,变化很快的。以前就理解为去看展览,现在,肯定不是这样了"。

开放、平等、共享的博物馆

将来你顺着东馆四楼展厅旁一条专门通道,走上五楼屋顶花园——这是室内展厅的户外自然延伸,会有两个意想不到。

其一,与周围一片现代化都市楼群景观相映衬,东馆在五楼屋顶、"第五立面",将出现一个飞檐翘角的中华古典建筑园林。

是否想起了纽约大都会博物馆里,当年陈从周教授远渡重洋指导"再现"的那个苏州园林？

而这是在中国上海浦东,在最现代最金融化的地域风貌高处,飞扬起中华文化美轮美奂的檐角。

其二,与东边紧邻的上海科技馆,北边不远的东方艺术中心,东北方向的浦东新区政府大楼、上海图书馆东馆,东南方向的世纪公园相呼应,在上博东馆西边,仅隔一条马路,是金融机构集聚区。

杨志刚最初也没想到,东馆离金融区这么近,过了马路便是。抬望眼,再后面,陆家嘴林立高楼奔来眼底。

2016年12月,《上海市"十三五"时期文化改革发展规划》发布,首次提出构建"两轴一廊"文化集聚带和发展"双核多点"文化功能区,形成城市文化空间发展的新格局。细察"两轴""双核",上博既在"两轴"中的东西向主轴上(沿朱家角—虹桥商务区—静安寺—人民广场—外滩—陆家嘴—花木地区—上海国际旅游度假区—浦东空港地区,打造体现国际标志性和文化核心功能的城市文化发展主轴),也一身同在"双核"(人民广场文化核心功能区和浦东花木地区文化核心功能区)。

"上海的文化和金融经济,是相辅相成的。如果上海的文化是沉闷的,金融中心也建不起来。"杨志刚笑道,有位市领导就说,请金融家们到上海来看什么,就到博物馆来看嘛。

人的眼界开阔了,对文化的需求、层次,会更深更高。

营商环境是软环境。办手续要更简便,要有法制,更深层的是文化氛围。

到博物馆去的意义,已不仅仅是展品,也不仅仅是社交,更在于从中看到当地的城市品质、文化精神。这在很多时候,和个人的发展、事业的拓展,也有着深度的关联,许多人会非常关心。

谈到这些,杨志刚一边沉静思索着,一边一句接一句,仿佛又是当年在复旦做学问的学者模样了。

"博物馆,跟人性的深度需求、人的全面发展,联系在一起。人到了今天的一个高度,科技等许多方面高度发达的今天,人们到博物馆除了看展览,还想实现其他一些目的。说来很有意思,我今年六七月份去医院做了个手术,主治大夫知道我在上博工作后,笑着回忆说自己谈朋友时,第一次约会就在你们博物馆。这很巧,也说明博物馆也是情人约会的地方,开展社交的地方。我设想以后东馆里面,会有心地打造一些优质公共空间,比如打造八个或十个经典景观、网红打卡点,包括有品质的餐饮,用心去营造好。今年长三角文博会,我们签了三个'跨界'协议,其中之一就是与凯悦酒店集团联手,探索文旅融合大环境下的跨界合作新模式。

"东馆开建后,我在新加坡做过一次讲演,主题便是打造一座开放的博物馆。开放,真的是上海城市的品质,也是浦东能够发展到今天,很重要的一种精神。我们要融入浦东的改革开放大潮里面。越是深度地融入浦东大潮,我们能够攀登的高度就会越高。事实上博物馆体现的,很大程度就是一个国家、一座城市的精神。看美国精神去纽约大都会博物馆,看英国精神去伦敦大英博物馆。不光看实物,还看怎么去展陈,怎么去讲故事,怎么去营造一个环境。

"其实我们为什么要讲好中国故事,也是让别人能够理解你。经济、金融是提供一种便利,真正在精神层面,尤其心理深度需求上要享用的,其实是文化。文化是可以分享的。到博物馆去,是最平等的一个地方。一个文物摆在那,人人都可以欣赏。欣赏到什么程度,靠你本身的素养。身价几亿和年薪几万的人,到了博物馆,完全可能是一样的。公共博物馆从诞生之日起,便天然地带有追求平等的'基因'。今年国际博物馆日的核心关键词,正是平等。博物馆的平等观,是现代社会理性建设中不可缺少的部分。

"博物馆的价值观还有'共享'。所以这三年来,上博正在让更多的藏品,变成我们的展品,能够和观众去见面。东馆会更进一大步,比如坚持每个临展出一本图录,还要做成网上的资料,让观众在两三个月的临展闭幕后,还能有继续了解的机会。去年我们在进一步做好'上海博物馆研究大系'的同时,出版物也新增了一个'上海博物馆典藏丛刊',侧重于资料的刊布,让我们一些稀有的文物资源尽快和观众见面……"

上博东馆紧邻金融区,体现了一种意味深长。三年前,杨志刚谈上博的主题词,是对标。三年后,他解读东馆建设和上博发展的着眼点,是"文化强国"——"中央关于'十四五'规划的建议,明确提出建成'文化强国',这是我们接下来要认真思考的,博物馆要更多地考虑怎么助力于文化强国的建设。能够称之为文化强国的,一定在博物馆领域是很强的。我们到一个城市去,纽约大都会博物馆、伦敦大英博物馆,都是文化强国的一个符号。下一步我们制定上博'十四五'规划,要往那个方向去多考虑,回应国家的战略。尤其我们在上海,应该承担起自己的责任来……"

博物馆的力量

工地的盒饭送来了。记者吃到一半,杨志刚还在不断处理事情。他说,现在遇上一个博物馆发展的历史最好时期,要只争朝夕。

如今每年春节正月初一,上博都会准备100份礼品,迎接新年开门第一天的前100位观众,现在实际也不止100位了。可就在2009年刚开始这项活动时,还要事先到社区去广而告之。

"十三五"期间,参观上博各临时展览的总人次为1 200多万,比"十一五"期间增加了500多万。

"十一五"期间,上博办了22个临时展览,平均每年4.4个。"十三五"期间,上博办了32个临时展览,平均每年6.4个。

观众"井喷"的热情,对博物馆的重视,确实前所未有。

"我们并不单纯追求人数,上海观众也很讲体验品质,上博有限流措施。但在这种情况下,参观人数还在增长。确实博物馆在人民群众心目中的地位,从来没有像现在这么高过。反过来,这也给我们的工作提了新的要求。"杨志刚经常看观众的留言本,他翻出手机里存着的两条。

一条是直言相告的建议:"语音讲解(非微信/智慧讲解)器,讲解内容丰富,很好!但是,除青铜馆和黑石沉船馆外,其他展馆的语音讲解器的讲解过于少,不利于观众对历史的了解,望增加!"

另一条是一位在海外看过黑石号展览的观众,得知"首度来国内展览,专门请年假来欣赏",写了数百字评析:"展陈效果非常之棒,超出我的预期。点赞!!!在细节上,也有可优化之处,如'鱼纹吸杯',其精彩处在于杯底,建议展品可倾斜展示,看到杯底……"

杨志刚在数月前一次演讲中,用三个层面解析"博物馆的平等观":

与观众——不能是"珍宝室"那样的储藏库,也不再孤芳自赏、高高在上,而必须贴近社会,亲近百姓,与观众建立朋友关系;

与社区——不仅要进入社区、融入社区,更倡导在共同的社区里,居民和博物馆对于遗产(文物)的关系,是"共同拥有""共同管理""共同阐释",是一种"共同体"意识;

与世界——如费孝通晚年所愿:"各美其美,美人之美,美美与共,天下大同。"博物馆在增进文明交流互鉴方面的作用,越来越彰显。

这位上博第七任馆长慨叹:"现在博物馆发展很快,不进则退。要做的事情太多了,核心,是守护、提升、彰显博物馆的价值。"

就看"极不平凡"的这一年——

2020年1月24日,上博史上第一次,大年三十闭馆。大年三十一早,来自全国各地的观众络绎而来,经解释均平静离去,馆门外逐渐空寂。

紧急筹集的6 000个口罩,划出4 000个,支援湖北省博物馆。24日终于联系到一个渠道快递去武汉,30日湖北方勤馆长回复收到,表示这是收到的"第一份爱心鼓励"。

"美术的诞生"特展文物回运巴黎,受两地疫情影响,方案反复变更。3月10日,法方修复师终于成行,来沪点交。17日返程时,上博展览部员工送到机场,"为偌大的空荡荡的大厅所'震撼'——因为这一刻,眼前只有这位法国朋友一个乘客"。

为了"宝历风物——黑石号沉船出水珍品展"文物押运、布展,新加坡亚洲文明博物馆两位专家,前后做了三次核酸检测,"出发前48小时一次,到了上海一次,临走前48小时再一次。还加了一次血清抗体检测"。

"山川异域,风月同天"一语,就出自上博"沧海之虹:唐招提寺鉴真文物与东山魁夷隔扇画展"展出的《东征传绘卷》。后来鉴真文物回运,也在中日双方携手共商下,首次由空运改为海运,以大量细致精心的前期沟通和投入,确保万无一失……

3月13日,上博在全球业界率先重启后,尽力持续推出特展,满足观众的精神需求。

7月24日,杨志刚参与一次国际线上对谈,发言题目是《艰难时刻,博物馆定有作为》。

同月,上博还发起"国际博物馆人云上对话",中、美、英、加、阿联酋、新加坡、日、韩、中国香港的十八家博物馆及文化机构的馆长、亚洲艺术部主任及策展人,齐聚云端。对话的主题是:博物馆的力量。

博物馆的力量,内核是文化的力量、人心的力量。

三年来,这也是上博一直在蓄势的方向。

另一座东馆

2017年东馆开工时,杨志刚就和同事们在讨论一件担心的事。

他借用原先在高校工作时常说的"大楼与大师",告诫自己与全馆同仁:"上博没有东馆,没有新的大楼,如果有大师,大家或许还心安理得些。如果建了新的大楼出来了,我们的大师反而跟不上,人家就会说的,压力很大的。"

所以,东馆要推进,能力要提升。

刚到馆时,他面临着人才队伍的青黄不接。而今,中层25个职能部门,20个以上的新负责人都顶上来了,中层干部队伍年轻化,平均年龄下降5岁。"队伍建设上,我提三个'高'。一是人才高地,要吸收最好的人才进入上博,我们每年都有新员工招聘入职,这是非常重要的基础。二是人才高原,近几年我们在国家和上海的各类高层次人才选拔中,成果还是相当丰硕的,'四个一批'、文化部专家、上海市领军人才⋯⋯三是还需要进一步形成新的高峰,推动、托举佼佼者,成长为各自领域的顶级专家。过去我们有马承源、汪庆正等一批专家,现在老专家还有,中青年尽快成长,上博在业界的地位就比较牢固了。"杨志刚坦言,"许多博物馆同仁到上博来,总会夸我们。我一方面由衷地谢谢,一方面告诉员工,绝对不能自以为最好。如果带着自以为是的意识去建东馆,肯定做不好的。我们必须对标新的经典,争创新的辉煌。"

这需要沉下心来,深耕厚植。

比如,三年来上博新推出了一些出版物。像"上海博物馆学人文丛","入选的老专家,都是业内顶呱呱,得到认可的",开篇的《孙慰祖玺印封泥与篆刻研究文选》已出版。杨志刚希望通过这样一套丛书,带领整个上博学术队伍走向明天,走向未来。他说:"我跟出版部讲,这套丛书,也可以叫'未来丛书',是树立我们的学术形象,打造我们的学术高峰,在学术方面一个很重要的引领。"

还有"上海博物馆典藏丛刊"。上博拥有 102 万件/套文物,其中列为一、二、三级品的珍贵文物 14 余万件/套,尤其是青铜、陶瓷、书画三大系列,体系之完整、展品之精粹,在全球独领风骚,由此常被称为中国文物界的"半壁江山"、"包罗万象"的中国古代艺术宝库。丛刊的任务,就是将藏品,特别是以往没有或较少有机会与公众见面的精品,以"图录+专家研究综述"的形式,亮相于世,化身千万,供大家研究、教育、欣赏。首本由上博书画部刘一闻担纲编撰的《上海博物馆藏楹联》,从馆藏 454 件楹联中,精选 289 件展示,并畅谈历时 20 余年的研究心得。杨志刚说:"今天的博物馆,要更强调'动静结合''动静相宜'——让文物'活'起来,让专家'沉'下去;让工作'动'起来,让科研'静'下去。"

跋

从博物馆、文化遗产及相关学术领域本人已经发表的各类旧稿中,挑选出这61篇(则),包括三篇接受媒体的采访,汇编成册。有长文也有短札,内容偏重于观念或观念史的讨论,社会与行业变化、事业进步的相关观察分析,还有本人对管理工作的思考。围绕文物本体的论述、展览策划评论等,不在编选范围。

撰作这些文字的时间,前后跨度长达三十五年,采访之外最晚的一篇是去年5月18日国际博物馆日我在中国主会场论坛上讲演的整理稿。拣拾箧存,颇费时费力,断断续续寻觅、折腾了两三个月,至去年6月底终于将编定的书稿送到出版社。孰料,自己又将这事搁置下来,并且一拖就是一年!

这一年多,全球新冠疫情持续不断,此起彼伏,一些地区的博物馆已在好几波疫情的冲击下,多次关闭—重启,再关闭—重启。今年国际博物馆日前夕,从国际博物馆协会传来的消息,说是疫情爆发后,全球有百分之七十的博物馆至今仍处于闭馆状态。反观中国的博物馆迈上新征程,展现新作为,努力恢复和重塑(Recover and Reimagine,今年国际博物馆日的主题词),幸甚!

本月,在一所大学举办的"2021年度国际博物馆日主题研讨会"上,我以"博物馆的非常态与'新常态'——疫情下博物馆的恢复与重塑"为题,和与会者交流分享了以下看法:

从博物馆实操讲,"恢复"大略涉及三个方面:(1)展厅及相关活动的恢复;(2)观众与人气的恢复;(3)策展与各项业务能力的恢复。三者具有相当的关联,也存在一定程度的循序渐进。"重塑"大约也包括了三个方面:(1)作为一种向公众开放的机构,将重塑博物馆存在的意义与价值;(2)从向社会提供公共文化产品及服务的角度讲,将重塑博物馆体验的各种可能;(3)面对社交疏离(或隔离)、财政减缩等境况,将重塑有关的工作思路与操作方式。疫情导致的非常态,中国博物馆以常态化管理的姿态加以应对,以"新常态"中的一个"新"字表明了勇气与韧劲,也体现出新的工作目标(vision, mission)和实现价值创新的决心。

新冠疫情带来了一个回望与前瞻、承前与启后的转折点和连接点。

翻过旧的篇章,展开的已是新的一页。

2021 年 5 月 31 日晨

图书在版编目(CIP)数据

博物馆与文化遗产述论稿/杨志刚著. —上海：复旦大学出版社，2022.11
ISBN 978-7-309-16148-9

Ⅰ.①博… Ⅱ.①杨… Ⅲ.①博物馆-关系-文化遗产-保护-研究-中国 Ⅳ.①G269.2②G122

中国版本图书馆CIP数据核字(2022)第044039号

博物馆与文化遗产述论稿
杨志刚 著
责任编辑/史立丽

复旦大学出版社有限公司出版发行
上海市国权路579号 邮编：200433
网址：fupnet@fudanpress.com http：//www.fudanpress.com
门市零售：86-21-65102580 团体订购：86-21-65104505
出版部电话：86-21-65642845
上海雅昌艺术印刷有限公司

开本787×960 1/16 印张25 字数302千
2022年11月第1版
2022年11月第1版第1次印刷

ISBN 978-7-309-16148-9/G·2350
定价：98.00元

如有印装质量问题，请向复旦大学出版社有限公司出版部调换。
版权所有 侵权必究